KB072337

프로테우스의 역설

가상 세계와
온라인 게임의
심리학

GIST PRESS
027

프로테우스의 역설

가상 세계와
온라인 게임의
심리학

지은이
닉 이 Nick Yee

옮긴이
최원일

 GIST PRESS
광주과학기술원

The Proteus Paradox by Nick Yee
© 2014 by Nick Yee
Originally published by Yale University Press.
All Rights reserved

Korean translation edition © 2022 by GIST PRESS
Published by arrangement with Yale University Press
Through Bestun Korea Agency
All rights reserved

이 책의 한국어 판권은 베스툰 코리아 에이전시를 통하여 저작권자인 Yale University
Press와 독점 계약한 GIST PRESS(광주과학기술원 출판사)에 있습니다.
저작권법에 의해 한국 내에서 보호를 받는 저작물이므로 어떠한 형태로든 무단 전재와 무단
복제를 금합니다.

이 일이 가능함을 보여준 더그Doug에게

감사의 말

　나의 연구 경력을 돌이켜 생각해 보면 난 엄청난 행운아다. 내가 온라인 게임과 가상 세계에 대해서 새로운 눈으로 생각하고 연구할 수 있도록 나를 지지해준 많은 선견지명이 있는 멘토들이 있었기 때문이다. 1998년 하버포드 대학Haverford College에서 공부할 때, 나는 더그 데이비스Doug Davis의 성격 심리학 강좌에서 HTML을 이용하여 코딩하는 방법과 웹 설문조사를 수행하는 방법을 배웠다. 내가 〈에버퀘스트EverQuest〉 게임 사용자들을 탐구하는 독립 연구 프로젝트에 대해 더그에게 제안했을 때, 그는 내가 답하고자 하는 심리학적 질문들이 무엇인지 찾아내는 것을 도와줌으로써 나도 모르게 내 연구 경력의 첫발을 내딛도록 했다. 심리학과 기술이 어떻게 상호작용할 수 있는가에 대한 그의 생각은 지금까지도 쭉 나에게 큰 영감을 준다. 스탠퍼드 대학Stanford University에서 박사과정을 하는 동안에는 제러미 베일런슨Jeremy Bailenson의 엄청난 추진력과 강렬한 에너지 덕분에 나는 아주 생산적인 4년 간의 학문적 경력을 쌓았다. 이 기간에 제러미와 나는 가상 현실을 이용하여 디지털 아바타가 인간에게 어떤 의미가 있는가를 이해하기 위한 연구를 진행하였다. 제러미만큼 명민하고 학생들을 지지해주는 대학원 지도교수를 찾는다는 것은 불가능할 것이다. 그와는 어떤 영역에서도, 그것이 이론적이거나, 방법론적이거나, 기술적 도구의 측면에서거나 통찰력 넘치는 토론이 가능했다. 팔로알토 연구센터Palo Alto Research Center에서 내가 인턴으로 일할 수 있게 해준 닉 두체넛Nic Ducheneaut을 만난 것도 대학원 시절이었다. 닉은 온라인 게임에서 생산되는 대규모 자료를 수집하고 분석하는 새로운 방법을 연구하는 개척자였다. 지난 8년 동안 멘토이자 동료로서, 닉과 나는 게임 데이터에서 놀라운 모험을 함께 공유했다. 이 모험이 없었다면 이 책이 세상에 나오는 것은 불가능했을 것이다.

지난 10년 동안 5만 5천 명 이상의 온라인 게임 사용자들이 나의 설문조사에 참여하였다. 이분들이 조사에 투자한 시간, 기꺼이 자신의 이야기를 나누고자 하는 의지, 그리고 통찰력 있는 논평에 대해 나는 어떻게 감사를 표현해야 할지 모르겠다.

나의 에이전트로 일했던 런치북스LaunchBooks의 데이비드 푸게이트David Fugate는 내가 출판 세계를 이해하고 어떤 종류의 책을 써야 하는지를 깨닫는 데 큰 도움을 주었다. 마지막으로, 예일대학교 출판부의 조 칼라미아Joe Calamia는 내 초고를 읽고 또 읽으면서 수정했다. 조는 출판 과정 내내 이 책의 흐름, 구조, 문체를 개선하기 위한 통찰력 있는 제안을 해주었다. 이 책의 제안과 출판 과정 전반에 걸친 그의 도움에 감사하지 않을 수 없다. 조 덕분에 이 책은 훨씬 나아졌다.

들어가며

거울, 바로 그 벽 거울

    스탠퍼드 대학원 재학 시절, 나는 거울을 하나 만들어야 했다. 그리고 컴퓨터 그래픽과 프로그래밍을 전공하는 몇몇 학부생들이 이 연구 수행을 위해 하나의 가상공간 제작을 도와주고 있었다. 우리의 초기 아이디어대로라면 그 가상공간에 있는 관람자의 머리 위치와 가상공간에서 그 사람 뒤에 보이는 부분에 기반하여 복잡한 삼각법 계산이 필요했었다. 가상 현실-인간 상호작용 연구실의 책임자였던 제러미 베일런슨Jeremy Bailenson의 조언 덕분에 우리는 이 기술적인 장애물을 거뜬히 넘을 수 있었다. 그는 반사경을 사용하지 말고, 가상 공간의 한쪽 벽에 구멍을 하나 뚫어 보라고 제안했다. 이 구멍을 통해, 관람자는 자신이 있는 공간이 완전히 뒤집힌 복제 공간을 바로 인접해서 볼 수 있었다. 그리고 뒤집힌 방에 있는 디지털 도플갱어는 관람자의 모든 움직임을 흉내 낼 수 있었다. 가상 복제 방법은 삼각법보다 훨씬 나았지만, 여전히 문제는 있었다. 그것은 바로 복제품이 너무 완벽했다는 것이다. 거울을 보고 있다고 느끼기보다는 낯선 사람이 관람자를 쳐다보며, 다른 방에서 이 사람의 움직임을 조롱하는 것처럼 보였다. 실제 연구가 시작되기 며칠 전, 내게 아이디어가 하나 떠올랐다. 거울 앞에 물때가 묻은 반투명 시트를 붙이는 것이었다. 거울에는 얼룩이 약간 묻어 있는 것 같았다. 심지어 가상 세계에서도, 완벽하지 않은 것이 더 믿을 만하다는 것이 증명되었다.

이 장치를 가지고 수행한 실제 실험실 연구에서 우리는 연구 참여자들에게 매력적이거나 혹은 매력적이지 않은 아바타를 하나씩 주었다. 이들은 자신의 새로운 가상 자아를 이 가상 거울을 통해 보았고 자신의 가상 자아는 한 가상의 낯선 사람과 상호작용을 하였다. 가상 자아가 부여된 지 1분 안에 매력적인 아바타가 주어진 연구 참여자들은 매력적이지 않은 아바타가 주어진 참여자들에 비해서 그 낯선 사람에게 더 우호적이었고, 자신의 개인 정보를 이 사람과 더 많이 공유했다. 가상 아바타의 신장을 변화시키는 것 역시 유사한 효과가 나타났다. 키가 큰 아바타가 주어진 참여자는 키가 작은 아바타가 주어진 참여자에 비해 더 자신감이 넘쳤다. 흥미로운 점은 참여자들이 가상 세계를 떠난 후에도 이러한 행동 변화가 지속되었다는 것이다. 현실 세계에서 진행된 추가 실험에서, 매력적인 가상 아바타가 주어졌을 때 더 매력적인 파트너와 짝이 되었다. 가상 아바타를 제작하여 끊임없이 개개인의 요구에 맞춰 변화를 줌에 따라 우리가 생각하고 행동하는 방식이 점차 아바타의 영향을 받게 되었다. 가상 세계는 우리를 기대하지 않았던 방식으로 변화시키고 통제한다.

이러한 아바타의 영향력을 나타내기 위해 베일런슨과 내가 만들어낸 용어가 바로 프로테우스 효과이다. 『오디세이Odyssey』에서 호메로스는 바다의 신인 프로테우스를 자신의 의지대로 자기 모습을 바꿀 수 있는 존재로 묘사한다.

처음에 그는 수염이 난 위대한 사자로 나타난다.

그리고는 뱀으로, 표범으로, 또 거대한 야생 돼지로 변모한다.

마침내는 흘러가는 물로, 우뚝 솟은 가지가 무성한 나무로 탈바꿈한다.[1]

프로테우스는 가상 세계의 전제 중 하나를 담고 있는데, 그것은 우리 자신을 동시에 하나 혹은 여러 개로 재창조할 수 있는 능력이다. 나의 연구에서 이 가상 세계가 어떻게 의도치 않은 방식으로 우리의 사고방식과 행동을 제어하는지를 보여주었다. 그리고 대개 이러한 행동의 변화는 예상 밖의 것, 이를테면, 가상 아바타의 키가 얼마인지나 길을 잃었을 때 사전 프로그램된 가상 경비원에게 길을 물을 수 있는 능력이 있는지와 같이, 인간의 행동에 영향을 미칠 만한 힘을 가지고 있다고 생각되지 않는 특징에 의해 나타났다.

매일 수백만의 사람들이 〈월드 오브 워크래프트World of Warcraft〉나 〈에버퀘스트EverQuest〉와 같은 다중접속역할수행게임Massively Multiplayer Online Role-Playing Games(MMORPG 혹은 MMOs로 종종 줄여 씀)에 로그인한다. 그리고 자신이 만든 이 판타지 세계의 캐릭터를 통해 상호작용한다. 이 게임을 통해 전 세계의 사람들은 다 함께 모험의 배에 탑승한다. 여기서 이들은 어둠 속의 던전dungeon[1]을 탐험하기도 하고 마법의 보물을 찾아 헤매기도 한다. 〈월드 오브 워크래프트〉의 전성기에는 무려 1천2백만 명의 유료 구독자가 있었다. 북미나 유럽에서는 월별로 게임 사용료를 지불하는 구독 방식으로 온라인 게임을 하는 것이 가장 일반적인 방식인데, 이 게임의 월별 구독자 수는 2012년 기준으로 약 2천만 명이라고 추산된다. 아시아 지역에서는 게임 사

---

[1] 옮긴이 주 : 온라인 게임에서 몬스터가 있는 공간으로 이곳에서 몬스터와의 전투가 벌어지는 경우가 많다. 부록 용어 해설(p.298) 참조.

용자에게 월별로 과금을 하는 방식 대신에 게임에 사용하는 프리미엄 아이템이나 서비스를 판매하는 방식으로 이윤을 창출한다. 중국에서는 동시 사용자가 2백만 명 이상이 되는 게임이 적어도 2개 있었는데, 하나는 〈판타지 웨스트워드 저니Fantasy Westward Journey〉이고 다른 하나는 〈정도 온라인Zheng Tu Online〉이었다. 2012년 한 해, 중국에서만 온라인 게임으로 61억 달러의 매출이 발생할 것으로 기대했다.[2] 아이들만을 위해 특별히 제작된 가상 세계 게임 역시 최근 시장 전망이 좋다. 예를 들어 무료 게임인 〈클럽 펭귄Club Penguin〉은 2007년 70만 명의 유료 구독자가 있었는데, 디즈니가 이 회사를 3억 5천만 달러에 인수했다.[2]

언뜻 보면 이 가상 판타지 세상은 현실과는 판이하다고 생각하기 쉽다. 노움gnomes[3]이나 용은 그저 소설 속의 캐릭터일 뿐인 것처럼 보인다. 그리고 실제로 온라인 게임이 대중들의 관심을 끌기 시작한 2000년대 초 중반에는 대중 매체에서 온라인 게임을 매혹적인 도피처로 묘사하기 시작했다. 2006년 〈워싱턴 포스트〉에 실린 기사에서 올가 카잔Olga Kazan은 온라인 게이머[4]들에 대해 다음과 같이 썼다. "이들은 온라인 판타지 세상에 빠져서 마법사나 우주 조종사가 될 수 있으며, 이러한 가상의 정체성은 너무나 매혹적이어서, 영원히 떠날 수 없을 정도로 놀랍다. 불행하게도 이러한 정체성 중

---

[2] 옮긴이 주 : 참고로 2021년 중국 온라인 게임 시장의 예상 매출액은 약 460억 달러로 세계 1위이고, 그 뒤를 약 400억 달러의 미국이 차지했다고 한다.
    출처: https://newzoo.com/insights/rankings/top-10-countries-by-game-revenues/
[3] 옮긴이 주 : 온라인 게임의 주요 종족 중 하나.
[4] 옮긴이 주 : 게이머라는 용어가 마치 게임을 직업으로 하는 사람을 가리키는 것처럼 들리지만, 이 책에서의 의미는 온라인 게임을 하는 모든 사용자, 혹은 플레이어를 가리킨다. 이 책에서도 게임 사용자를 지칭할 때 게이머나 플레이어를 혼용하여 사용한다.

몇몇은 그렇지 않을 수도 있다." 같은 해 〈샌프란시스코 크로니클〉에 실린 한 기사는 한술 더 떴다. "인터넷은 한때 다음 세대를 약속의 땅으로 이주시키는 황금 정보 고속도로로 여겨졌다. 하지만 지금은 겉에서 보기엔 매혹적으로 보이지만 사실 지하에는 위험 요소가 숨겨진 지뢰밭처럼 느껴진다." 심지어 학계에서 온라인 게임의 위험성에 대해 지적했을 때조차도 반론은 여전히 도피주의에 기반하여 제기되었다. 경제학자인 에드워드 카스트로노바 Edward Castronova는 자신의 책 『합성된 세계Synthetic Worlds: the Business and Culture of Online Games』에서 가상 세계로의 도피는 실제로 일부 게이머들에게는 긍정적이고 합리적인 결정일 수 있다고 반박하며 다음과 같이 썼다. "모든 게임이 실제로 기쁨을 주는 것은 아니다. 합성된 세계는 게임의 많은 특징을 가지고 있지만, 특히 재미있는 게임들을 나타낸다. 그러므로 온라인 게임을 한다는 것은 선택을 나타내며, 사실 완벽하게 합리적인 선택이다. 따라서 이러한 가상 세계는 현실의 삶을 위해서도 긍정적이다."3

많은 연구자들은 가상 세계와 온라인 게임에서의 자유와 권한 부여가 주는 희망적인 약속을 강조해왔다. 문화기술학자이자 심리학자인 쉐리 터클 Sherry Turkle은 1995년 출판한 텍스트 가상 세계에 관한 책에서 이 신세계가 "우리 자신을 유동적이고, 출현적이며, 탈중심적이고, 다중적이며, 유연하고, 끊임없이 진보하는 존재로 생각하도록 만든다."고 썼다. 비록 그녀가 최근 저작에서는 이에 대해 훨씬 비관적인 관점을 보였지만, 온라인 게임에 대해서는 여전히 유사한 잠재력이 있다고 일갈한다. 게임 디자이너인 제인 맥고니걸Jane McGonigal은 2011년 출판한 자신의 책 『조각난 현실Reality is Broken』에서 "게임은 왜 인간의 삶을 더 좋게 만들고 어떻게 세상을 변화시킬 수 있는가?"라는 질문을 던지며 게임이 우리의 행복에 강력하게 이바지할 수 있으며 삶의 질을 개선할 수 있다고 주장한다. 그리고 인류학자인 보니 나르디 Bonnie Nardi는 온라인 게임이 "자율성, 사회성, 긍정적 보상이라는 조건에서 창의성을 발현하고 권한을 부여받은 느낌이 들게 할 수 있다."고 썼다.[4]

　　나는 이러한 주장에 대해 낙관적이지는 않다. 많은 온라인 게이머들은 게임 플레이를 현실 세계의 고단함으로부터 도피하기 위해서가 아니라 무급 부업 정도로 인식한다. 그리고 자유나 권한 부여가 아니라 오히려 정반대로, 온라인 게임에 만연한 의식을 행하는 춤과 같은 미신적 행동이 나타나는 것을 발견했다. 게이머의 현실 세계의 국적이 곧 가상 세계에서의 삶과 죽음의 문제가 될 수도 있고, 온라인 게임 중에 잘못된 성 고정관념이 나타나기도 한다. 심지어 가상 세계에서 자유롭고 권한을 부여받을 수 있다고 믿고 있을 지라도 현실 세계의 정치나 인지적 부담 때문에 이러한 변화를 경험하지 못할 수도 있다. 그리고 우리가 완전히 통제하고 있다고 생각하는 곳에서도 우리의 아바타와 같은 가상 세계의 독특한 심리적 지렛대는 우리가 생각하고 행동하는 방법을 강력하게 변화시킨다. 이것이 바로 프로테우스의 역설이다. 이러한 가상공간이 우리를 어떻게 변화시키고 또 변화시키지 않는지에 대해 더 주의 깊게 살펴보지 않으면 가상 세계와 온라인 게임의 약속은 뒤집히게 될 것이다.

　　온라인 비디오 게이머들은 더 이상 비주류의 하위문화를 형성하지 않는다. 이러한 게임들은 우리의 일상생활의 많은 부분으로 융합되고 있다. 수백만 명의 사람들이 일주일에 평균 20시간을 온라인 게임을 하며 보내고 있을 뿐만 아니라 기업체들은 게임에서의 의사소통에 관여하는 심리적 원리가 어떻게 기업의 업무에 활용될 수 있는가에 관한 연구를 지속하고 있다. 컨설팅 기업인 가트너Gartner는 2014년까지 2천 개 다국적 기업의 70%에서 게임의 원리가 적용된 시스템을 적어도 하나 이상 갖게 될 것으로 예측하였다. 게임은 또한 사람들이 장기적 관계를 형성하기 시작하는 장소이기도 하다. 온라인 게임을 하는 사람들의 10%는 가상 세계에서 처음 만난 사람과 실제 데이트를 한 적이 있다. 게임은 우리 삶에 없어서는 안 될 부분이 되고 있다. 우리가 놀고, 일하며, 사랑에 빠지는 곳이 바로 게임의 현장이다. 그러나 기술은 우리의 의지대로 단순하게 움직이는 중립적인 도구가 아니다. 우리가 새로운 장치를 사용하기 시작하면 이를 통해 우리가 생각하고 행동하고 상호작용하는 방식을 형성하는 데 도움을 받는다. 수백만 명의 사람들이 온라인 게임과 가상 세계에서 머무르는 시간이 점차 증가함에 따라 우리는 이러한 새로운 환경이 정말 자유와 재창조의 약속을 실현하고 있는지에 대해 주의 깊게 살펴봐야 한다. 만약 그렇지 못하다면 이를 변화시킬 방법을 찾아낼 필요가 있다.

이 책의 첫 부분은 온라인 게임에 대한 소개와 누가 이러한 게임을 하는지에 대한 근거 없는 미신의 정체를 폭로할 것이다. 두 번째 부분에서 나는 온라인 게임이 주는 자유와 탈출의 약속을 어렵게 만드는 다양한 측면에 초점을 맞추어 여러 가지 미신 행동, 고정관념, 용을 죽이는 일, 그리고 로맨스 등을 살펴볼 것이다. 그리고 마지막 부분에서는 가상 세계가 어떻게 우리를 변화시키지 않는지, 그리고 어떻게 예상치 못한 방법으로 변화시키는가에 대한 설명으로 넘어간다. 어떻게 가상 세계에서 우리의 태도와 행동을 수정하도록 하는 아바타나 죽음의 규칙과 같은 일련의 독특한 심리적 도구가 함께 제공되는지를 설명할 것이다. 마지막으로 앞으로 펼쳐질 가상 세계의 가능한 궤적과 현재 우리의 진로를 바꾸기 위해 무엇이 필요할지에 대한 내 생각을 밝히면서 이 책을 마칠 것이다.

이 책에서 다루는 많은 연구 결과들은 5만 명 이상의 온라인 게이머들이 참여한 설문조사 결과로부터 도출되었다. 이 조사에 포함된 질문들은 온라인 게임을 하는 사람들의 기본적인 인구통계학적 정보에서부터 그 동기에 이르기까지, 어떻게 게이머들이 온라인에서 사랑에 빠지는가부터 자신의 캐릭터의 이름을 어떻게 결정하는지까지 다양하다. 나는 몇 달에 한 번씩 새로운 설문조사를 시행하였고, 주말 동안에만 수천 명의 응답자로부터 반응을 받을 수 있었다. 이 응답들이 새로운 질문의 원동력이 되었고 조사의 방향에 영향을 주었다. 처음에는 일단 "게임상에서 어떻게 사랑에 빠지게 되는지 이야기해주세요."와 같은 개방형 질문으로 하나의 주제를 탐색하기 시작했다. 그리고 대략적으로 어떤 반응이 나오는지 감을 잡으면 양적인 데이터를 얻기 위해 좀 더 초점화된 선다형 질문을 사용했다. 인터넷을 통해 나는 연구 결과를 게이머들과 공유하였고 이들과 교류할 수 있었다. 나는 다이달로스 Daedalus[5](나는 그리스 신화에 나오는 이름을 좋아한다) 프로젝트라는 연구를 위한 블로그를 개설하였는데, 여기에 조사 결과를 게재하였고, 새로운 조사가 시작됨을 알렸다. 이 프로젝트는 2003년에 시작하여 2009년까지 계속되었다. 이 책에서 나는 이 프로젝트에 참여한 많은 게이머들의 이야기들을 공유할 것인데, 이들의 생생한 경험담을 통해 왜 온라인 게임이 이토록 매력적이고, 잊을 수 없는지를 이해할 수 있을 것이다. 이들이 전하는 서사를 더 잘 이해하기 위해 나는 온라인 게임 제목의 줄임말을 풀어서 썼고, 사소한 오타들을 수정하였다. 각 게이머들의 말을 직접 인용한 경우, 인용 마지막에 조

---

[5] 옮긴이 주: 다이달로스는 그리스 신화에 등장하는 건축가인데, 크레타 섬의 미노타우로스가 들어있는 미로를 건설한 것으로 유명하다.

사에 참여한 당시 적극적으로 하고 있던 게임이 무엇이었는지를 기재하였다. 이를 통해 여러 개의 온라인 게임을 경험한 사용자들은 명시적으로 기재된 게임 이외의 게임의 이름을 자신의 반응에서 언급할 수 있었다. 이 책의 후반부에서 나는 실험실 연구와 게임 수행 중에 수집된 대규모 데이터를 분석한 결과 역시 설명할 것이다. 이 프로젝트들에 대한 자세한 설명은 그 부분을 다룰 때 제공할 것이다.[5]

나는 다양한 배경에 있는 독자들을 염두에 두고 이 책을 썼다. 온라인 게임이나 사회과학에 전문적인 식견이 없더라도 이 두 영역의 많은 교차점에 관심을 둔 독자라면 누구든 환영한다. 우리는 비둘기를 대상으로 진행한 한 심리학자의 연구가 어떻게 온라인 게임에서의 미신 행동의 기제를 이해하는 데 사용될 수 있는가에 대해서도 보게 될 것이다. 그리고 가상 세계의 우리 몸이 전혀 지치지 않음에도 불구하고 가상 의자가 필요한가에 대해서도 묻게 될 것이다. 이 책에서는 추상적인 이론이나 게이머들이 사용하는 전문 용어에 초점을 맞추기보다는 온라인 설문조사에서 얻은 게이머들의 서사와 통계, 심리학 실험을 통해 얻은 연구 결과, 그리고 게임 진행 중 얻은 데이터 로그 분석 결과 등의 광범위한 자료 분석을 통한 놀라운 결과들을 이용하여 논의를 전개할 것이다. 그 주제가 사랑에 빠진 노움 종족이든, 가상 죽음의 결과이든 각 장은 독자들이 이 가상 세계가 어떤 특징을 가지며 왜 중요한 것인지를 잘 이해할 수 있도록 온라인 게임의 다양한 측면들을 파고든다. 온라인 게임이 아직 친숙하지 않은 독자들은 이 책 가장 마지막에 있는 온라인 게임 관련 용어 해설을 참고하기를 바란다.

온라인 게임에 이미 친숙한 독자들이라면 게임을 할 때 자기 행동에 영향을 주는 많은 심리학적 기제에 대해 배울 수 있을 것이다. 이 책에서 당신은

프로테우스의 역설: 가상 세계와 온라인 게임의 심리학

왜 온라인 게임에서 미신 행동은 그토록 만연되어 있으며, 어떻게 당신의 아바타는 당신이 다른 사람들과 상호작용하는 방식을 변화시키는가와 같은 질문에 대한 대답을 찾을 수 있다. 또한 이 책을 통해 반대의 성별을 가진 아바타를 선택하는 남녀의 비율이 어떻게 다른지, 또는 함께 게임을 하면서 나타나는 행태에 대한 많은 통계자료 역시 학습할 수 있다. 또한 이 책은 게임을 하는 자녀나 배우자가 있지만, 정작 본인은 게임을 하지 않는 부모나 배우자들에게 누가 게임을 하는지, 게임 중독이 진짜인지, 그리고 이러한 가상 세계에서 협업과 사랑이 어떤 의미인지를 설명해 주는 일종의 온라인 게임에 대한 문화적 여행 지침서와 같은 역할을 할 것이다. 그리고 게임 디자이너와 분석가는 이 책을 통해 게이머들이 왜 항상 게임의 규칙을 따르는 것은 아닌지 이해할 수 있을 것이다. 예를 들어 이들이 미신에 대비하여 게이머만의 규칙을 만들고 게임 로그에 있는 풍부한 데이터를 처리하고 이해하는 방법을 배울 수 있을 것이다.

이 책은 게임 이상의 내용을 담고 있다. 디지털 세계에서 인간이 된다는 것이 어떤 의미인지, 기술이 어떻게 우리의 존재와 삶의 방식과 관계 형성의 방법을 변화시키는가에 대해 질문한다.

1

새로운 세계

1 새로운 세계

온라인 게임에 대해 이해하는 좋은 방법은 어떻게 이것들이 축소판 전쟁 게임, 서사 판타지 문학, 롤플레잉 게임, 다인용 비디오 게임 등의 몇몇 역사적 궤적의 교차점으로부터 출현했는가를 추적하는 것이다. 1812년, 프로이센군은 군사 전술과 전략을 장교들에게 훈련시키기 위해 복잡한 탁상용 보드게임인 〈크리그스피엘Kriegsspiel〉을 개발하였다. 이 게임이 전쟁에 관한 첫 번째 보드게임은 확실히 아니었다. 사실 체스도 이러한 게임의 범주에 속하지만, 체스는 은유적으로 전쟁을 추상화했다면 프로이센군이 개발한 이 게임은 사실적인 전쟁 시뮬레이션을 위한 것이었다. 축소판 군인들은 보병과 기병대의 역할을, 탁자 위의 지형 타일은 격자 기반의 지도로, 그리고 주사위는 개별 전투의 결과를 결정한다. 각 부대가 자신의 순서에서 얼마나 멀리 이동할 수 있는지, 얼마나 많은 피해를 상대에게 입힐 수 있는지, 지형이 군대의 이동과 전투를 어떻게 변형시키는지 등의 규칙을 가지고 있었다. 중립적 위치에 있는 심판이 각 게임 참여자의 수행을 평가하고 혹시 문제가 발생하면 이를 해결한다. 1880년대에 미국에서 군대의 훈련 목적으로 이 게임을 수입하였다. 축소판 전쟁 게임은 1913년 작가 H. G. 웰스H. G. Wells가 규칙을 단순화하고, 기계식 대포를 추가하여 〈리틀 워즈Little Wars〉라는 장난감 병정 패키지로 판매하면서 처음으로 상업적으로 이용할 수 있게 되었다.[1]

현대의 전쟁을 모방하는 것에 더하여 축소판 전쟁 게임은 중세와 같은 다른 시대적 배경을 갖는 전쟁으로 그 영역을 확장해 나갔다. 1968년 게리 지젝스Gary Gygax는 자신이 속한 게임 그룹을 위해 중세 전쟁 게임 규칙을 개발했다. 그는 기존의 규칙을 확장하여 줄타기나 일대일 결투와 같은 요소들을 추가하였다. 후에 그는 한 인터뷰에서 다음과 같이 이야기했다.

> 그 후 얼마 지나지 않아 우리 그룹의 구성원들과 저는 중세 전쟁 게임에 싫증을 느끼기 시작했습니다. 그래서 저는 불을 뿜는 무기를 가진 용이나 평범한 전사 4명의 가치가 있는 영웅, 혹은 (대형 투석기에서나 가능한 사거리와 직경을 가진) 불덩어리나 (대포의 사거리와 타격 영역을 가진) 번개를 쏠 수 있는 마법사 등과 같은 판타지적 요소를 게임에 추가하기로 했습니다. 그 당시에는 용이라 부를 수 있는 모형이 없었기 때문에 플라스틱으로 만든 스테고사우루스를 용맹한 용으로 사용했습니다.

이 새로운 게임은 1972년에 〈체인메일Chainmail〉이라는 이름으로 출시되었는데, 2가지 이유로 참신하게 느껴졌다. 첫째, 게임의 초점을 군대의 중대에서 개인으로 옮겼다. 플레이어들은 더 이상 군대를 통제하지 않고 한 명의 영웅적인 인물을 통제했다. 둘째, 이 게임은 전투의 실재감은 유지하였지만, 물리적 현실과 역사적 전쟁을 모델로 삼는 것에서 벗어났다. 이제 전투의 대상은 용맹한 용들이었다.[2]

물론 이러한 판타지적 요소들은 주로 1960년대 후반에서야 지젝스의 전쟁 게임 그룹에서 인기가 있었는데, 이는 1954년과 1955년 사이에 영국에서, 그리고 1966년에는 미국에서 J. R. R. 톨킨J. R. R. Tolkien의 『반지의 제왕』 3부작이 출판되었기 때문이다. 판타지 생명체는 톨킨 훨씬 전에도 문학작품에 존재했었지만 반지의 제왕은 단순히 판타지 생명체들의 이야기만은 아니었다. 독특한 인종, 수 세기에 걸친 매혹적인 역사, 그리고 권력을 위해 투쟁하는 다양한 종족들이 펼치는 대서사의 판타지였다. 톨킨은 단지 인물에 대해 쓴 것이 아니라 평행 세계를 창조했다. 어떤 의미에서 지젝스의 〈체인메일〉은 다음과 같은 가상의 질문에 대한 첫 대답이었다. 만약 당신이 레골라스Legolas, 김리Gimli, 혹은 아라곤Aragorn에 대해 책으로 읽는 것이 아니라, 자신이 중간계 Middle Earth[1]의 영웅적 인물이 되기를 원한다면 어떤 일이 벌어질까?

〈체인메일〉을 만든 지 얼마 지나지 않아서 지젝스는 게임 디자이너인 데이브 아네슨Dave Arneson과 함께 일하며 더 정교하고 독립적인 규칙 체계를 개발하기 시작했다. 이는 〈체인메일〉이 전쟁 게임 덕후들 사이에서는 인기가 있었지만, 전쟁 게임에 대한 엄청난 배경지식이 없이는 이 게임에 입문하기 쉽지 않기 때문이었다. 이 새로운 규칙 체계는 전장의 초점을 야외에서 괴물이 들끓는 던전[2]으로 옮겼다. 이러한 노력의 결과로 1974년에 출시된 독립형 게임이 바로 〈던전 앤 드래곤Dungeons and Dragons〉이었다. 이것은 새로운 게임 장르인 롤플레잉 게임의 시대를 열었다. 톨킨의 대서사 판타지의 인기는 이 새로운 게임 장르에 분명한 표식을 남겼다. 지젝스도 다음과 같이

---

[1] 옮긴이 주 : 톨킨이 창조한 세계인 아르다의 일부로, 허구의 공간이다.
[2] 옮긴이 주 : 부록의 온라인 게임 용어 해설(p.298) 참조.

말했다. "이 게임을 즐기는 거의 모든 사람은 톨킨의 팬이었고 이들은 내가 톨킨의 영향을 받은 자료를 최대한 많이 게임에 넣어야 한다고 주장했다. 실제로 원래의 〈던전 앤 드래곤〉 게임을 기억하는 사람들은 발로그, 엔트, 호빗도 게임 안에 있었다는 것을 알 것이다." 동시에 지젝스는 톨킨도 단지 많은 영감의 하나일 뿐이라고 이야기했다. 따라서 〈던전 앤 드래곤〉은 분명 톨킨으로부터 호빗과 엔트를 차용했지만 그리스 신화와 중세의 전설로부터 온 메두사와 흡혈귀도 역시 환영하였다.3

롤플레잉 게임에서 플레이어는 먼저 게임 안내서에 있는 미리 정해진 여러 종족의 예시를 기반으로 자신의 캐릭터를 만든다. 각 종족은 자신만의 특별한 능력을 가지고 있다. 예를 들어 요정들은 활쏘기에 더 능숙하고 난쟁이들은 죽기 전까지 전투에서의 대미지를 더 잘 견딜 수 있다. 전투 훈련을 받은 전사나 마법을 걸 수 있는 훈련을 받은 마법사와 같이 서로 다른 전투에 특화된 캐릭터들을 선택할 수 있다. 전투는 축소판 전쟁 게임의 관례를 이용해 그 시작과 승리가 결정된다. 양손 검을 통해 상대에게 "2d6"이라는 손해를 입힐 수 있는데, 이것은 정육면체 주사위 두 개를 굴려서 합한 수, 즉 2에서 12포인트 사이의 대미지를 가하는 것이다. 각각의 캐릭터와 몬스터들은 자신의 체력 포인트가 있으며, 전투를 통해 입은 대미지가 이 포인트보다 많으면 사망한다. 캐릭터가 몬스터를 물리칠 때마다 경험치가 축적되고 더 높은 레벨로 올라간다. 레벨이 올라가면 기술이 더 좋아지고 시간이 지나면서 새로운 기술들도 습득한다. 전형적인 롤플레잉 사교모임이 매주 열리기도 하는데, 몇 주, 몇 달 혹은 몇 년 동안 진행될 수도 있다.

롤플레잉 게임의 한 가지 답답한 특징은 규칙 체계에 제시된 표를 지속적으로 참조해야 한다는 것이다. 모든 무기의 손해 정도를 나열한 표, 모든 몬스터의 체력 점수표, 각 캐릭터가 승급 시 개선되는 기술에 대한 표, 각 레벨에 따라 적합한 보물을 알려 주는 표 등등이다. 거의 모든 게임의 규칙은 이처럼 동반되는 표가 있다. 롤플레잉 게임이 더 복잡해짐에 따라 주사위를 굴리는 일이나 표를 참조하는 일이 자동화된 방식으로 진화하는 것은 자연스러운 일이었다.

새로운 밀레니엄이 도래할 무렵 온라인 게임이 미디어와 대중의 의식에 등장했지만, 네트워크 컴퓨터 게임은 이미 1969년에도 존재했었다. 미국 과학 재단의 지원을 받아 일리노이 주립대학University of Illinois에서는 '플라토 PLATO'라 불리는 실험적인 컴퓨터 기반의 교육 시스템을 개발했다. 이 시스템은 자동화된 교육 운영을 위한 프로그램화된 논리 체계였는데, 중앙의 컴퓨터와 이에 연결된 일련의 컴퓨터 단말기들로 구성되어 있었다. 중앙 컴퓨터에서 모든 계산을 수행했고, 연결된 단말기들은 중앙 컴퓨터와 정보를 주고받는 입출력 장치에 지나지 않았다는 측면에서 "바보"였다. 프로그래밍 언어를 통해 사용자는 자신만의 프로그램을 제작할 수 있었고, 따라서 게임도 만들 수 있게 되었다. 1969년, 릭 블롬Rick Blomme은 플라토를 기반으로 〈우주전쟁Spacewar〉이라는 컴퓨터 게임을 만들었는데, 이 게임은 두 명의 플레이어가 각각 자신의 우주선을 조종하며 서로 싸우는 것이었다. 그래픽은 흑백이었고, 우주를 위에서 내려다보는 방식[3]으로 구성되었다. 〈플라토〉의 연결 단말기들이 학교 곳곳에 있었고, 이는 두 명의 사용자가 서로 멀리 떨어져서도 게임을 할 수 있었다는 것을 의미했다. 그야말로 네트워크 게임이었다. 3차원 그래픽을 이용한 네트워크 방식의 다중 사용자 컴퓨터 게임은

---

[3] 옮긴이 주: 게임 사용자들은 탑뷰 방식이라고 한다.

1974년 출시된 〈미로전쟁Maze War〉이었다. 여기서는 사람의 눈처럼 생긴 아바타가 플레이어의 역할을 했는데, 미로에서 서로를 쫓고 총을 쏘는 게임이었다. 이 게임에서는 흑백 기반의 그래픽을 사용해서 미로의 일인칭 시점을 제공했다.4

〈미로전쟁〉은 〈퀘이크Quake〉나 〈둠Doom〉과 같은 액션 슈팅 게임이 출현하기 위한 길을 닦았다. 컴퓨터 기반 롤플레잉 게임의 전신은 몇 년 후에 나왔다. 1976년 윌 크라우더Will Crowther는 단일 사용자용 텍스트 기반 어드벤처 게임인 〈어드벤트ADVENT〉를 만들었는데, 이는 〈조크Zork〉와 같은 게임으로 이어졌다. 〈어드벤트〉는 판타지적 요소가 깃든 던전 탐험가처럼 게임이 진행되는데, 크라우더는 〈던전 앤 드래곤〉 경험과 동굴 탐험에 관한 관심을 통해 이 게임에 대한 영감을 얻었다. 이 게임은 다음과 같은 텍스트로 시작한다. "당신은 작은 벽돌 건물 앞의 길 끝에 서 있습니다. 당신 주변에는 숲이 있습니다. 작은 개울이 건물 바깥으로 흘러 골짜기를 따라 내려갑니다." 플레이어들은 이리저리 움직이며 키워드를 입력하며 동작을 수행했다. 예를 들어 한 플레이어가 "들어가기"를 입력하면 다음과 같은 텍스트를 볼 수 있다.

당신은 큰 샘으로 이어지는 우물이 있는 건물 안에 있습니다.
여기 바닥에 열쇠가 몇 개 있습니다.
근처에는 반짝이는 놋쇠 램프가 있습니다.
여기 음식도 있습니다.

〈어드벤트〉에는 길을 건널 때 대가를 요구하며 다리를 지키는 트롤[4]과 같

---

[4]   옮긴이 주: 북유럽 신화에 등장하는 키 작은 괴물 종족.

은 판타지적 요소 역시 들어 있었다.[5]

　얼마 지나지 않아 누군가가 다중 사용자 어드벤쳐 게임을 제작하는 방법을 찾아냈다. 1978년, 에식스 대학Essex University의 학생인 로이 트럽쇼Roy Trubshaw는 〈어드벤트〉에서 영감을 얻은 텍스트 기반 어드벤처 게임인 〈던겐DUNGEN〉의 다중 사용자 버전 〈머드MUD, Multi User Dungeon〉를 개발하기 시작했다. 텍스트 기반 〈머드〉의 첫 번째 버전은 1978년 가을에 출시되었다. 트럽쇼와 동료이던 리처드 바틀Richard Bartle이 〈머드〉 개발에 합류했는데, 그 시절을 회상하며 다음과 같이 말했다. "이 게임은 원래 플레이어가 움직이고 대화할 수 있는, 상호 연결된 일련의 장소들에 지나지 않았죠. 로이는 주로 방, 퍼즐 등의 디자인보다는 사물의 프로그래밍 측면에 관심이 많았습니다. 그가 에식스를 떠났을 때, 제가 이 프로젝트의 주도권을 갖게 되었는데, 당시에는 플레이어들에게 목표가 없었고 원초적 소통만이 있었을 뿐이었습니다." 보드 게임에 많은 관심이 있던 바틀은 〈머드〉에 많은 게임적 요소를 추가하였는데, 전투 시스템, 캐릭터가 레벨을 올릴 수 있도록 하는 시스템, 그리고 퍼즐 등이었다. 1980년, 에식스 대학의 컴퓨터 네트워크는 추후 인터넷이 된 네트워크인 ARPANet에 연결되었고, 이것은 〈머드〉가 본격적인 인터넷 기반 게임이 되었다는 것을 의미했다.[6]

　지금까지 각각 분리해서 설명한 축소판 전쟁 게임, 서사 판타지 문학, 롤플레잉 게임, 다인용 비디오 게임 등의 역사적 궤적이 만나는 곳에서 마침내 〈머드〉가 탄생했다. 〈어드벤트〉의 경우와 마찬가지로, 다른 개발자들은 〈머드〉의 원본을 가지고 변형을 만들기 시작했는데, 게임 디자인을 새롭게 하거나 다른 컴퓨터 시스템에서 구동될 수 있도록 코드를 바꾸기 시작했다. 결과적으로 이러한 변형 프로그램들을 통해 〈머드〉는 〈타이니머드TinyMUDs〉,

〈애버머드AberMUDs〉, 〈디쿠머드DikuMUDs〉와 같은 자체적인 코드 집합을 가진 계보를 갖추기 시작했다. 1980년대에 〈머드〉는 아메리카 온라인America Online, AOL, 컴퓨서브CompuServe와 같은 상업적인 온라인 서비스에 이름을 올리기 시작했다. 한 가지 주목할 만한 〈머드〉는 최초의 온라인 롤플레잉 게임인 〈아일랜드 오브 케스마이Island of Kesmai〉였는데, 예를 들어 화면에 −, │, * 등과 같은 아스키Ⅱ 코드를 사용하여 미로나 방과 같은 기본적인 그래픽을 보여줄 수 있었다. 〈머드〉는 초기 인터넷 서비스 제공자들에게는 자금줄Cash cow이었는데, 사용자들이 온라인에서 보내는 매 시간마다 비용을 지불했기 때문이었다. 〈아일랜드 오브 케스마이〉의 사용료는 300바우드의 모뎀에서는 시간당 6달러, 1200바우드의 모뎀에서는 시간당 12달러였다. 이는 상대적으로 적은 수의 플레이어 기반 초기 온라인 게임도 충분한 수의 충성된 플레이어만 있다면 매우 수익성이 높을 수 있다는 것을 의미했다. 캐릭터와 가상 세계를 나타내기 위해 다양한 색상의 픽셀을 사용하는 진짜 그래픽 기반의 첫 번째 다중 사용자 온라인 롤플레잉 게임은 1991년 아메리카 온라인AOL에서 출시된 〈네버윈터 나이츠NeverWinter Nights〉였다. 이 게임은 세상과 캐릭터를 탑뷰 관점을 가지고 이차원 그래픽으로 표현하였다. 게임 서버의 초기 최대 동시접속자수는 2백 명이었으나, 최종적으로 이 숫자는 5백 명으로 업그레이드되었다.7

초기 온라인 게임은 개발자와 소비자 모두를 필요로 했다. 1990년대 초반의 개인용 컴퓨터에는 좋은 성능의 그래픽이 표현될 수 없었고, 인터넷 사용료 역시 비쌌다. 개발자 쪽 관점에서도 온라인 게임 개발을 위해서는 넓은 범위를 아우르는 기술적 지식이 요구되었다. 이들은 3차원 그래픽을 표현해내는 기술을 개척해야 했고, 수천 명의 동시 사용자를 처리할 수 있는 서버

기술을 다룰 줄 알아야 했으며, 게임 사용자들이 서로를 스토킹하고 괴롭히고 죽일 수도 있는 온라인 커뮤니티를 관리하는 방법을 찾아야만 했다. 〈메리디언 59Meridian 59〉라는 최초의 3차원 다중접속 온라인 게임이 처음 출시된 해가 1996년이었다. 이제 게임 플레이어들은 1인칭 시점에서 3차원 그래픽으로 실현된 게임 세계를 볼 수 있었다. 아메리카 온라인이나 컴퓨서브와 같은 회사를 통해서 게임을 하는 것이 아니라 인터넷에 연결된 사람이라면 누구나 이 게임을 할 수 있었다. 〈메리디언 59〉는 또한 매월 구독료를 받는 수익 모델을 채택한 최초의 온라인 게임이라는 측면에서 특색을 가진다. 플레이어는 몇 시간 동안 게임을 했는지에 상관없이 매월 10달러만 내면 되었다.8

비록 많은 사람들이 〈메리디언 59〉를 최초의 3차원 다중접속역할수행게임으로 인정하지만, 이 길고 복잡한 이름은 1년 후인 1997년, 〈울티마 온라인Ultima Online〉의 제작자인 리처드 게리엇Richard Garriott이 만든 것이다. 이전에는 많은 플레이어들이 이러한 게임을 그저 그래픽 기반의 머드라고 지칭했다. 사실 "다중massively"이라는 말의 의미도 정확하게 규정되지 않았었다. 다중이 의미하는 것이 게임에 참여하는 실시간 사용자의 수인지, 현재 접속 중인 최대 사용자의 수인지, 혹은 서버가 처리할 수 있는 최대 사용자의 수인지 명확하지 않았다. 이 단어를 이해하는 가장 좋은 방법은 아마도 동시대 온라인 게임들의 각 장르별로 그 의미를 달리 해석하는 것일 수 있다. 예를 들어 〈퀘이크Quake〉와 같은 다중 사용자 슈팅 게임은 각 서버에서 최대 16명의 동시 사용자를 처리할 수 있었다. 이러한 방법도 각 장르 안에서 어떤 것이 최초의 다중접속 게임인지에 대해 명확한 해답을 주는 것은 아니었다. 1991년에 나온 〈네버윈터 나이츠〉는 5백 명의 동시 사용자를 처리할 수 있었으니까 말이다.

1997년 출시된 〈울티마 온라인〉의 성공은 게임 시장에 변화를 가져왔고, 결국 이 게임은 약 25만 명의 실제 활동하는 구독자를 확보하기에 이르렀다. 이 게임의 성공을 통해 게임 업계는 더 이상 소수의 열렬한 게임 사용자를 위한 틈새 게임 장르를 찾고만 있지는 않게 되었다. 〈에버퀘스트〉는 1999년 출시되었는데, 45만 명의 구독자를 갖게 되어 〈울티마 온라인〉보다 더 큰 상업적 성공을 거두었다. 구독 기반의 수익 창출로 전환되면서 열혈 사용자보다는 활동 사용자의 전체 숫자가 더 중요해졌다. 또한 이러한 전환은 소매 게임이 판매된 후 매달 수익을 창출한다는 것을 의미했다. 게임회사들은 이 수익 모델의 상업적 잠재력을 금방 깨닫게 되었다. 〈울티마 온라인〉과 〈에버퀘스트〉는 이러한 게임 장르를 대중화하고 일반인의 의식에 각인시켰다고 종종 인식된다.[9]

〈울티마 온라인〉과 〈에버퀘스트〉의 성공으로 인해 그 후 몇 년 동안 온라인 게임 출시가 급증하게 되었다. 〈애쉬론 콜Asheron's Call〉이나 〈다크 에이지 오브 카멜롯Dark Age of Camelot〉과 같은 게임들은 여전히 중세의 판타지 설정을 사용했지만, 〈이브 온라인EVE Online〉이나 〈스타워즈 갤럭시Star Wars Galaxies〉와 같은 다른 게임들은 좀 더 미래 지향적인 설정을 사용했다. 이러한 장르의 게임들이 10대 후반과 성인들 사이에서 큰 성공을 거두자 10대 초반의 아이들을 위한 가상 세계 설정을 이용한 〈하보 호텔Habbo Hotel〉, 〈클럽 펭귄Club Penguin〉, 〈툰타운 온라인Toontown Online〉과 같은 게임들의 개발로 이어졌다. 이 시기에 출시된 수많은 온라인 게임들이 있었음에도 불구하고, 게임 업계는 2004년까지 온라인 게임 사용자의 수가 더 이상 증가하지 않는 안정기에 이르렀다는 견해에 대체로 동의했다. 전체 사용자는 변동 없이 그저 이전 게임의 사용자들이 새로운 게임으로 갈아타기만 했다. 미국이나 유럽 게임 시장에서는 1백만 구독자를 가진 게임은 나오지 않았고 전체 사용자 수 역시 증가하지 않았던 것으로 보인다. 그러나 2004년, 게임 회사 블리자드Blizzard는 〈월드 오브 워크래프트World of Warcraft〉를 출시했다. 출시 후 몇 개월도 지나지 않아 1백만 명의 사용자를 확보했고 2006년 초에는 구독자 수가 6백만 명을 돌파했다. 블리자드는 그 해 이 게임의 유럽 구독자 수 역시 백만 명을 돌파했다고 발표했는데, 이 숫자는 지금까지 유럽의 온라인 게임 시장 전체 구독자 수의 네 배 이상이나 되는 것이었다. 이 책을 쓰고 있는 2013년에도 1천2백만 명의 구독자 수를 가진 〈월드 오브 워크래프트〉에 범접할 수 있는 게임은 없다. 게임이 발매된 지 8년밖에 되지 않았다는 점을 고려한다면 이는 엄청난 흥행이다.[5] 10

온라인 게임의 일반적 특징

비록 온라인 게임이 중세 시대의 판타지부터 은하를 넘나드는 공상 과학을 지나 동시대의 도시 경관까지 아주 다양한 공간적 배경을 가지고 있지만, 실제 게임의 핵심은 상당히 유사하다. 현대의 온라인 게임은 과거 축소판 전쟁 게임과 탁상용 롤플레잉 보드 게임의 특징으로부터 많은 영향을 받았다. 모든 온라인 게임의 사용자들은 처음에 캐릭터를 만들면서 게임을 시작한다. 이 캐릭터는 처음에는 약한 초보자로 시작하지만, 서서히 경험을 쌓으면서 점점 더 강력해진다. 플레이어들은 일련의 (엘프, 트롤, 인간과 같은) 종족과

---

[5] 옮긴이 주: 최근 블리자드의 발표에 따르면 지난 15년간 전 세계 1억 2천만 명 이상이 이 게임을 해 보았다고 한다.

(전사, 마법사, 성직자와 같은) 직업군을 선택할 수 있는데, 각각의 종족과 직업군은 강점과 약점이 있다. 게임에 따라 사용자는 자신의 캐릭터의 헤어스타일, 피부 색조, 의상 등을 선택함으로써 외양을 본인이 원하는 대로 꾸밀 수 있다.

핵심적인 게임 전개는 캐릭터의 레벨이 상승하는 것을 중심으로 이루어진다. 게이머가 몬스터를 죽이면 자신의 캐릭터는 경험치를 얻고 그 죽은 몬스터로부터 금화와 장비를 얻는다. 이 전리품들을 온라인 게임 유저들은 '루트loot'[6]라 부른다. 캐릭터가 충분한 경험을 얻으면 레벨이 상승하고 새로운 능력을 갖게 되거나 기존 능력이 개선된다. 큰 틀에서 보면 이러한 게임들은 몬스터를 죽여서 얻은 전리품을 팔아서 더 큰 칼을 사고, 이것으로 더 큰 몬스터를 죽여 더 가치 있는 전리품을 얻는다. 온라인 게임에서 사용자들은 몬스터를 '몹Mob'[7]이라 칭하는데, 이는 "mobiles"의 줄임말로, 원래 〈머드〉를 만든 바틀Bartle이 지은 용어이다.[11]

이러한 게임에서 사용자들은 다양한 방식으로 서로 협력한다. 물론 한 게이머가 혼자서 괴물들을 죽여 레벨을 올리는 경우도 종종 있지만, 이것은 초보 게이머에게나 가능한 일이다. 게임이 진행되어 난도가 높아질수록 이런 일은 더 어려워진다. 또한 서로 다른 직업군의 캐릭터들은 더 죽이기 힘든 몬스터를 처리할 때 서로의 부족한 부분을 잘 메워줄 수 있다. 마치 기독교의 "성 삼위일체" 개념과 같이 게임의 전투에서 서로 다른 직업군이 협력하여 시너지 효과를 낸다는 것을 이해하는 것이 중요하다. 적대적인 몬스터와

---

[6] 옮긴이 주: 부록의 온라인 게임 용어 해설(p.299) 참조.
[7] 옮긴이 주: 부록의 온라인 게임 용어 해설(p.300) 참조. 이 책에서는 몬스터와 몹을 혼용하였다.

만나 싸울 때, 중무장한 '탱크' 직업군은 적의 공격으로부터 그룹을 보호하며, 가볍게 무장을 한 '딜러'(높은 초당 공격력을 가진) 직업군은 몬스터와 일정한 거리를 둔 채 큰 피해를 준다. '힐러' 직업군은 팀원들이 전투 중에 잃어버린 체력을 회복시켜 죽는 것을 막아 준다. 모든 플레이의 전략과 전술은 이러한 세 가지 직업군의 원형으로부터 파생된다. 탱크는 반드시 몬스터를 끊임없이 조롱하며 주의를 분산시킬 필요가 있는데, 이는 '어그로aggro'(aggression의 줄임말)라고 알려져 있다. 딜러는 어그로를 끌지 않으면서도 상대방에게 최대치의 손해를 입혀야 한다. 힐러는 자신들의 마력mana을 보존하면서 선택적으로 자기편을 치료해야 하는데, 이 마력은 필요한 주문을 거는 데 사용되고 천천히 회복된다. 일반적으로 이렇게 한 집단으로 만나는 것은 던전에서 일어나고, 이렇게 보스 몬스터와 힘든 최종 전투를 함께 치루는 것을 '레이드raid'[8]라고 부른다.

레이드를 수행하기 위해서는 많은 플레이어(〈월드 오브 워크래프트〉의 경우 25명까지)가 필요하므로 플레이어들은 '길드'라고 부르는 크고 영속적인 사회적 집단을 형성한다. 길드의 설립자는 (예를 들어 드루이드 서클The Druid Circle과 같은) 자기 길드만의 독특한 이름을 짓고, 거기서 리더의 역할을 수행하며, 길드가 커지면 관리자를 임명하기도 한다. 온라인 게임에서 플레이어들은 채팅을 통해 의사소통한다. 요즘 새로 나오는 게임들은 마이크가 달린 헤드셋을 사용해서 플레이어들이 말로 직접 대화할 수 있는 기능을 제공하기도 한다. 또한 온라인 게임은 일반적으로 시각적인 애니메이션 기능이 있는 가상 이모티콘 모음을 제공한다. 예를 들어 춤을 추라는 명령어를 입력하

---

[8] 옮긴이 주: 부록의 온라인 게임 용어 해설(p.298) 참조.

면 캐릭터가 이 기능을 통해 춤을 반복해서 춘다. 그리고 전투 기술 외에도, 많은 온라인 게임은 플레이어가 옷 만들기, 대장간 기술, 연금술과 같은 비전투 능력을 배우고 능력을 향상시킬 수 있도록 한다.

대부분의 온라인 게임들은 각기 다른 플레이어들을 위해 상이한 규칙을 가진 몇몇 게임 서버들을 제공한다. 예를 들어 플레이어가 서로를 죽일 수 있는 서버가 있는데, 이 활동을 보통 플레이어 대 플레이어 모드 또는 PvP라고 한다. 플레이어 간 전투를 허용하지 않는 서버는 플레이어 대 환경 모드 또는 PvE라 부른다. 그러나 많은 게임은 PvE 서버에서도 플레이어가 동의만 한다면, 특정한 상황에서 서로를 죽일 수 있다. 예를 들어 〈월드 오브 워크래프트〉에서 플레이어는 전장에 들어갈지, 플레이어 간 결투를 시작할지 선택할 수 있다.

온라인 게임 역사에 묻어 있는 디지털 흔적

우리가 역사를 되짚어 볼 때 우리의 기억은 종종 부정확하다. 많은 게이머들은 〈머드〉가 〈던전 앤 드래곤〉의 직계 후손이라고 생각하지만, 바틀은 "〈머드〉의 던전은 〈던전 앤 드래곤〉이라는 롤플레잉 게임과는 아무런 관련이 없다."라고 말했다. 앞서 언급했듯이, 〈머드〉는 대신 트럽쇼의 어드벤처 게임인 〈던겐DUNGEN〉에 대한 관심에서 파생되었다. 사실, 나중에 개발된 몇몇 〈머드〉 게임들은 〈던전 앤 드래곤〉의 게임 메커니즘을 더 대놓고 복제하려고 했다. 예를 들어 코펜하겐 대학교 컴퓨터 공학부의 개발자들은 첫 번째 〈머드〉가 개발된 지 12년이 지난 1990년에 〈던전 앤 드래곤〉의 정신을 확실하게 계승하기 위해 〈디쿠머드DicuMUD〉를 만들었다. 그런데 이러한 온라인 게임의 진화는 톨킨, 롤플레잉 게임, 네트워크 컴퓨팅이라는 개념을 통해 공유된 문화적 배경 속에서 반복적이고 자발적으로 융합되었기 때문에 각 게임의 개발 시기를 줄 세우기가 쉽지 않았다. 〈울티마 온라인〉의 수석 디자이너인 래프 코스터Raph Koster는 "다중 사용자 온라인 게임은 12개의 개발자 그룹에서 동시에 그리고 독립적으로 개발되었다. 예를 들어 〈메리디언 59〉의 개발자들은 〈킹덤 오브 윈즈Kingdom of Winds〉를 개발하는 이들이 있다는 것을 몰랐다. 〈해비타트Habitat〉와 같은 더 오래된 예는 말할 것도 없다. 사실 〈머드〉 역시 적어도 네 그룹에서 독립적으로 개발되었다."라고 말했다. 물론 이것은 온라인 게임이 매번 같은 방식으로 등장했다는 것을 의미하는 것은 아니다. 롤플레잉 게임과 〈머드〉 게임의 역사를 말하면서 바틀은 "〈던전 앤 드래곤〉은 씨앗이었고, 그 씨앗은 자기만의 방식으로 성장했다. 만약 그 씨앗이 다른 나라나 다른 시기에 심어졌다면 또 다른 방식으로 성장했을 것이다."라고 말했다. 온라인 게임의 출현은 불가피했을 수도 있지만, 이용 가능한 온라인 게임이 어떤 특징을 가지게 되었는지는 역사적 영향을 받는다. 온라인 게임 개발에는 막대한 돈이 필요하고, 이는 실패로 인한 손실을 회피하려는 동기를 증가시킨다. 따라서 이미 성공한 게임의 공식을 그대로 따라 하도록 압력을 받고 특정 원형은 게임 산업 내에 깊이 자리 잡게 된다. 코스터가 지적했듯이, "온라인 게임의 역사를 종합적으로 살펴보면, 다중 사용자 게임은 〈머드〉로부터 새로운 특징을 추가하기보다는 더 많은 특징들을 제거하였다."[12]

〈월드 오브 워크래프트〉와 같은 온라인 게임은 우리가 생각하고 있는 가상 세계의 주요 구현체이다. 실제 게임을 하는 사용자의 수나 그 속에서 보

프로테우스의 역설: 가상 세계와 온라인 게임의 심리학

내는 시간의 양의 관점에서 볼 때 온라인 게임에 필적할 만한 다른 3차원적이고 지속가능한 가상 세계는 없다. 그런데 이러한 온라인 게임들이 서로 유사해졌기 때문에, 우리 대부분은 이 게임들이 어떻게 서로 다를 수 있는지에 관해 질문하는 것을 중단했다. 게임 포럼에서 플레이어들은 기존의 온라인 게임의 특징들을 개선해 달라고 요구하곤 하는데, 좀 더 큰 규모의 집단 간 충돌이나 게임 캐릭터의 분화를 더 심화시켜달라는 것 등이다. 하지만 우리가 알고 있는 온라인 게임들은 가상 세계를 아주 독특한 방식으로 구현하였다. 온라인 게임 개발이라는 역사적 현장에서 미리 정해진 것은 아무것도 없었다. 이러한 독특함의 하나는 온라인 게임이 소규모 집단 전투에 초점을 맞춘다는 것이다. 사실 전쟁 은유는 온라인 게임의 전유물이라기보다는 비디오 게임 전반에 걸쳐 널리 퍼져 있다. 그러나 최초의 대규모 다중 사용자 온라인 롤플레잉 게임이 1996년에 출시되었지만, 인기 있는 도시 건설 게임 프랜차이즈인 〈심시티SimCity〉는 2013년에야 대규모 다중 사용자 기능을 도입했다.[13]

온라인 게임의 이러한 독특한 흔적은 이것이 우리 삶에 영향을 미치는 방식에 관여한다. 온라인 게임에서 전투를 강조하는 것은 예전 전쟁 게임으로부터 그 근원을 찾을 수 있다. 제4장에서 나는 이러한 전통이 어떻게 레이드에 초점을 맞춘 온라인 게임의 길드 시스템에 스며들어 자기 자리를 찾게 되었는지 설명할 것이다. 또한 제3장에서는 어떻게 온라인 게임의 복잡한 수학적 체계가 세상을 이해하려는 우리 두뇌의 열망과 맞닿아 미신의 출현으로 이어질 수 있는가를 설명할 것이다. 또한 이 수학적 체계로 인해 온라인 게임으로부터 나온 자료를 수집하고 수량화하고 분석하는 것이 매우 쉽다. 이러한 체계가 없는 스토리텔링이라면 아마도 자료를 처리하고 분석하는 것이 훨씬 어려웠을 것이다. 제9장에서 우리는 온라인 게임 플레이어의 성별, 심지어 성격을 추론하는 데 이 축적된 자료가 어떻게 사용되는가를 살펴볼 것이다. 마지막으로 지젝스가 〈체인메일〉에서 전투의 초점을 중대에서 개인으로 전환한 것이 왜 우리가 아바타를 가지고 온라인 게임을 하는지의 이유가 될 수 있는가를 생각해 볼 것이다. 그러나 이것 역시 역사적 사건이다. 〈심시티〉에서 당신은 성장하는 도시를 통제하는 실체 없는 시장 역할을 맡는다. 당신 자신의 모습은 결코 볼 수 없다. 그리고 제11장에서는 이러한 아바타에 대한 의존이 우리가 가상 세계와 상호작용하는 방식을 어떻게 제한하고 변화시키는가를 설명할 것이다. 온라인 게임이 어떻게 출현하게 되었는지에 대한 이야기는 이 게임이 무엇인지뿐만 아니라 왜 이것이 우리에게 영향을 미치는지를 이해하도록 도와준다.

2

누가 그리고 왜
온라인 게임을 하는가?

2

누가 그리고 왜
온라인 게임을 하는가?

1970년대에 아케이드 게임이 술집과 나이트클럽에 등장했을 때, 게임은 주로 어른들의 오락거리였다. 1970년부터 2000년까지 30년간의 비디오 게임에 대한 뉴스 기사를 분석했던 미국 서던 캘리포니아 대학의 언론정보학부 교수인 드미트리 윌리엄스Dmitri Williams는 게임에 대한 미디어의 묘사가 1980년대에 어떻게 극적으로 변하게 되었는가를 보여주었다. 이때부터 뉴스와 잡지 기사들에서 게임을 10대 남자 청소년들과 연관 짓기 시작했고, 비디오 게임의 중독성 있고 오염된 본질에 대해 경고하기 시작했다. 게임은 일탈로 이르는 관문일 뿐 아니라 일탈 행동 그 자체가 된 것이다.[1]

게임에 대한 이러한 반응이 유별난 것은 아니었다. 20세기 초부터 어떤 의사소통 매체라도 처음 도입될 때는 특히 10대들에게 도덕적 공포를 조장했다. 1920년대에는 영화가, 1930년대에는 라디오가, 그리고 1940에서 50년대에는 만화책과 로큰롤이 그랬다. 정신과 의사 프레더릭 베르탐Fredric

Wertham의 책『순수의 유혹Seduction of the Innocent』이 1954년에 출판된 후, 언론은 만화책을 읽으면 순진한 소년들이 비행 청소년이나 범죄자가 될 수 있다는 그의 근거 없는 주장을 널리 보도했다. 당연히 이러한 자극적인 헤드라인은 대중에게 먹혀들었다. 문화이론가 안젤라 맥로비Angela McRobbie에 따르면 "이러한 도덕적 공포가 복잡한 사람들이 일상생활과 가시적 사회 문제로부터 벗어나게 만들든지 혹은 그 공포를 없애기 위한 특정 시도에 열광하는 태도를 갖도록 만든다."고 한다. 여기에 더해 나는 이 공포가 매력적인 이유는 이것이 복잡한 원인에 의해 만들어진 사회 문제를 하찮은 하나의 범인이 일으킨 문제로 단순화할 수 있기 때문이라고 생각한다. 예를 들어 총기 폭력이라는 사회 문제를 일으키는 매우 실제적인 사회적, 문화적, 심리적 요인들을 모두 고려하기보다는 비디오 게임에 경고 라벨을 붙이는 것이 훨씬 쉬운 일이다.[2]

만화책이나 로큰롤이 처음 등장했을 때와 마찬가지로 언론에서 비디오 게임과 10대 청소년 사이를 끈질기게 연결했기 때문에 10대 청소년만이 비디오 게임을 한다는 고정관념이 형성되었다. 게다가 언론 매체는 게임은 10대 전체가 아니라 특히 10대 남자 청소년을 위한 것이라고 떠들어댔다. 또한 언론은 보도를 통해 반복적으로 10대 남자 청소년들은 폭력적인 비디오 게임을 좋아하도록 생물학적으로 타고났다는 주장에 힘을 실어 주었다. 윌리엄스 교수는 1989년 〈뉴스위크〉지의 기사를 인용하여 "닌텐도는 그들의 피비린내로 가득한 작은 정신에서 원시적이고 강력한 어떤 것을 표현하려 한다. 이는 다른 문화에서라면 사냥이나 전쟁터로 내보냈을 전사의 본능"이었을 것이다. 이러한 전형적인 성별, 나이, 일탈의 합주는 단순하지만 강력한 반향, 즉 비디오 게임은 남자 청소년들을 폭력적인 범죄자로 만든다는 메시지를 내보낸다. 그리고 이 반향은 간결하게 다양한 고정관념을 강화시킨다.

단지 10대 남자 청소년만이 비디오 게임을 한다든지, 이들이 게임을 하는 이유는 폭력을 즐기기 때문이라든지 등의 고정관념이다. 온라인 게임은 심지어 2개의 독립된 도덕적 공포를 결합하는데, 비디오 게임에 대한 공포와 인터넷에 대한 두려움이 바로 그것이다. 그리고 아마도 온라인 게임의 출현은 비디오 게임의 도덕적 공포가 30년 더 지속되도록 허락한 꼴이 되었을 것이다.

30년이 지난 후에도 이러한 고정관념은 여전히 우리가 게이머들을 어떻게 인식하는지에 강하게 영향을 미친다. 2008년에 심야 토크쇼 진행자인 지미 키멀Jimmy Kimmel은 이러한 고정관념을 여실히 보여주었는데, 여배우 밀라 쿠니스Mila Kunis가 얼마나 〈월드 오브 워크래프트〉에 빠져 있는가에 관해 이야기하면서 다음과 같이 말했다. "믿을 수가 없네요. 도대체 (여성이) 비디오 게임에 어떻게 그리 열광할 수 있죠?" 또한 쿠니스가 키멀에게 〈월드 오브 워크래프트〉를 하냐고 묻자 다음과 같이 대답했다. "아니요. 저는 안 해봤지만, 제 아들이 하는 걸 본 적은 있어요." 키멀은 이 대화를 통해 10대 남자 청소년만이 게임을 하며, 여자나 성인 남자는 게임을 하지 않는다는 등의 다양한 고정관념을 보여 준다.[3]

우리가 온라인 게임에서 사람들이 실제로 무엇을 하는지 이해하기 전에, 먼저 누가 비디오 게임을 하고 왜 하는지에 대한 고정관념이 만연해 있다는 점을 인정하고 밝혀낼 필요가 있다. 10대 청소년들은 실제로 온라인 게임 세계에서는 소수자들이다. 더 중요한 것은, 온라인 게임이 매우 사회적인 속성을 가지고 있으며, 이 게이머들을 단일한 범주에 집어넣을 수 없다는 점이다.

고정관념 파헤치기

언론의 일반적인 보도와는 다르게, 다양한 게임을 연구하는 서로 다른 연구자들이 온라인 게이머에 관해 수행한 수천 가지 연구에 따르면 지난 10년간 북미와 서구 유럽에서 영어를 사용할 수 있는 게이머들의 평균 연령은 약 30세인 것으로 나타났다. 게이머들의 나이는 적게는 11세부터 많게는 68세에 이르렀다. 이들의 단지 20%만이 10대 남자 청소년이었다. 온라인 게임은 다양한 연령층에 인기가 있다. 온라인 게임을 하는 대다수는 20대와 30대 성인들이다. 이 연구들은 또한 많은 온라인 게이머들이 게임을 하지 않을 때는 정상적인 어른의 삶을 영위하고 있었다는 것을 발견하였다. 온라인 게이머의 50%는 종일 근로자였으며, 36%는 기혼자였고, 22%는 자녀들이 있었다.[4]

내가 수행한 연구인 다이달로스 프로젝트에 참여한 5만 명 이상의 온라인 게이머의 프로필은 이들이 얼마나 큰 다양성을 가지고 있는가를 보여 준다. 알Al은 60세로, 휴스턴에 소재하는 민간 항공사에서 프로젝트 매니저로 일하고 있다. 그는 1980년대 〈던전 앤 드래곤〉을 시작으로 게임에 입문했다. 엠레Emre는 27세로, 독일에서 공부하는 대학원생이다. 〈스타워즈 갤럭시〉에서 그는 제국의 여성 조종사 캐릭터로 게임을 한다. 〈월드 오브 워크래프트〉에서는 고결한 척 하는 인간 종족의 팔라딘이 되기도 한다. 제인Jane은 46세로 오하이오에서 활동하는 형사 사건 전문 변호사이다. 그녀는 자신의 가족 구성원 4명과 함께 〈에버퀘스트〉를 한다. 그리고 클레어Claire는 35세로 아이다호에 사는 컴퓨터 기술자이면서 디지털 사진 복원 전문가인데, 15년 전부터 앓기 시작한 루푸스 때문에 일을 할 수는 없다. 그녀는 "온라인 게임 때문에 자신이 밖에 나갈 수 없을 때도 다른 사람들과 사회적 상호작용을 할 기회를 얻을 수 있었다."고 말한다.

온라인 게이머들이 다양한 연령대를 가진 것은 사실이지만, 성별에 대한 고정관념은 현재까지는 맞다. 온라인 게이머 중 20%만이 여성이다. 나는 제 6장에서 이런 심각한 성차가 발생하게 된 가능한 이유들에 대해 더 깊이 다루어 볼 것이다. 그러나 이 통계 수치 자체는 남성들이 온라인 게임에 더 큰 매력을 느끼는 것은 분명하다는 것을 말해 준다. 고정관념이 맞는 일도 있지만, 온라인 게이머에 대한 전반적인 인구통계학적 구성은 다양성이라는 단어가 더 어울린다. 고등학생, 대학생, 전문직에 종사하는 젊은 성인, 30대의 주부, 심지어 전역 군인이나 은퇴자들도 있다. 어떤 온라인 게임에서는 한 그룹의 게이머들의 나이 차이가 60세나 되는 예도 있다. 현실의 일상에서는 통제감이나 자율성이 부족하다고 느끼는 10대 청소년이지만, 게임 세계에서는 어른들과 동등하거나 심지어 어른들보다 뛰어나기도 한데, 이는 현실에서는 거의 일어날 수 없는 일이다. 비디오 게임과 10대 청소년을 연합함으로써 만들어지는 고정관념은 거짓일 뿐만 아니라 온라인 게임이 어떻게 이 청소년들에게 긍정적인 사회적 공간이 될 수 있는가를 이해하는 우리의 눈을 가린다.[5]

서구 사회가 아닌 다른 사회의 온라인 게이머에 관한 연구는 상대적으로 부족하다. 또한 각기 다른 지역에서 인기 있는 게임이 다른 경향이 있다는 사실도 이러한 연구 결과를 복잡하게 만든다. 지역에 따라 다른 게임이 인기 있는 것이 문화적 차이 때문인지 특정 게임이 가진 요소 때문인지는 명확하지 않다. 이러한 관점에서 〈월드 오브 워크래프트〉의 전 세계적 성공은 독특한 현상이며, 이를 바탕으로 같은 게임을 하는 서로 다른 인구통계학적 특성을 지닌 사람들을 비교할 수 있게 되었다. 2010년과 2012년 사이에 나는 동료들과 함께 중국 본토, 홍콩, 대만, 미국, 유럽 연합의 여러 나라들의 국적을 가진 3천 명 이상의 〈월드 오브 워크래프트〉 사용자들로부터 설문조사 자료를 수집했다. 우리는 유럽의 온라인 게이머들은 미국의 게이머들과는 상당히 유사한 인구통계학적 특징을 가졌지만, 중국 문화권 국가들의 게이머들과는 아주 다른 특성을 가지고 있는 것을 발견하였다. 중국 문화권 국가들의 게이머들의 평균 연령은 22세로 중국의 대다수 게이머들은 20세에서 24세 사이였는데, 이는 서구의 게이머들에 비해 10살 정도 더 어린 나이였다. 중국의 여성 게이머 비율은 전체의 15%로, 이 비율 역시 서구에 비해 좀 더 낮았다. 이러한 문화권에 따른 인구통계학적 차이가 왜 나타나는지를 이해하기 위해서는 더 많은 연구가 이루어져야 하지만, 이 연구 결과는 서구 사회의 게이머로부터 얻은 연구 결과를 다른 지역의 게이머들에게 적용할 때는 매우 신중할 필요가 있음을 시사한다.[6]

서구의 온라인 게이머들이 대부분 성인임을 고려할 때, 그들의 전형적인 플레이 패턴에 관한 연구는 온라인 게임의 가상 환경이 얼마나 매력적일 수 있는지를 보여준다. 평균적인 온라인 게이머들은 일주일에 20시간 이상을 온라인 게임을 하는 데 쓴다. 이는 주 5일 근무를 40시간이라고 가정할 때 그 절반의 시간에 해당한다. 한 연구에서, 온라인 게이머의 9%가 매주 평균 40시간 이상 온라인 게임을 한다고 보고했다. 그리고 같은 연구에서 참가자의 60%는 적어도 한 번은 10시간 연속으로 온라인 게임을 한 적이 있다고 응답하였다. 또한 이러한 통계치는 젊은 사람들에게만 나타나는 것이 아니다. 온라인 게이머에 대한 두 개의 대규모 연구가 수행되었는데, 그중 한 연구에서 주당 게임 시간과 나이 사이에는 상관관계가 없음을 발견하였고, 다른 연구에서는 나이가 많은 게이머들이 가상 세계에서 더 많은 시간을 보낸다는 것을 발견하기도 하였다. 간단히 말해서 30대 이상의 나이 든 온라인 게이머들은 20대의 젊은 게이머들에 비해 게임을 하는 데 더 적은 시간을 소비하지 않는다. 이러한 통계를 통해 비 게이머들은 종종 게이머들이 너무 많은 시간을 온라인 게임을 하면서 보낸다는 점에 놀랄 수도 있지만, 이를 다른 관점에서 보는 것이 중요하다. 2012년 닐슨 보고서에 따르면, 평균적인 미국인은 매주 33시간의 텔레비전을 시청한다. 그리고 우리들 대부분은 아마도 하루 종일 TV 앞에서 빈둥거리면서 보낸 적이 적어도 한 번은 있었다는 것을 인정할 것이다.[1] 7

온라인 게임의 부상은 반사회적 일탈에 대한 초기의 고정관념을 강조해 왔다. 즉, 온라인 게임은 현실로부터의 완벽한 탈출구처럼 보인다. 은둔형 게이머들은 모든 사회적 연결을 차단하고 디지털 판타지 세계에 로그인함으로써 현실 세계와 담을 쌓을 수 있다는 것이다. 그러나 온라인 게이머에 대한 연구 결과는 이러한 고정관념을 깨부순다. 온라인 게이머의 4분의 1은 정기적으로 현재 교제 중인 사람 또는 배우자와 게임을 하고, 19%는 적어도 한 명의 가족(배우자 제외)과 게임을 하며, 70%는 현실 세계에서 알고 있는 친구와 게임을 한다. 이러한 결과를 종합해보면, 온라인 게이머의 80%가 현실 세계에서 친한 누군가와 정기적으로 게임을 한다는 것이다. 온라인 게이머들은 현실 세계를 차단하기 위해서가 아니라 자신의 가족 및 친구들과 잘 어울리고, 연락을 유지하는 사회적 상호작용의 도구로써 온라인 게임을 이용하는 것이다. 다음의 두 게이머가 자신의 게임 경험을 어떻게 설명하고 있는지 살펴보자.

---

[1] 옮긴이 주: 최근에는 인터넷 동영상 시청 시간 등을 예로 들어 생각해 볼 수 있겠다.

최근에 이사 온 아주 친한 친구와 대규모 다중 사용자 온라인역할수행게임
MMORPG에서 모였어요. 이를 통해 우리는 여전히 서로 "볼 수" 있었고, 함께 무
언가를 할 수 있었죠. 전화나 온라인 채팅 애플리케이션을 통해 이야기하는 것은
이런 만족감을 줄 수 없습니다. 서로를 "볼 수" 있고 같이 사냥을 하거나 마을을
돌아다닐 수 있는 것은 전화나 이메일로 이야기하는 것보다 훨씬 더 현실 세계에
서 만나는 것과 같은 느낌을 줍니다.

〈더 림 온라인The Realm Online〉 사용자, 23세 남성.

저는 남편과 정기적으로 온라인 게임을 합니다. 저는 남편의 게임 스타일을, 남
편은 저의 것을 파악하는 것은 게임에 즐거움을 더합니다. 서로에게 무엇을 기대
해야 하는지 알고 또 그것에 의존합니다. 함께 게임을 하면서 우리의 관계가 더
강하고 흥미로워집니다. 현실과 게임 세계 모두에서 말이죠. 우리 부부는 항상
할 이야기가 있습니다. 현실의 삶에서 하기 싫지만 해야만 했던 귀찮은 일들이나
우리가 처리해야 했던 게임에서 만난 못생긴 몬스터에 관한 이야기 같은 것들
말이죠.

〈테일 인 더 데저트A Tale in the Desert〉 사용자, 44세 여성.

텔레비전 앞에 묵묵히 함께 앉아 있는 가족의 모습은 사회적으로 용인되지
만, 이 가족이 가상 세계에서 게임을 하며 서로 이야기하고 협력한다면 이 모
습은 반사회적인 것으로 고정관념화 되어 있다는 점을 주목할 필요가 있다.[8]
　온라인 게임에 투자하는 시간 외에도 게이머들이 하는 감정적인 투자도
고려하는 것이 중요하다. 다이달로스 프로젝트에서 실시한 한 조사에서 온
라인 게이머의 27%가 지난 한 주 동안 가장 보람 있거나 만족스러운 경험을
게임을 하면서 하게 되었다고 밝혔다. 그러나 여기에는 애증의 관계도 있다.
동일한 연구에서 전체 응답자 중, 33%의 게이머들은 지난 한 주 동안 자신이
겪었던 가장 짜증 나거나 화가 나는 상황이 게임 세계에서 일어났다고 응답

하였다. 온라인 게임으로부터 나타나는 관계 속의 감정적 관여를 보여주는 또 다른 지표가 있다. 응답자 중 41%의 온라인 게이머들은 자신이 온라인 게임 세계에서 쌓은 우정이 실제 세계의 친구들과의 우정과 비슷하거나 오히려 더 낫다고 느낀다고 대답하였다. 이 결과를 게임 세계를 현실 세계의 도피처로 인식한다는 색안경을 끼고 바라볼 수도 있지만, 이 가상의 게임 세계가 매우 기억에 남는 매력적인 사회적 경험과 관계를 형성하는 데 긍정적인 역할을 한다고 해석할 수도 있다. 이와 관련하여 우리는 제7장에서 온라인 게임상에서 사랑에 빠진 게이머들로부터 더 많은 이야기를 들어볼 것이다. [9]

왜 우리는 온라인 게임을 하는가?

내가 온라인 게이머들에게 하는 질문들 중 가장 좋아하는 것은 왜 게임을 하느냐는 것이다. 게임을 하는 다양한 이유를 이해하는 것이 온라인 게임에 대한 고정관념을 뛰어넘는 또 다른 방법이다. 게이머들의 대답은 무척 다양하다. 〈에버퀘스트〉를 하는 한 플레이어는 "전반적으로 나는 벌레를 잡아먹으며, 행복해 보이면서도 우스꽝스럽게 생긴 작은 노움Gnome 종족 역할을 맡는 것을 좋아해서" 게임을 한다고 대답했다. 하지만 〈스타워즈 갤럭시〉를 하는 다른 플레이어는 "가상 세계의 경제적 테두리 안에서 회사를 설립하기 위해서 노력하고 있으며, 주로 가상 세계의 경제에서 실제 사회 이론이 어떻게 작동하는가에 대해 배우기 위해" 게임을 한다고 대답하였다.

　리처드 바틀의 플레이어 유형 분석은 사람들이 온라인 게임을 즐기는 이유에 대한 잘 알려진 분류법이다. 그는 게이머들을 성취자, 사교자, 살인자

(다른 사람에게 고통을 주는 것을 즐기는 사용자), 그리고 탐험가(지리나 게임 규칙을 탐구하는 사용자)로 분류한다. 게임을 하는 동기에 대한 내 연구에서는 바틀의 분류를 기반으로 하여 이를 확장하였다. 온라인 게이머로부터 얻은 설문조사 결과를 통계적으로 분석하여 게임을 하는 세 가지 범주의 동기가 있다는 것을 찾아냈다. 이것은 성취, 사회적 상호작용 그리고 몰입이다. 하나의 범주 안의 세부 동기들 사이에는 상관관계가 크고, 서로 다른 범주들 사이의 관계는 대체적으로 별 상관이 없다. 성취 동기 범주는 게임상에서 권력을 얻는 다양한 방법에 초점을 맞춘다. 사회적 상호작용 동기 범주는 게임 내 다른 사람들과의 관계와 관련된 다양한 방법에 관한 것이고, 몰입 동기 범주는 이야기의 일부가 되는 다양한 방법에 관한 것이다.[10]

이러한 범주들은 게이머들을 분류할 수 있는 도구로 사용되기보다는 개별 게이머들을 이해할 수 있도록 도와주는 도구라 할 수 있다. 따라서 대부분의 게이머들은 한두 개 범주에서 높은 점수를 받고 나머지 범주에서는 평균 혹은 그 이하의 점수를 받는다. 이 세 범주의 점수를 전체적으로 이해하면 각 게이머만의 고유한 게임 동기 프로필을 유추할 수 있다. 한 가지 유의할 점은, 예를 들어 성취 동기가 높으면 사회적 상호작용 동기가 낮다는 것을 의미하지는 않는다. 즉 한 게이머가 (길드에서 활동하는 것과 게임의 최후 레이드에 모두 관심이 있을 수 있는 것처럼) 성취 동기와 사회적 상호작용 동기 점수가 동시에 높을 수도 있다. 물론 이것은 여러 동기의 가능한 조합들 중 하나에 불과하다. 개별 동기가 어떤지를 파악한 뒤 전반적인 동기에 대한 가능한 그림들을 그려볼 수 있다.

성취 동기의 관점에서 권력은 다양한 방식으로 충족될 수 있다. 어떤 게이머들은 레벨이 올라가고 점차 강해지면서 게임에서 진전이 있다고 생각하게 되고, 이러한 과정 자체에서 권력 욕구가 충족된다.

> 성취감이야말로 제가 게임을 하는 가장 큰 이유입니다. 다음 레벨로 빨리 올라가서 새로운 능력이나 기술 혹은 멋진 무기를 손에 넣고 싶지만, 절대 최고 레벨에 도달하고 싶지는 않아요.
>
> <월드 오브 워크래프트> 사용자, 28세 남성.

> 게임이 제가 발전하고 있다는 환상을 심어준다는 것을 압니다. 현실 세계에서 발전하지 못하는 제 자신이 싫어서 대신 게임을 통해서 레벨을 올립니다.
>
> <월드 오브 워크래프트> 사용자, 34세 남성.

반면에 어떤 게이머들은 위와 같은 종류의 성취감에는 별 관심이 없다. 이들이 관심을 갖는 것은 가능한 최대의 권력을 갖는 것이다. 이들에게 권력이란 여정이라기보다는 종착지이다. 이들은 종종 사회적 인식 또한 중요하다고 생각한다.

> 저는 기본적으로 어떤 게임에서 가능한 최고의 힘을 가지기 위해 게임을 합니다. 게임 아이템 중 가장 좋은 것을 갖고 싶고, 사람들이 저의 게임 스타일을 진정으로 존경하면 좋겠습니다. 저는 다중접속역할수행게임을 하는 게이머들 사이에서 전설이 되고 싶습니다.
>
> <다크 에이지 오브 카멜롯> 사용자, 25세 남성.

어떤 사람들에게는 진정한 만족감이란 다른 게이머들보다 더 많은 힘을 가지고 있을 때 생긴다. 이것은 최고가 되고 싶은 욕망, 혹은 약한 게이머들을 제압하고 지배하고 싶은 욕망으로 나타난다. 이러한 게이머들은 종종 경쟁적인 플레이어들과의 전투와 같은 활동을 추구한다.

> 저는 최고가 되는 것이 가장 즐겁습니다. 저는 항상 극도로 경쟁적이었습니다. 엄청 경쟁심이 많은 형과 함께 자랐고, 그래서 저도 태어나면서부터 경쟁하는 것에 익숙하죠. 저는 승리 속에서 만족감을 찾는 것을 배워왔고, 보드 게임, 스포츠, 전자 게임을 비롯한 모든 종류의 게임을 좋아합니다. 왜냐하면 게임에는 항상 승자와 패자가 있기 때문이죠.
>
> 〈월드 오브 워크래프트〉 사용자, 18세 남성.

그리고 마지막으로, 온라인 게임을 하는 일부 게이머들은 게임의 각종 규칙과 숫자들을 분석하고 이해하는 것에서 성취감을 맛본다. 이를 통해 자신의 캐릭터의 활동 계획을 최적화할 수 있다.

> 최근에 저는 가장 높은 레벨에 도달했을 때 제 마지막 갑옷 세트가 가능한 많은 부분에서 최대치를 가질 수 있게 만드는 보석과 갑옷 템플릿을 준비하는 데 3일을 꼬박 썼습니다.
>
> 〈다크 에이지 오브 카멜롯〉 사용자, 23세 여성.

> 저는 30개 이상의 템플릿을 만들고, 가장 좋은 구조를 갖기 위해 말 그대로 40시간 이상의 시간을 들여 카타콤과 다른 장소에 이 템플릿을 적용했습니다. 이 일을 마침내 마무리하고 모든 것이 제자리에 들어섰을 때 저의 수고가 가치 있게 여겨졌죠.
>
> 〈월드 오브 워크래프트〉 사용자로
> 예전에 〈다크 에이지 오브 카멜롯〉을 할 때의 경험을 들려주며, 25세 남성.

사회적 상호작용을 즐기는 게이머들에게는 온라인 게임이 항상 대화할 수 있는 새로운 누군가가 있는 거대한 대화 장소로 보일 수 있다.

> 저는 언제라도 사람들과 이야기하는 것을 좋아합니다. 보통 한 번에 몇몇 사람들
> 과 대화를 하며, 조용한 사람들과 함께 있으면 약간 불편함을 느낍니다. 저의 친
> 구 목록은 계속 늘어갑니다. 초창기 〈에버퀘스트〉를 할 때 친구 목록에 넣을 수
> 있는 최대 숫자(1백 명)를 어느 순간 다 채워서 친구 몇 명을 삭제해야 했던 때도
> 있었습니다.
>
> 〈에버퀘스트 Ⅱ〉 사용자, 17세 남성.

반면에 그저 사교적인 분위기를 즐기는 일부 게이머들은 깊고 의미 있는 관
계를 발전시키는 데 반드시 관심이 있는 것은 아니다.

> 저는 다른 사람들과 교류하는 것, 수다 떠는 것 등을 좋아하지만... "좋은 친구"
> 라고 생각하는 것을 만들고 싶은 욕구는 거의 없어요. 왜냐하면 이것은 내가 게
> 임하는 것과 분리하고 싶은 현실에서의 삶의 요소와 관련되어 있기 때문이죠.
>
> 〈에버퀘스트 Ⅱ〉 사용자, 39세 남성.

이제 온라인에서 만나는 사람들과 좋은 친구가 될 수 있다는 생각에 개방적
이거나 특별히 관심이 있는 게이머들의 반응을 보며 앞의 반응과 대조해 보자.

> 전 세계의 사람들과 친해지는 것은 즐거운 일이죠. 그 사람들이 살아가고 행동하
> 는 방식으로부터 많은 것을 배울 수 있습니다. 이것이야말로 제가 게임을 통해
> 사람을 만나면서 가장 즐기는 일입니다. 서로 친구가 되어 알아가는 것, 심지어
> 친구들 중 한 사람이 지금 하고 있는 게임을 그만둘 때조차도 지속적인 우정을
> 쌓아가는 것이 정말 좋습니다.
>
> 〈에버퀘스트 Ⅱ〉 사용자, 19세 여성.

저는 지금 라스베이거스Las Vegas에서 이 조사에 참여하고 있는데, 〈에버퀘스트〉에서 만났던 친구의 인터넷 연결망을 사용하는 중입니다. 작년 여름에 이 친구가 보스턴Boston에 방문할 일이 있어서 (저는 코네티컷Connecticut에 삽니다) 우리는 현실 세계에서도 실제로 만났습니다. 그리고 지금은 며칠 동안 제가 이 친구 동네에 놀러 왔습니다. 내가 가장 좋아하는 여성 친구 역시 〈에버퀘스트〉를 통해 만났습니다. 이 친구 부부와 매년 크리스마스를 함께 보내는 것뿐만 아니라 (지금까지 4번), 두 달에 1번, 일주일씩 그녀 집을 방문합니다. 이 부부는 이제 〈에버퀘스트〉를 더 이상 하지 않지만, 우리의 우정은 더 돈독하게 자라나고 있죠.

〈에버퀘스트〉 사용자, 61세 여성.

사회적 상호작용 범주에 속하는 마지막 동기는 팀워크이다. 이 부류의 게이머들에게 즐거움이란 다른 사람들과 함께 하며 팀의 일원이 되는 것이다.

저에게 강한 동기부여가 되는 것은 다른 사람들과 함께 일하고 완벽하고 효율적인 집단에 속하는 것입니다. 이 집단이 달성하고자 하는 목표는 중요하지 않아요. 그저 누군가를 위한 아이템을 얻기 위해 알을 빨거나 캠핑을 할 수 있습니다. 모든 것이 완벽하게 진행되어 대화조차 필요치 않을 때, 모든 사람이 그저 자신이 해야 할 일을 정확히 수행할 때 기분이 정말 좋습니다... 사람들과 상호작용하고 그들에게 의존하고 또 힘이 되어 주는 것.. 그 자체가 바로 제가 게임을 하는 이유죠.

〈월드 오브 워크래프트〉 사용자, 20세 남성.

몰입에 관심이 있는 게이머들은 온라인 게임의 서사와 자신을 연결시킬 수 있는 다양한 방법을 찾는다. 일부 게이머들은 자신의 캐릭터에 대한 심층적인 배경 스토리를 만들어서 이를 다른 플레이어나 게임의 주된 서사와 연결시킨다.

게임 내 저의 캐릭터들을 통해 진짜 즐거움을 얻기에 앞서 그 캐릭터들에 관한 뒷 이야기를 알고 있는 것이 제게는 중요합니다. 예를 들어 제 드워프 로그인 트리거Trigger가 남편의 캐릭터 호손Hawthorne의 가장 친한 친구의 여동생입니다. 그래서 트리거가 게임을 할 때는 엄청난 열정을 가지고 임하긴 하지만, 열정만큼의 지각 능력을 보이지는 않죠. 트리거와 호손이 함께 플레이를 할 때는 친근하게 말다툼을 하거나 서로 툭툭 때리는 경우도 많이 있습니다. 이런 행동들은 학교 다닐 때 했던 행동들인데, 성인이 된 지금 저의 삶과는 너무 맞지 않는 것이죠.

〈월드 오브 워크래프트〉 사용자, 36세 여성.

저는 흙보다도 더 나이가 많지만 지난 수천 년간 겨울잠을 자고 있었던 나이트 엘프 종족의 드루이드를 가지고 게임을 해왔습니다. 겨울잠을 자는 기간 동안에는 존재하지도 않았던 인간, 노움, 오크 족과 처음 만나 플레이 하는 것은 재미있습니다. 이 캐릭터는 믿을 수 없을 정도로 현명하고, 예전에는 매우 강력했는데, 현대 세계에서는 다소 혼란스러운 유형의 캐릭터가 되어 버렸습니다.

〈월드 오브 워크래프트〉 사용자, 23세 남성.

이러한 캐릭터에 대한 배경 이야기들은 종종 롤플레잉이라 불리는 캐릭터 간의 즉흥적인 상호작용으로 이어진다. 지금까지 예로 든 모든 게임의 장르가 롤플레잉 게임임을 고려한다면 게임을 하지 않는 비 게이머들은 온라인 게이머들이 모두 롤플레잉을 한다고 생각하는지 모르지만, 이러한 형태의 즉흥적인 스토리텔링은 실제 온라인 게임에 딱 맞는 틈새 활동이다. "롤플레잉"이라는 용어는 사실 스토리텔링의 중요성이 아닌, 미니어처 전쟁 게임의 육군 중대에서 개별 캐릭터로의 전환을 나타내기 위해 고안되었다. 따라서 이 용어는 온라인 게임에서 두 가지 매우 다른 의미를 가진다. 〈월드 오브 워크래프트〉에서 틈새 활동으로서의 롤플레잉은 수백 개의 가용한 서버 중에서 소수의 서버만이 명시적으로 롤플레잉 서버로 분류된다는 사실에서 명백하게 알 수 있다.

이야기에 관심이 있는 다른 게이머들은 게임 세계의 다양한 이야기들, 예를 들어 등장인물, 역사, 리더, 도시 등에 매료될 수 있다. 이들은 이 게임 세계를 탐험하고 게임에 대한 잡다한 지식에 대해 배우는 것에 관심이 있다.

> 저는 이 새로운 〈에버퀘스트〉에 관한 이야기들을 좋아합니다. 이 구역 저 구역으로 이야기를 나누며 우리가 어떻게 5백 년 후의 이야기 속으로 다다르게 되었는지, 루클린의 달은 어떻게 사라지게 되었는지, 프로그락은 어디에 있을지 등을 배우죠. 저는 특정 구역을 통과하는 것이 걱정이 되는데, 그것은 거기서 더 많은 것을 보고 더 많은 활동을 하고 싶었기 때문입니다.
>
> 〈에버퀘스트〉 사용자, 37세 여성.

> 저는 탐험을 좋아합니다. 그러나 제가 정말 좋아하는 것은 이야기를 만들고 그 이야기 속에 들어가는 거죠. 세상을 탐험하는 것은 중요한 일부분입니다. 저는 책 읽는 것을 좋아합니다. 판타지, 공상 과학, 흥미로운 전기 등 모두 말이죠. 온라인 게임을 하면서 가장 행복할 때는 이러한 탐험을 하며 거대한 모험을 경험하는 것입니다.
>
> 〈에버퀘스트 II〉 사용자, 30세 남성.

물론 어떤 게이머들에게는 살아 숨 쉬는 판타지의 세계로 옮겨지는 느낌 그 자체가 엄청난 매력이다.

> 저는 롤플레이 자체를 많이 하지는 않습니다. 하지만 게임 안에 속해 있다는 느낌은 정말 좋습니다. 예를 들어 〈에버퀘스트〉를 할 때는 다른 컴퓨터 게임을 할 때와 느낌이 별로 다르지 않습니다. 하지만 〈월드 오브 워크래프트〉를 할 때는 이 게임에 풍부한 역사가 있고, 그 역사를 내가 잘 알기 때문에 몰입감을 느낍니다.
>
> 〈월드 오브 워크래프트〉 사용자, 18세 남성.

온라인 게임은 이와 같이 여러 가지 동기 요소가 있기 때문에 다양한 인구통계학적 집단을 끌어들일 수 있다. 그래서 다섯 명으로 구성된 던전 그룹에서도 용만 죽이는 것이 목적인 플레이어, 이야기가 어떻게 끝이 나는가를 알기 원하는 플레이어, 서로 함께 시간을 보내기 위해 게임을 하는 다른 나라의 두 형제 플레이어, 그리고 롤플레잉 게임에서 익살스러운 행동을 통해 꼭 필요한 유머를 제공하는 플레이어가 함께 할 수 있는 것이다. 이러한 가상 세계는 플레이어들이 바로 옆에 앉아서도 전혀 다른 형태의 게임플레이에 참여할 수 있도록 한다.

도피의 역설

온라인 게임은 여러 가지 측면에서 학교와 비슷하다. 둘 다 제약이 많은 상황에서 객관적으로 측정된 일련의 활동에 대해 사전에 정해진 보상을 제공한다. 회색 선이 그어진 줄 사이에 글자를 모두 잘 쓰면 상으로 은별을 얻을 수 있다. 그리고 은별을 10개 모으면 이것을 금별 1개로 바꿀 수 있다. 좋은 대학에 가기를 원한다면 대학수학능력시험에서 특정 점수 이상을 얻어야 한다. 교육 과정의 어디에 있든지 당신은 정확하게 당신의 현재 위치와 다음에 가야 할 곳, 그리고 어떻게 도달할 수 있을지를 알 수 있다. 우리 삶의 약 16년이라는 학교생활 동안에 이것은 우리 모두가 배우는 발전 모형이다. 그 후 우리는 이러한 규칙이 적용되지 않는 현실 세계로 가게 된다. 목표는 더 이상 당신을 위해 정의되지 않는다. 많은 직업에서의 성과는 명백하게 정의되지 않고, 객관적으로 측정되기도 쉽지 않다. 때로는 상사가 당신의 공을 가로채기도 하고, 당신을 대신하여 다른 사람이 승진하기도 하며, 회사 내에서 막다른 길에 다다르기도 한다. 현실은 힘들고 종종 불공평하다.

온라인 게임에서는 그렇지 않다. 사악한 도적을 죽인 모든 사람은 같은 양의 경험치를 얻는다. 목표는 명확하고, 사전에 정의되어 있으며, 공정하다. 당신이 달성한 바는 읽기 쉬운 막대그래프에 그 수준이 표시된다.

> 다중 사용자 온라인 역할수행게임에서 당신은 자신의 게임 실력이 꾸준하게 발전하는 것을 볼 수 있습니다. 안정된 속도로 실력이 좋아지죠. 하지만 현실 세계에서는 당신이 뭔가를 이뤘다고 레벨이 상승하는 것이 당연한 일은 아닙니다.
>
> 〈월드 오브 워크래프트〉 사용자, 31세 남성.

> 저는 성공적으로 자영업을 운영하고 있고, 스스로 정한 이정표와 목표에 도달하는 것을 좋아하지만, 실제 제가 필요로 하는 것보다 그 성취는 더 작고 멀리 떨어져 있습니다. 그래서 온라인 게임을 통해 정기적으로 성취감을 맛보기 위한 긍정적인 출구를 찾습니다.
>
> 〈월드 오브 워크래프트〉 사용자, 37세 여성.

우리는 자신이 가지고 있는 게임 동기와의 적합성만 보고 게임을 하는 것이 아니다. 이와 더불어 좀 더 심오한 인간적인 그리고 문화적인 이유도 역시 존재한다. 위에서 인터뷰한 성공한 자영업자의 경우와 같이 게임은 많은 게이머들에게 치료제가 될 수 있다. 온라인 게임은 싸고 편리한 방식으로 자신이 발전하고 있다는 느낌을 가져다줄 수 있다. 반면에 현실 도피를 위한 목적으로만 온라인 게임을 한다면 이것은 악순환으로 이어질 수 있다.

> 저는 한 달 넘게 실직 상태였고, 스트레스와 우울감에 빠져 있었죠. 〈에버퀘스트〉를 하고 있을 때만 이 감정이 진정된다는 것을 느꼈습니다. 왜냐하면 게임을

하는 동안 현실 세계의 골칫거리들과 문제들을 잊기 쉽기 때문이죠. 하지만 문제는 현실 세계로 돌아가면 이 골칫거리들과 문제들이 더 커진다는 점입니다. 이것이야말로 나쁜, 정말 나쁜 악순환입니다.

<에버퀘스트> 사용자, 26세 남성.

저는 경제적인 문제와 결혼 생활에 문제를 겪고 있었습니다. 현실의 삶을 무시하고 <에버퀘스트>로 도망갔습니다. 이것은 즐기기 위해서가 아니었습니다. 나의 현실의 삶을 책임감을 갖고 살아내고 싶지 않다는 "필요"였을 뿐이죠. <에버퀘스트>는 행복한 무지에 빠져들도록 만드는 제가 선택한 방법이었죠.

<에버퀘스트> 사용자, 33세 남성.

연구 결과에 따르면, 문제적 게임 행태, 즉 게임 때문에 자신의 삶을 관리하기 어려운 상태에 빠질 위험이 가장 큰 집단은 우울증이나 사회 불안을 겪고 있는 사람들인 것으로 나타났다. 이러한 관점에서, 문제적 게임 행태는 자신을 치료하려는 시도를 실패할 때 발생한다. 현실을 도피하기 위해 게임을 하는 사람들이야말로 현실의 상황에서 더 헤어나지 못하게 된다. 결정적으로 이러한 심리적 삶의 질이라는 변수를 고려한다면 앞서 설명한 세 가지 게임 동기는 문제적 게임 행태에 미치는 영향이 크지 않다는 것을 말해 준다. 오히려 건강한 사회적 상호작용의 일부로서의 게임은 개인의 삶에 이로울 수 있다. 함께 온라인 게임을 즐기는 가족 구성원들은 구성원 사이의 의사소통의 시간이 더 길고 의사소통의 질 역시 더 높다고 보고한다. 드미트리 윌리엄스는 "부익부 빈익빈"이라는 관용구를 통해 이러한 결과의 차이를 간명하게 나타낸다. 이러한 연구 결과는 두 가지의 서로 관련되어 있으면서도 중요한 점을 강조하는데, 게임은 기존에 존재하던 사회적 네트워크를 강화시킬 수도 있고, 게임을 잘 조절해서 하는 게이머들은 문제적 게임 행태의 위

험과는 별 관련이 없다는 것이다.[11]

미국의 고등학교에서는 운동파와 공부파가 가진 고정관념을 가지고 이
런저런 비교를 하곤 하는데, 축구와 온라인 게임을 비교해 보면, 일단 둘 사
이에는 많은 유사점들이 있다. 둘 다 현실과 어느 정도 분리된 영역에서 일
어나는 사회적 활동이다. 이 가상 세계에는 다양한 규칙과 목표가 작동한다.
플레이어는 이 세계에서만 기능적 의미가 있는 판타지적 역할을 맡는다. 이
두 활동에서는 임의로 정의된 과제를 잘 수행했을 때 점수를 받으며, 협동과
경쟁은 매우 중요한 요소이다.

반면에 사람들이 이 두 활동에서 일어나는 비극을 해석하는 방식에서는
엄청난 차이가 있다. 1994년에서 2009년 사이에 미국에서는 매년 평균 3명
의 축구 선수들이 열사병으로 사망했는데, 이는 보통 여름에 집중 훈련을 하
는 동안 발생한다. 이러한 사망 사고가 발생하면 언론은 이 문제를 종합적인
관점으로 접근한다. 감독의 훈련 방식이 비합리적으로 강도가 높지는 않았
는지, 부모들이 사망에 이르게 한 전조 경고를 감지했는지, 학교 당국은 감
독의 경력을 철저히 검증했는지 등을 살펴본다. 또한 언론은 왜 학교가 더운
여름에 훈련을 의무화하는지에 의문을 품으며 팀 담당 의사들이 개별 선수
들의 건강 상태의 특이 사항을 제대로 살펴보았는지도 지적한다. 그러나 이
러한 조사 과정에서 어느 누구도 축구가 중독성이 있기 때문에 이를 가리키
는 병리적 진단명이 만들어져야 한다고 주장하지 않는다. 가죽으로 만들어
진 축구공에는 기술이 별로 필요치 않고 너무나 많은 사람들이 즐기는 스포
츠이기 때문에 축구가 위험할 수 있다는 편집증이 주입되기가 쉽지는 않은
것 같다.[12]

우리는 일반적으로 중독에 대한 대상이 선별적이다. 어떤 사람들은 유독

성 동물 배설물들로 집이 가득 차 감당이 되지 않을 때까지 반려묘의 숫자를 늘린다. 그러나 고양이가 중독성이 있다고 경고하는 드라마틱한 뉴스는 본 적이 없다. 물론 일부 게이머들은 분명히 온라인 게임을 하는 데 너무 많은 시간을 쓰며, 이는 그들의 일, 인간관계, 심지어 건강에까지 문제를 야기하는 원인이 되기도 한다. 그러나 "온라인 게임 중독"이라는 꼬리표는 이들이 겪고 있는 실제적인 심리적 문제로부터 우리의 관심을 교묘히 분산시키는 수사修辭임에 틀림없다. 우리가 문제 상황의 원인으로 기술에만 초점을 둔다면 이 현상의 또 다른 원인인 인간을 잊게 된다. 온라인 게임 중독이라는 꼬리표는 우울증과 사회 불안에 대한 일반적인 대처 기제의 새로운, 그러나 상황을 제대로 반영하지 못하는 작명이다. 기술만 없앤다고 해서 이 현상의 기저에 있는 심리적 문제가 해결될 수 없다는 사실을 사람들은 간과하고 있다.

비디오 게임이 가진 경박한 본질이든, 이 게임을 하는 사람들 혹은 온라인 게임 중독 자체이든 어떤 이유에서인지 우리의 문화적 고정관념 때문에 우리는 게임 행동의 실재를 집중해서 볼 수 없다. 그리고 남학생 비행 청소년, 반사회적 행동, 게임 중독과 같은 잘못된 입출력에 의해 생성된 신화 혹은 고정관념에 우리가 관심을 집중함으로써 우리는 실제로 온라인 게임 세계에서 무슨 일이 일어나는지에 대해서는 무시하게 되었다. 이 책의 이후 장들에서는 왜 가상 세계로의 도피와 자유가 주는 약속이 환상에 불과한지에 대한 이유를 설명하기 위해 온라인 게임의 다양한 측면들을 살펴볼 것이다. 인간의 심리적 특징과 사회적 고정관념은 우리와 함께 이 환상의 세계에서 작동한다.

3

미신들

3   **미신들**

〈에버퀘스트〉의 제 길드에 속한 몇몇 친구들은 자신의 캐릭터가 술에 많이 취하면 특정 장소로 순간이동하게 될 것이라고 진짜로 믿었습니다. 제 생각에 이 소문은 누군가가 너무 취해서 자신이 어디를 걷고 있는지도 몰랐고(너무 취하면 보이는 게임 그래픽이 뒤틀려서 보이기 때문에), 프리포트Freeport나 퀘이노스Qeynos 아래의 이상한 장소에 갇혀 있었기 때문에 생겨난 것 같아요. 그래서 이 친구들은 이 "특별한" 장소로 가기 위해서 긴 캠프에서 고주망태가 된 상태로 계속 있었죠. 결국 우리가 잡기 원했던 폭도가 출현했을 때 우리 팀의 반이 너무 에너지가 없어서 공격에 실패했고, 완전히 망해버렸죠. 다른 사람들이 아무리 그런 특별한 곳이 없다고 설득하려 해도 이 사람들은 그 장소가 정말로 있다고 믿는 것을 포기하려고 하지 않았습니다.

〈월드 오브 워크래프트〉 사용자, 37세 남성.

온라인 게임을 막 시작한 뒤 꽤 오랜 시간 동안 게이머들은 그저 키보드 위의 몇 개의 자판을 반복적으로 두드려본다. 게임에서는 이러한 반복적인 행동을 통해 보상을 받게 되는데, 레벨이 올라가거나 괴물을 죽이는 데 필요한 희귀한 무기를 얻는 것 등이다. 특정 게임에서 이러한 가상의 보상을 추구하도록 세심하게 훈련되지 않은 외부인의 관점에서 보면, 이러한 행위들은 싫증나고 지루한 것처럼 보일 듯하다. 게이머들은 반복적인 행동을 통해 괴물을 죽이고 서서히 레벨이 올라가는 것을 나타내기 위한 단어를 고안했는데, 이를 그라인딩grinding(반복적인 플레이)이라 부른다.

조작적 조건형성이라고 불리는 잘 연구된 심리학적 원리를 통해 우리는 어떻게 보상 시스템이 본질적으로 흥미로울 수 없는 과제를 매력적으로 만들 수 있는지에 대해 이해할 수 있다. 가장 간단한 형태에서 그 원리는 명백해 보인다. 만약 당신이 특정한 행동을 수행한 사람에게 보상을 주면, 그 사람은 그 행동을 반복할 가능성이 높아진다. 여기서 보상을 주는 방식이 매우 중요하다. 강아지를 훈련시키는 상황을 상상해보자. 강아지가 "앉아"라는 명령을 성공적으로 학습한 후 당신은 이 명령을 두 번 따를 때마다 한 번씩 보상을 주는 고정된 비율의 보상 계획을 사용할 수 있다. 아니면 무작위 횟수의 명령 이행 후 보상을 제공할 수도 있다. 연구 결과에 따르면 후자의 경우가 그 행동을 유지하는 데 더 좋다고 한다.[1] 만약 고정된 보상 계획이 우연으로라도 정확히 실행되지 못하면 이는 쉽게 감지되고 학습한 행동은 쉽게 중단된다. 반면에 규칙적이지 않은 보상 계획은 즉시 파악하기 어렵기 때문에 학습한 행동이 잘 유지된다.1

조작적 조건형성 원리의 또 다른 중요한 교훈은 작고 빠른 보상을 통해 단순한 행동으로부터 복잡한 행동까지 점진적으로 학습을 형성해 나갈 수

---

[1] 옮긴이 주: 고정된 횟수의 특정 행동을 수행할 때마다 보상을 주는 것을 고정 강화 계획이라 하고, 보상의 비율을 하나로 정하지 않고 보상을 주는 것을 변동 강화 계획이라 한다. 변동 강화 계획을 사용하는 것이 학습에 더 효과적이라고 알려져 있다.

있다는 것이다.[2] 당신의 강아지가 후프를 통과하기 위해 점프를 한 뒤, 색깔 있는 풍선을 가져오기 위해 계단을 뛰어오르는 것과 같은 복잡한 묘기를 자발적으로 하는 일은 절대 일어나지 않을 것이다. 그렇다면 자발적으로는 나타나지 않을 행동을 하도록 만들기 위해서는 어떻게 보상을 제공해야 할까? 이러한 묘기를 할 수 있도록 강아지를 훈련하기 위해 조련사는 일단 강아지가 후프를 향하여 움직이기만 해도 보상을 제공한다. 그 뒤 후프를 통과하기 위해 점프를 시도할 때 다른 보상을 준다. 또 계단 쪽으로 움직이면 다른 보상을 주는 등의 방식이다. 일단 강아지가 이 모든 단계를 학습하면 주인은 이 복잡한 묘기를 계속할 수 있게 만들기 위해 전체 묘기를 완벽하게 수행할 때만 보상을 준다.

온라인 게임은 전통적인 시행착오를 통한 것이든, 의도적인 계획에 의한 것이든, 조작적 조건형성의 많은 원리를 이용한다. 게임의 초반부에는 게이머들이 게임 진행의 기본적인 경로를 잘 이해할 수 있도록 작은 보상을 많이 제공한다. 레벨 1의 캐릭터는 10초 안에 쥐를 죽일 수 있으며, 10마리의 쥐를 죽인 후에 레벨 2로 올라갈 수 있다. 이러한 초기의 조형을 통해 초보 게이머들은 전투, 몬스터, 레벨 승급, 장비 등에 대해 배울 수 있다. 점차적으로 이 게임에서는 보상을 제공하는 빈도가 줄어든다. 몬스터를 죽이는 데 더 오랜 시간이 걸리고 레벨 3으로 올라가기 위해서는 25개의 몬스터를 죽여야 한다. 그리고 레벨 4로 가기 위해서는 1백 개의 몬스터를 죽여야 한다. 곧 다음 단계로 가기 위해서는 몇 시간의 그라인딩(반복 플레이)을 해야 하며, 이렇게 레벨이 어느 정도 올라가면 몬스터를 죽여도 유용한 장비를 얻는 경우가 극

---

[2] 옮긴이 주: 이를 심리학 용어로는 조형 혹은 조성이라 부른다.

히 드물게 된다.

극단적 행동주의자의 아버지인 버러스 프레더릭 스키너B. F. Skinner는 비둘기와 실험실의 쥐를 대상으로 조작적 조건형성 연구를 더욱 원활하게 수행하기 위해 한 상자 안에 실험 장치를 모두 갖춘 조작적 조건형성 상자를 개발하였는데, 이는 스키너 상자로 더 잘 알려져 있다. 이 상자는 나무와 유리로 되어 있어서 연구자가 내부를 명확하게 볼 수 있었다. 상자 안에는 비둘기나 실험실 쥐가 누를 수 있는 레버가 있고 음식이 나오는 장치가 들어 있다. 연구자는 이 스키너 상자를 사용해서 동물이 레버를 누르면 사전에 결정된 보상 계획에 따라 음식물을 제공할 수 있다.

물론 온라인 게임은 조작적 조건형성의 원리보다 더 많은 원리에 의존하지만, 중복되는 요소들이 있다는 것은 부인할 수 없다. 온라인 게임에서도 특정 행동과 밀접하게 연결된 보상 계획을 사용해서 초보 게이머가 복잡한 순서로 버튼을 누르는 절차를 학습하도록 조형한다. 원하는 행동이 학습될 때까지 올바른 행동에 대해 빠르게 보상하며, 이때 보상의 빈도를 줄임으로써 그 행동은 지속될 수 있다. 많은 희귀한 아이템은 그것이 특정 임무 수행을 위한 것이든 매직 아이템이든 고정되지 않은 보상 계획에 따라 몬스터를 죽임으로써 얻게 된다. 당신은 빛나는 원숭이를 죽이면 빛나는 조각 아이템[3]을 얻을 수 있다는 것을 알지만 얼마나 많은 빛나는 원숭이를 제거해야만 그 아이템을 얻을지는 모른다.

스키너는 조작적 조건형성에 대한 이론으로 잘 알려져 있지만, 한 별난 연구에서 비둘기가 미신을 믿도록 유도했다. 그의 목표는 복잡한 인간의 행

---

[3] 옮긴이 주: <월드 오브 워크래프트> 게임에서 얻을 수 있는 아이템이다.

동이 욕망, 사고, 느낌과 같은 내적인 인지적 변수에 의지하지 않고도 관찰 가능하며, 측정 가능한 행동에 의해 완벽하게 설명될 수 있다는 것을 보여주는 것이었다. 당신이 상상할 수 있듯이, 스키너는 프로이드Freud의 이론을 별로 좋아하지 않았는데, 프로이드의 정신 역동(즉, 원초아, 자아, 초자아)과 방어 기제에 대한 이론은 관찰이 불가능하고 추가적인 설명이 요구되는 개념이라고 생각하였다.

스키너의 연구로 돌아가서, 그는 비둘기를 스키너 상자에 넣고 보상 계획에 따라 음식물을 제공하였다. 비둘기는 무슨 행동을 하느냐에 관계없이 15초마다 음식물을 제공받았다. 음식물이 제공될 때 비둘기가 임의로 한 행동이 보상을 가져온 것이다. 비둘기는 그 행동을 반복해서 수행하고, (15초가 지나면) 다시 음식물이 제공되었다. 그러면 그 행동이 다시 강화되었다. 실험 대상이 된 비둘기 8마리 중 6마리에서 명확한 미신 행동이 나타났다. 스키너는 이를 다음과 같이 묘사했다.

> 1마리의 비둘기는 상자를 반시계 방향으로 도는 것을 학습했는데, 음식이 나오기 전에 두 번에서 세 번을 돌았다. 다른 비둘기는 반복적으로 상자의 위쪽 구석 한쪽으로 머리를 들이밀었다. 세 번째 비둘기는 마치 투명한 막대 아래에서 위쪽으로 머리를 반복해서 들어 올리는 것처럼 고개를 쳐드는 행동을 학습하였다. 다른 2마리의 비둘기는 머리와 몸을 마치 진자운동을 하듯이 움직였고, 또 다른 비둘기는 불완전하게 쪼거나 바닥에 닿지는 않은 채 빗질을 하는 것과 같은 동작을 학습했다.

이 비둘기들은 마치 자신들이 의식화된 행동을 했기 때문에 음식을 얻을 수 있는 것처럼 행동했다. 물론 이것은 사실이 아니었다. 이 비둘기들은 이러한 행동을 매 15초마다 다섯 번에서 여섯 번 정도씩 반복했다. 이러한 미신 행동의 20% 정도에서만 음식이라는 보상을 얻었지만, 이러한 간헐적인 음식의 제공은 이 행동을 유지하도록 하는 충분한 보상이었다. 이들 중 한 비둘기는 이 학습된 행동을 멈추기 전까지 음식을 기대하며 무려 만 번의 동일한 의례적 움직임을 반복하였다.[2]

고등학생이라고 비둘기보다 더 나은 것은 아니다. 고등학생들에게도 고정된 간격으로 보상을 주면 피아노 건반을 이용해 더 정교한 작곡을 한다. 유사한 미신 행동이 온라인 게임에서도 꽤나 자주 나타난다. 온라인 게임도 결국 스키너 상자의 일종이기에, 게임에서 드물지만 아주 좋은 보상을 얻은 이유가 불명확할 경우 이러한 미신 행동이 나타나는 것은 일리가 있다. 하나의 미신 행동이 나타나면 이는 의도치 않게 게임을 통해 더욱 강화되는 경우가 많다. 온라인 게임에서도 레버와 음식물이 풍부하기 때문에 특정 행동과 보상 사이에 내재된 인과 관계를 혼동하기 쉽다.[3]

스폰(Spawn) 댄스

플레이어가 몬스터를 죽이면 몬스터는 일정 시간 후에 재생성되어 활동하다가 다시 죽임을 당할 수 있다. 이렇게 다시 살아나지 못한다면 몬스터는 빠르게 멸종될 것이다. 이러한 몬스터의 재생성을 가리키는 용어는 스폰 혹은 리스폰이다. 몇몇 몬스터는 간격이 일정하고 빠른 스폰 비율(예를 들어 죽은 지 10초 후 재생성)을 가지고 있는 반면에, 다른 몬스터들은 무작위적이고 매우 가변적인 스폰 비율(죽은 지 1분에서 1,000분 사이의 시간 간격)을 가지고 있다. 〈에버퀘스트〉 오리지널 판에서는 몇몇 몬스터의 스폰 비율은 한 시간 혹은 6시간 이상이었다. 또한 몇몇 희귀한 몬스터들이 스폰할 때는 흔한 몬스터가 그 자리만 차지한 채 가짜로 스폰을 하는 경우도 있어서 일을 더 복잡하게 만들었다. 이 흔한 몬스터는 희귀한 몬스터의 리스폰 장소를 차지하여 자신이 죽을 때까지 희귀한 몬스터가 스폰하는 것을 방해한다. 설상가상으로, 많은 몬스터들은 고정된 스폰 장소가 있는 것이 아니라 지도상에서 여러 장소 중 한 곳에서 스폰을 한다. 그래서 플레이어가 기다리고 있는 그 희귀한 몬스터의 스폰 여부나 벌써 다른 플레이어가 그 몬스터를 죽였는지의 여부를 아는 것은 엄청나게 어렵다. 이 느리고 혼돈스러운 스폰의 속도는 희귀한 몬스터만의 독특한 특징이 아니라 〈에버퀘스트〉에서는 일상적인 것이었다. 죽이는 데 30초 정도 필요해 보이는 평범한 몬스터도 스폰되는 데 몇 분이 걸리는데, 이 시간 동안 플레이어는 할 일이 아무 것도 없다. 지루함과 기대가 뒤섞인 이 긴 기다림 속에서 바로 스폰 의식이 생겨났다. 하나의 만연한 미신은 "반(안티)스폰" 반경의 존재였다.

〈에버퀘스트〉에서 많은 플레이어들은 몬스터나 컴퓨터가 제어하는 캐릭터 Non-Player Character들의 스폰 메커니즘이 현재 플레이어의 위치를 고려한다는 인상을 받았습니다. 그래서 플레이어들이 던전에서 전투할 때 자신들이 있던 방을 잠시 떠나 있곤 했었는데, 이는 자신들이 그 방에 있는 동안에는 그 방에서 몬스터가 스폰되지 않을 것이라고 느꼈기 때문입니다.

〈에버퀘스트〉 사용자, 24세 남성.

게임 개발자들이 주요한 스폰이 일어나는 주변에 "반 캠프 반경"을 설정해서 만약 그 반경 안에 플레이어가 있으면 몬스터의 스폰이 일어나지 않도록 했다는 믿음은 널리 퍼져 있었습니다. 물론 아무도 이 반경의 범위를 정확하게 알지 못했기 때문에 위험을 싫어하는 플레이어들은 이 반경 바깥으로 벗어나기 위해 스폰 지점으로부터 더 멀리 떨어져서 캠프[4]를 하곤 했습니다. 게임 회사 버란트 Verant의 개발자들은 이러한 미신이 너무 웃겨서 몇몇 로딩 화면에 "반 캠프 반경 확인"과 같은 문구를 추가하여 이 미신을 믿는 플레이어들에게 혼란을 주었죠.

〈이브 온라인〉 사용자, 31세 남성.

또 다른 미신은 몬스터의 시체가 사실은 가짜 몬스터들이고 스폰 시간을 단축시키기 위해서는 이를 최대한 빨리 약탈해야 한다는 것이었다.

〈에버퀘스트〉에서는 더 많은 몬스터들이 스폰되기 위해서는 시체를 모두 약탈할 필요가 있다는 미신이 있었습니다. 물론 이것은 사실이 아니었죠. 몬스터는 꽤나 정확한 시간 간격으로 스폰되었고, 스폰 영역 주변이 얼마나 붐비느냐와는 아무 관련이 없었습니다.

〈영웅들의 도시〉 사용자, 37세 여성.

마지막으로, 많은 게이머들은 스폰을 위한 댄스 의식을 개발했다.

제가 가장 좋아하는 의식은 아마도 〈에버퀘스트〉의 다양한 "스폰 댄스"일 것입니다. 춤의 종류가 아주 다양했습니다. 몇몇 사람들은 이 춤을 추기 위해 사용하는 특별한 도구 세트를 가지고 있었고, 또 다른 사람들은 애니메이션 이모티콘, 주문 걸기, 지형 등을 통해 일련의 움직임과 애니메이션을 만들기도 하였죠. 또한 움직일 수도 있지만 움직이지 않는 의식도 있었습니다. 최대한 움직이지 않고 가만히 앉아 있거나 계속 또는 몇 초에 한 번씩 움직여야만 하기도 했었습니다.

〈월드 오브 워크래프트〉 사용자, 23세 남성.

---

[4] 옮긴이 주: 하나 혹은 그 이상 특정 몬스터를 사냥하기 위해 한 지역에서 죽치고 기다리는 것을 말한다. 더 자세한 설명은 부록에 수록된 용어 해설(p.305) 참조.

몇몇 플레이어들은 앞뒤로 총을 쏘면서 빠르게 앉았다 섰다를 반복했고, 다른 플레이어들은 웅크리고 원이나 8자 모양을 그리며 달립니다. 점프하는 것도 흔히 볼 수 있었던 의식이었습니다. 6명의 캐릭터로 구성된 집단이 몬스터가 되살아나기 직전에 이러한 방식으로 춤추는 것을 보는 것은 정말 재미있었습니다. 물론 장난으로 이 의식을 하는 사람들도 있었겠지만, 실제 스폰을 성공시키기 위해 진지하게 하는 사람들도 있었죠.

〈에버퀘스트〉 사용자, 28세 남성.

비둘기가 스키너 상자 안에서 먹이를 얻기 위해 춤을 추는 것과 동일한 방식으로 사람들은 온라인 게임에서 몬스터가 다시 살아나기를 기다리며 춤을 춘다.

던전 우선권?

〈월드 오브 워크래프트〉에서는 아주 공략하기 어려운 던전에서 보스 몬스터들이 엄청나게 가치가 높은 장비들을 전리품으로 남기는[5] 경우가 가끔 있다. 〈월드 오브 워크래프트〉에서 던전은 보통 인스턴스 instances(부록의 용어 해설 참조)라고 알려져 있는데, 여러 팀이 각각 자기 팀 버전의 던전에 입장하기 때문에 이런 이름이 붙여졌다. 그래서 만약 50개의 다른 팀들이 몰튼 코어 던전에서 게임을 하고 있다면 그 게임은 50개의 병렬적이면서 독립적인 던전을 만들고 각 팀이 각각 하나의 던전에 들어간다. 이 게임에서 보스 몬

---

[5] 옮긴이 주: 이렇게 몬스터가 죽은 후 전리품을 남기는 것을 게임용어로 드롭이라 한다. 자세한 설명은 부록의 용어 해설(p.298) 참조.

스터는 (미리 정해진) 출현 확률이 각각 다른 일련의 전리품 목록을 가지고 있고, 보스 몬스터가 죽으면 플레이어들은 이 중 몇 개를 얻을 수 있다. 게임 내에서 각 직업에 따라 다른 유형의 장비(예를 들어 도적은 단검을 사용하고 드루이드는 둔기를 사용할 수 있음)를 사용하기 때문에 많은 플레이어들은 종종 던전을 공략하고도 빈손으로 돌아가기도 한다. 따라서 보스가 떨어뜨리는 전리품은 아주 바람직한 결과를 얻을 수 있지만 발생확률이 낮은 사건이고, 이러한 특성 때문에 플레이어는 미신 행동을 한다.

> 증거도 부족하고, 블리자드[6]가 직접 나서서 부인했음에도 불구하고 특정 인스턴스에 우선권이 주어진다는 믿음이 널리 펴져 있습니다. 여기서 우선권이란 집단을 시작하거나 레이드를 시작한 플레이어를 말하는데, 바로 그 플레이어의 직업이 어떤 전리품을 얻게 되는지에 직접적인 영향을 미친다고 사람들이 믿는다는 것이죠. 즉, 만약 전사가 몰튼 코어 던전을 공격하기 시작하면 드루이드와 흑마법사가 사용하는 장비가 떨어지는 식이죠. 만약 사제가 레이드에 초대를 시작할 경우, 전사와 마법사의 장비가 떨어지게 되는 겁니다.
>
> 〈월드 오브 워크래프트〉 사용자, 33세 남성.

> 전리품을 드롭하는 것은 완전히 무작위적인 것이라고 블리자드가 지속적으로 천명하고 있긴 하지만, 많은 사람들은 이 말을 믿지 않습니다. 왜냐하면 특정 집단의 리더하에는 몇몇 아이템이 계속해서 떨어지고, 다른 집단의 리더에게는 또 다른 특정 아이템이 반복적으로 떨어지거든요.
>
> 〈월드 오브 워크래프트〉 사용자, 34세 남성.

이러한 믿음이 변형되어 특정 캐릭터가 인스턴스를 연다면 더 운이 좋거나

---

[6] 옮긴이 주: <월드 오브 워크래프트>를 개발한 게임사.

더 나은 전리품 목록을 갖게 될 것이라고 믿기도 한다.

우리 길드에는 자신이 던전에 제일 먼저 들어갈 때 더 좋은 전리품이 떨어지는 경향이 있다고 주장하는 팀원이 하나 있습니다. 실제로, 그가 가장 먼저 들어갔을 때, 우리는 아주 좋은, 심지어 〈월드 오브 워크래프트〉에서 전설적인 아이템을 얻었죠. 하지만 처음 던전에 들어갔다는 것이 어떻게든 전리품 목록에 영향을 준다고 생각하는 것은 좀 너무 나간 것이 아닌가 하는 생각도 듭니다.

〈월드 오브 워크래프트〉 사용자, 30세 남성.

〈월드 오브 워크래프트〉를 할 때, 플레이어 대 환경 던전에서 특정 직업이 특정 전리품에 우선권을 가지고 있고 특정 플레이어는 높은 수준의 전리품 드롭 비율을 갖는 행운의 우선권자가 된다는 믿음이 있습니다. 때때로 이러한 행운을 가진 우선권자나 특정 직업의 구성원이 던전 입구에 도착할 때까지 레이드가 시작되지 않은 경우도 있었습니다.

〈월드 오브 워크래프트〉 사용자, 33세 남성.

특정 플레이어가 전리품을 얻는 데 있어서 일종의 운을 결정한다는 점이 가장 웃긴다고 생각합니다. 좋고 나쁜 우선권에 대한 책임이 한 사람에게만 있다니요.

〈월드 오브 워크래프트〉 사용자, 49세 여성.

요약하면, 온라인 게임의 몇몇 캐릭터가 이유는 모르겠지만 운이 좋은 것으로 생각된다는 미신이 있다는 것이다.

행운의 아이템

특정 플레이어가 운이 더 좋다는 믿음 외에도, 행운을 가져다주는 아이템에

프로테우스의 역설: 가상 세계와 온라인 게임의 심리학

대한 미신이 만연해 있다. 그 아이템이 무엇이냐는 게임들마다 다르지만 이 미신은 일반적으로 동일한 형태를 취한다.

〈월드 오브 워크래프트〉에는 주인에게 행운을 가져다준다고 알려진 두 가지 아이템이 있습니다. 하나는 "토끼발Rabbit's foot"이고 다른 하나는 "행운의 부적 Lucky charm"입니다. 이 아이템들은 도처에 있는 일반 몬스터로부터 얻을 수 있는데, 이들 중 하나 이상을 가지고 다니면 더 좋은 전리품을 얻게 된다고 강하게 믿는 일부 플레이어들도 있습니다. 사람들은 종종 이 아이템들이 효과가 있다는 것을 증명하기 위해 뜻밖의 행운이나 사건을 연결시키기도 하죠. 저 자신은 이 효과를 전혀 믿지 않지만, 제 아이템 보관소에는 여전히 "토끼발"이 있습니다. 사람 일은 모르는 거니까요.

〈월드 오브 워크래프트〉 사용자, 41세 남성.

몇몇 사람들은 행운을 암시하는 이름(포춘 에그, 백만장자의 책상, 네 잎 만드라고라 씨앗)을 가진 아이템을 가지고 다니거나 소장하고 있으면 드롭 비율이 높아진다고 믿기도 합니다. 물론 증명된 것은 아니지만요. 사실 저도 그렇게 믿습니다!

〈파이널 판타지 XI〉 사용자, 25세 여성.

〈아나키 온라인Anarchy Online〉에서 몇몇 사람들은 특정 장신구를 입으면 특정 아이템을 얻을 수 있다고 믿습니다. 또한 특정 장신구를 얻기 위해 수많은 시간 동안 파밍farming[7]하기도 합니다.

〈아나키 온라인〉 사용자, 33세 남성.

위와 같은 일련의 일화들에서 특별히 흥미로운 점은 몇몇 플레이어들은 분

---

[7] 옮긴이 주: 특정 아이템을 얻기 위해 계속 몬스터를 죽이는 행위로, 부록의 용어 해설 (p.306)을 참조.

명하게 자신들이 이러한 미신을 믿지 않는다고 말하면서도 이런 행동을 따라 하고 있다는 것이다.

과도한 강화

위험이 큰 또 다른 유형의 행위는 플레이어가 장비를 과도하게 강화하는 것이 허용되는 게임에서 나타난다. 많은 게임에서 플레이어는 아이템을 강화해서 전투 기술을 올리거나 캐릭터의 특성에 영향을 주는 방식으로 보너스를 줄 수 있다. 이러한 게임 중 일부에서 플레이어는 같은 아이템을 여러 번 강화시킬 수 있다. 일단 플레이어가 아이템에 강화를 거는 횟수의 임계값에 도달하면 이 과정에서 아이템이 파괴될 가능성도 있다. 강화의 남용이란 안전 임계값을 넘어서서 아이템에 강화를 거는 일을 가리키는데, 아이템이 파괴되는 위험은 임계값을 넘어서서 강화를 건 횟수에 비례한다. 소중한 장비가 파괴되는 것이 겁나는 일임을 고려할 때, 강화의 남용은 미신에 의지한 위험한 도박이다.

> 〈리니지 II〉에서 세 번까지 강화를 거는 것은 위험하지 않습니다. 하지만 네 번 이상 아이템에 강화를 걸면 아이템이 파괴될 가능성이 있고, 큰돈을 잃게 만드는 원인이 되기도 합니다. 많은 사람들은 자신의 엄청나게 비싼 아이템을 날려버린 후 게임을 그만두거나 다시 시작해야 하는 지경까지 갔습니다. 사람들에게 아주 널리 퍼져 있는 미신은 아이템에 강화를 과하게 걸려고 할 때는 교회로 그 아이템을 가져가야 한다는 것입니다. 특정 위치에서 아이템에 강화를 과하게 거는 데 성공했다면, 또 이런 일을 할 필요가 있을 때마다 바로 그 장소로 돌아오겠지요.
> 〈리니지 II〉 사용자, 24세 여성.

장소에 기반한 미신뿐만 아니라 마법을 남용하기 전에 하는 의례적 행동은 다른 게임에서도 나타난다.

〈울티마 온라인〉에서 "먹는 것"은 캐릭터의 능력을 향상시키는 데 아무런 도움이 되지 않는다고 개발자들이 여러 번 언급했습니다. 그러나 많은 플레이어들은 예를 들어 아이템을 파괴할 위험이 높은 특정 제작 행위를 시도하기 전에 여전히 먹는 것을 선택합니다.

〈울티마 온라인〉 사용자, 45세 여성.

어떤 플레이어들은 특정 엔피씨NPC [8]에만 가서 업그레이드를 할 뿐만 아니라 특정 시간대 안에 있을 때만 업그레이드를 합니다. 또 어떤 플레이어들은 행운의 지점에 서 있는 동안에만 업그레이드를 하죠. 그런데 또 다른 사람들은 누군가가 안으로 들어와서 그가 실패할 때까지 인내심을 갖고 가만히 기다리는 것이 비결이라고 믿죠. 이들은 또한 누군가 성공하는 플레이어의 뒤꿈치를 밟으며 따라간다면 자신들도 100% 성공한다고 믿습니다. 사실 저도 개인적으로 아주 이상한 의식을 행하는 것에 부끄러움을 느낍니다. 그것은 바로 내가 장비들을 다듬으려는 시도를 하는 사이에 가지고 다니는 모든 장비를 벗기고 로그오프 하는 의식이죠.

〈라그나로크 온라인Ragnarok Online〉 사용자, 29세 남자.

마지막으로 〈파이널 판타지 XI〉에서 볼 수 있는 크래프팅 미신의 예를 여기 소개한다. 이 예로부터 왜 미신 행동이 한 번 시작되면 그토록 사라지기 어려운지에 대한 힌트를 얻을 수 있다.

(제가 지금까지 아는 모든 미신 행동 중에서) 가장 오래 지속되는 것은 특정 방향으로 향하는 것이 크래프팅의 결과에 영향을 미친다고 믿는 미신입니다. 실제로 이

[8]   옮긴이 주: 컴퓨터가 제어하는 캐릭터로, 부록의 용어 해설(p.303) 참조.

미신이 사실이 아니더라도 이러한 미신에 따라 행동하는 데 거의 노력이 들지 않고, 마치 사실인 것처럼 행동한다고 해도 잃을 것이 아무것도 없죠. 이것은 그 저 완벽한 미신일 뿐입니다.

〈파이널 판타지 XI〉 사용자, 23세 여성.

보물 상자 외교술

많은 온라인 게임에 전반적으로 만연해 있는 미신은 위험이 크고 확률은 낮 지만, 정말로 바라는 결과를 얻을 수 있는 사건이나 행동이 있는 곳이라면 어디서나 발생한다. 그것이 보스 몬스터로부터 가치가 큰 전리품을 얻는 것 이든, 무기 혹은 장비에 과도하게 강화를 시도하는 것이든, 희귀한 몬스터의 스폰을 기다리는 것이든 이러한 시나리오는 온라인 게임에서 일반적으로 나 타난다. 이러한 미신의 대부분은 경험적 증거가 제한적이고, 심지어 게임 개 발자들의 직접적인 부인이 있음에도 불구하고 여전히 지속된다.

〈던전 앤 드래곤 온라인〉에서 외교술은 캐릭터가 배울 수 있는 많은 기술 중 하나이다. 게임 개발자들은 플레이어가 컴퓨터가 제어하는 캐릭터에 사용 하게 할 의도로 이 기술을 만들었다. 이를 통해 대안적인 의사소통 경로가 생 기며 전투 동안 적들을 교란할 수도 있으니까 말이다. 그런데 프로그램의 오 류로 인해 플레이어들은 이 외교술을 보물 상자를 얻는 데 사용할 수 있게 되 었다. 물론 이 기술의 사용 여부는 보물 상자를 얻는 것과 아무런 관련이 없었 다. 개발 팀의 일원이었던 헤더 싱클레어Heather Sinclair는 공식적으로 이 프로 그램 오류의 여파에 대해 말했다.

베타 버전부터 정식 출시까지 몇 달 동안 플레이어들은 보물 상자에 외교술을 사용하면 얻을 수 있는 전리품이 좋아질 수 있다고 확신했습니다. 이러한 생각은 너무 널리 퍼져 있어서 외교술에 대한 정보 없이는 보물 상자를 얻으러 가는 집단에 들어갈 수조차 없었죠. 심지어 가장 높은 수준의 외교술을 가진 플레이어가 상자 앞에서 충분한 시간을 웅크리며 있는 동안 다른 사람들은 가만히 기다리고 있어야 한다고 강요하는 사람까지도 있었습니다.

이 미신은 너무나도 널리 퍼져서 게임 개발자들은 이 미신은 틀린 것이라고 공표하기로 결정했다. 그러나 이러한 공식적인 성명서는 오히려 반대의 효과를 가져왔다.

우리가 아무리 여러 번 포럼에 이것은 미신에 불과한 아무 효과도 없는 것이라고 글을 올렸지만, 사람들은 멈추지 않았습니다. 심지어 우리 회사의 게임 커뮤니티 담당 매니저가 자신의 서명까지 한 글을 올릴 정도였으니까요. 결국 우리는 보물 상자를 외교술이 먹히지 않는 표적으로 변경했고, 플레이어들은 이 조치는 외교술의 능력을 감소시키는 것이고 이제 자신이 외교술을 얻기 위해 쏟아부은 포인트가 가치가 없어졌다고 불평을 했습니다.

미신은 온라인 게임에 만연되어 있을 뿐만 아니라 어떤 미신은 그것이 틀렸다는 사실을 사람들이 받아들이도록 만드는 일 자체가 믿을 수 없을 정도로 어렵다.[4]

미신의 사회적 강화

몇몇 게이머들의 이야기를 보면 본인들은 미신을 믿지 않는다고 주장하는 사람들도 혹시나 하는 마음에 미신 행동을 하게 된다. 사회적 요인도 이러한 미신이 지속되는 데 영향을 미친다. 가장 중요한 것은 아주 큰 가치를 갖는 잠재적 보상의 크기에 비해 이들이 행하는 의식의 비용이 상대적으로 적게 든다는 점이다. 특히 팀의 구성원들이 시간을 보내면서 딱히 할 일이 없는 상황에서는 더욱 그렇다. 결국 일주일에 한 번만 어려운 던전에서 게임을 한다면, 딱 30초밖에 걸리지 않는 미신 행동을 하는 것이 무슨 큰 해가 되겠는가?

> 일반적으로 미신이 맞는지 시험해 보는 것은 미신에 대한 회의론자들이 보기에 도 크게 해로운 것처럼 보이지는 않습니다.
>
> 〈월드 오브 워크래프트〉 사용자, 24세 남성.

또한 미신이 틀렸음을 증명하기 위해서는 상대적인 비용이 들 수도 있다. 텍스트를 입력해야 하는 채팅 환경에서 그저 미신 행동을 따라서 하는 것보다 그것이 틀렸음을 주장하고 논박하는 것은 훨씬 더 많은 시간과 노력이 든다. 아무리 미신의 효과를 믿지 않는다고 해도 말이다.

미신의 잠재적인 효과가 긍정적인 결과일 수도 있지만, 부정적인 결과를 줄일 수 있다면 위험 회피 기제가 작동하여 미신이 생길 수도 있을 것이다. 예를 들어 특정 미신 행동을 통해 보스 몬스터를 더 쉽게 죽일 수 있다면 레이드에서 강한 몬스터에 의해 전체 팀원이 몰살될 가능성이 낮아지게 된다.

> "얘들아, 간들링[9]에게 연약함의 저주는 사용하지 마라. 왜냐하면 걔가 사람들을 훨씬 더 빨리 순간이동 시켜버리니까..." 이 말을 듣고 진짜로 이 아이템을

---

[9] 옮긴이 주 : <월드 오브 워크래프트>에 나오는 엔피씨 중 하나이다.

쓰는 걸 시도해보는 사람이 없었습니다. 저는 실제로 사람들에게 금을 하나씩 주겠다고 제안하며 그걸 시도해보도록 했던 기억이 있습니다. 그러나 그들은 거절했습니다. 이처럼 사람들은 기술적으로 금기시되는 것을 아주 철저하게 따르려고 합니다.

〈월드 오브 워크래프트〉 사용자, 23세 남성.

스키너의 비둘기 연구에서 미신 행동은 전체 시행의 80%에서 음식을 제공받지 못하더라도 여전히 지속되었다. 이렇게 낮은 보상 획득 비율만으로도 미신 행동이 유지되기에 충분하다. 같은 원리가 온라인 게임에도 적용된다. 결국 아주 이로운 결과를 가져오는 미신 행동이 20%의 효과만 있더라도 여전히 수행할 가치가 있다고 생각한다. 실제로 이러한 확률적 미신은 대규모의 실험 데이터가 없이는 틀렸음을 증명하기 쉽지 않다. 이러한 데이터를 얻을 만큼 많은 시간과 끈기가 있는 플레이어들은 거의 없다.

만약 어떤 미신이 어느 정도 효과가 있었다면, 한 집단의 구성원들이 따르고 있는 과정이 그것이 무엇이든지 간에 성공에 결정적인 행동이라고 생각하기에 충분한 것 같습니다.

〈에버퀘스트 II〉 사용자, 36세 남성.

다섯 명으로 구성된 집단이라면 그중 한 구성원에게 어떤 미신이 효과가 있었을, 즉 그 미신 행동으로 보상받을 가능성은 꽤 높다. 이는 해당 집단에게 간접적인 보상이 되고, 미신 행동의 성공률이 훨씬 더 높다는 착각을 불러일으키기도 한다.

늙은 개는 새로운 재주를 배우지 않는다!

온라인 게임의 미신은 사람들이 어떻게 새로운 기술과 상호작용하는가에 대해 매우 중요하고 근본적인 부분을 드러낸다. 우리가 이를 이해하는 것을 돕기 위해 우리가 인간-컴퓨터 상호작용에 관해 생각하는 방식에 영향을 준 한 연구에 대해 살펴보도록 하자.

사람들은 컴퓨터에게 예의를 갖출까? 컴퓨터가 감정이 없는 무생물임을 생각해본다면 이 질문은 터무니없어 보일는지도 모른다. 그러나 1996년에 스탠퍼드 대학에서 수행된 한 연구는 사람들이 마치 컴퓨터가 감정을 가지고 있는 것처럼 컴퓨터와 상호작용한다는 것을 보여주었다. 커뮤니케이션 분야의 학자인 클리포드 나스Clifford Nass와 바이런 리브스Byron Reeves는 대학생들에게 일반적인 데스크톱 컴퓨터에서 강의를 듣도록 했다. 그 내용은 첫 데이트에서 키스를 하는 미국 10대의 비율과 같은 미국 문화의 다양한 지식에 관한 것이었고, 강의 후에는 강의에서 다루지 않은 내용에 대한 질문으로 구성된 퀴즈를 보았다. 이어서 컴퓨터는 학생들이 본 퀴즈에 대한 결과를 알려주었다. 그 뒤 학생들은 들었던 강의에 대한 평가를 실시하였는데, 자신이 강의를 들었던 그 컴퓨터에서 혹은 강의를 듣지 않았던 컴퓨터에서 이를 수행하였다.

만약 당신의 가족 구성원 중 누군가가 이번 가족 모임에서 자신이 한 음식에 대해 평가해 달라고 한다면, 당신은 그 사람을 공격하기보다는 예의 바르게 대답하려 할 것이다. 만약 요리를 한 사람이 아닌 다른 사람이 당신에게 살짝 다가와 물어본다면 당신은 아마도 조금 더 솔직하게 대답할 것이다. 사람들은 컴퓨터와 상호작용할 때도 이러한 예의 규칙을 따르는 것으로 밝혀졌다. 위의 연구에서 연구자들은 학생들이 강의를 들었던 그 컴퓨터에서 강의 평가를 할 때 더 우호적인 평가를 하는 것을 발견하였다. 강의를 들었던 컴퓨터가 아닌 다른 컴퓨터에서 평가를 한 학생들은 덜 긍정적인 반응을 나타냈다. 실험에 참여한 모든 대학생들이 컴퓨터에 익숙한 점을 고려하면 이들이 컴퓨터가 감정이 있다고 의식적으로 믿을 가능성은 없었다. 그 대신에 리브스와 나스는 사용자들이 새로운 기술과 상호작용할 때 이미 존재하는 사회적 규범을 적용한다고 주장하였다. 그러면 인간은 왜 이렇게 할까? 우리의 뇌는 우리가 직면하는 모든 새로운 종류의 기술에 딱 맞는 새로운 사회적 규약을 만들고 따를 만한 인지적 자원이 부족하기 때문이다. 예를 들어 컴퓨터가 자신이 만든 요리를 평가해 달라고 요청한다고 해보자. 우리는 무의식적으로 사람이 이런 요청을 했다고 생각하고 예의 규칙이 발동한다. 우리는 의식하지 못한 채 컴퓨터가 마치 감정이 있는 것처럼 간주해서 나의 평가에 컴퓨터가 마음이 상할 수도 있다고 생각하는 것이다.[5]

새로운 기술적 공간에서도 이미 존재하는 사회적 규범에 우리가 어떻게 의존하는가를 보여주는 또 다른 예시로서, 가상 세계에서의 개인적 공간의 개념을 생각해보자. 실제 물리적 세계에서는 우리가 다른 사람에게 허용하는 개인 공간의 범위는 내가 누구와 이야기하고 무엇에 대해 이야기하느냐에 따라 크게 달라진다. 예를 들어 친밀감은 눈 맞춤이나 다른 사람에게 더 가까이 감으로써 표현될 수 있다. 엘리베이터에서 낯선 사람 옆에 딱 붙어서 있을 때처럼 이러한 친밀감의 단서가 의도치 않게 촉발될 때 우리는 적절한 수준의 친밀도를 유지하기 위해 다른 단서를 조절한다. 그러므로 엘리베이터 안에서는 우리 옆의 낯선 사람과의 불편한 친밀감의 단서를 무력화시키기 위해 그 사람으로부터 돌아서서 눈 맞춤을 피한다. 나와 동료들은 사용자들이 자신만의 콘텐츠를 만들 수 있는 가상 세계인 〈세컨드 라이프Second Life〉에서 한 연구를 수행하였다. 우리는 디지털 아바타로 마우스와 키보드를 가지고 이동하는 사람들이 가상 세계임에도 불구하고 물리적 세계의 규범을 따르는지가 궁금하였다. 그리고 〈세컨드 라이프〉에서도 실제로 눈 맞춤과 개인적 공간의 조절이 나타남을 발견했다. 가상 세계에서도 서로 가까이 서 있는 사람들은 서로를 직접 쳐다보는 경우가 덜 나타났다. 새로운 사회적 규범을 만드는 것 대신에 우리가 물리적 세계에서 배운 규범에 의지하는 것이다.[6]

미신도 마찬가지다. 우연히 함께 연합된 두 사건은 매우 가치 있는 보상을 둘러싼 미신 행동을 촉발시킨다. 그것이 스키너 상자 안의 비둘기이든 온라인 게임을 하는 사람이든 상관없다. 비둘기에게는 음식이 보상이고, 게이머에게 보상은 마법의 아이템, 희귀한 몬스터의 스폰, 혹은 엄청나게 매력적인 장비들이다. 미신적인 생각이 떠오르면 이는 무심코 강화될 수도 있고 상대적으로 낮은 비용과 같은 사회적 요인 때문에 게임 공동체 전체에 퍼질 수도 있다. 그리고 일단 미신적 의식이 퍼지면, 스스로 생명력을 얻어 게임 개발자들이 직접 미신을 반박하여도 그 미신을 무너뜨릴 수 없게 된다.

우리의 디지털 신체는 유동적이고 마우스 클릭만으로도 변할 수 있다. 요정 드루이드와 은하 우주선을 가진 이 환상의 세계는 물리적 세계와는 멀리 떨어져 있고 변동 가능성이 무한한 것처럼 보인다. 그러나 현실은 전혀 다르다. 비록 가상 세계가 백지와 같다고 해도 현실의 인지적 부담에서 자유로울 수 없다. 우리의 뇌는 우리가 세상을 잘 이해할 수 있도록 많은 정신적 지름길을 사용하도록 디자인되었다. 우리에게 들어오는 모든 정보를 하나하나 주의 깊게 처리할 시간이 없다. 이러한 정보의 범람에 대처하기 위해 우리의 뇌는 중요한 정보를 걸러내어 미리 처리하는 자동화된 어림계산법을 발전시켜왔다. 그러므로 새로운 매체와 기술을 접하게 될 때 우리가 이미 알고 있는 규칙과 규범에 의존하게 되는 것이다. 컴퓨터에 대해서도 그것이 마치 인간인 것처럼, 감정이 있는 것처럼 반응한다. 그리고 가상 세계에 들어가서도 우리의 인지적 제약이 작동한다. 우리는 디지털 신체에 대해서도 물리적 신체에 반응하는 방식으로 반응한다. 스키너 상자 안의 비둘기가 보이는 미신 행동을 낳게 한 동일한 심리적 기제가 온라인 게임에서의 미신 행동을 이끌어 낸다. 이것이 바로 프로테우스의 역설의 한 예이다. 우리의 뇌가 작동하는 방식은 디지털 신체를 가진 존재에서도 변하지 않는다. 합리적이고 정확한 프로그램 코드로 치밀하게 제작된 완전한 디지털 기술의 세계에서도 미신이 지속되고 번영한다는 것은 참으로 아이러니하다.[7]

온라인 게임의 초자연성

현실 세계에서의 미신적 습관의 대부분은 그저 미신일 가능성이 높다. 반면에 게임 개발자들이 게임 전반에 걸쳐 난수 생성기를 이용하는 것은 아주 쉽고 표준적인 일이다. 당신에게 화요일에 행운을 가져다주는 네 잎 클로버를 만들기 위해서는 프로그램상에서 딱 두 줄의 코드만이 필요할 뿐이다. 그리고 물리적 세계에서 신의 존재에 대한 논쟁은 평행선을 달리기 일쑤라도 온라인 게임에서는 게임 개발자로 알려진 전지전능한 신이 실제로 존재한다. 이들은 자연의 법칙과 규칙을 바꿀 수 있다. 온라인 게임에서의 인과관계는 물리적 법칙을 거스르는 마법일 수 있다. 물리적 세계에서는 왜 네 잎 클로버가 당신에게 행운을 가져다주는가에 대한 논리적인 혹은 과학적인 이유가 없다. 그러나 온라인 게임에서는 이러한 일이 왜 일어나는지에 대한 합리적이고 과학적인 이유가 있다.

사실 〈파이널 판타지 XI〉의 플레이어들이 기본 방위와 달의 위상이 크래프팅에 영향을 미친다고 믿는 이유는 달의 위상이 실제로 그 게임에서 잘 기술된 특정 측면에 영향을 미치기 때문이다. 예를 들어 몇몇 마법 장비들은 초승달이 차고 기울 때 모두 강화된다.[8]

> 〈파이널 판타지 XI〉의 크래프팅 시스템은 특히 미신이 생기기 쉽습니다. 왜냐하면 그 검증된 시스템의 일부는 어떤 일도 사실일 수 있을 만큼 충분히 의아했기 때문입니다.
>
> 〈파이널 판타지 XI〉 사용자, 23세 여성.

숨겨진 규칙은 게이머뿐만 아니라 게임 개발자들도 당황하게 한다. 뒤죽박죽 짜인 프로그램 코드의 복잡성 때문에 심지어 게임 개발자도 애매한 버그를 찾아내기 어렵다. 〈애쉬론즈 콜Asheron's Call〉의 경우가 바로 이런 예이다. 몇몇 플레이어들이 자신의 캐릭터가 항상 불운하고 매번 몬스터의 부당한 표적이 되고 있다고 불평하기 시작했을 때, 이 게임의 개발사인 터빈Turbine은 처음에 그 불평을 대수롭지 않게 생각하며 그러한 버그는 없다고 주장했다. 표면상으로는, 몬스터가 계속 따라다니는 캐릭터라는 개념은 일종의 디지털 건강염려증처럼 생각되었다. 게임 커뮤니티에서 이러한 소문은 "위 플래그Wi Flag"라고 불렸는데, 위Wi라는 이름의 캐릭터가 이 문제로 고통받는다고 계속 이야기했기 때문이다. 그리고 게이머들은 이걸 가지고 놀리면서 놀

있는데, 몇 달이 지나서야 비로소 터빈은 실제로 그러한 버그가 있다는 것을 밝혀냈다.

터빈의 게임 개발자들은 이 불평에 대해 처음에는 그러한 버그를 찾을 수 없다고 대답했습니다. 난수 생성기의 오작동과 같은 단골 오류는 결국 범인이 아니었죠. 조사는 계속되었고, 대부분의 게이머들이 위 플래그를 잊거나 무시하는 방법을 배운 지 한참이 지난 어느 날, 드디어 버그를 찾았습니다. 이 끔찍한 버그 때문에 오랫동안 고통받아온 여러분 중 누군가는 이 발견에 어느 정도 관심이 있기를 바랍니다.[9]

〈애쉬론즈 콜〉에서 몬스터는 자신을 마지막으로 공격한 캐릭터나 가장 많은 대미지를 입힌 캐릭터와 같은 정보를 바탕으로 특정 순간에 누구를 공격할 것인가를 선택하지만, 한 그룹의 플레이어가 몬스터의 공격 반경 안에 처음 나타날 때는 이러한 정보를 이용하지 않는다. 터빈의 코드는 의사결정 알고리즘의 이 부분에서 오류가 있었다. 몬스터는 그룹의 플레이어 목록 맨 앞에 있는 캐릭터를 공격할 가능성이 높았던 것이다. 캐릭터를 만드는 동안 영구적으로 할당된 캐릭터의 식별 번호가 그룹의 플레이어 목록의 정렬 순서를 결정하여 몬스터가 어떤 캐릭터를 공격해야 하는지에 대한 가능성에 영향을 미친 것이다. 다시 말해, 〈애쉬론즈 콜〉에서 특정 플레이어들은 실제로 불운이 계속되었고, 몬스터에 의해서 시달렸다.

게임 개발자가 직접 구현했든, 우연히 버그에 의해 게임 안에 들어왔든 이 마법의 인과관계는 온라인 게임에서 나타날 수 있을 뿐만 아니라 실제로 그 특정 예를 찾아볼 수 있다. 달의 위상은 당신의 수행에 영향을 줄 수 있다. 사람들은 불운하게 태어날 수도 있다. 그리고 심지어 온라인 게임에서 나타나는 마법의 인과관계가 흔한 일은 아니지만 온라인 게임상의 초자연성을 믿는 것이 전적으로 비합리적인 것은 아니다. 그러므로 온라인 게임은 미신적 믿음과 의식을 장려하기 위해 우리의 심리적 실재를 장악한다. 또한 초자연적 믿음의 타당성은 미신이 생겨나고 유지되도록 도와준다. 우리의 사회적 훈련과 두뇌의 네트워크는 우리와 함께 이 새로운 세계로 들어간다. 우리는 기술을 합리성을 증진시키는 어떤 것으로 생각하지만, 기술적 구조는 오히려 미신을 촉진할 수 있다. 그리고 우리가 온라인 게임을 하며 논다고 생각하지만, 가상 무대에서 춤을 추도록 유도되며 놀아날 수도 있다.

온라인 게임의 미신은 게임 개발의 몇 가지 놀라운 측면을 드러낸다. 첫째, 게임 개발자들은 종종 자신이 만들어내는 사회적 체계를 완벽히 통제하지 못하기도 한다. 예를 들어 〈던전 앤 드래곤 온라인〉의 경우에 플레이어들은 보물 상자의 전리품 획득과 관련된 자신들의 믿음에 반하는 개발자들의 설명을 믿지 않았다. 둘째, 플레이어들은 우리가 전통적으로 정의하는 게임 자산을 표면적으로는 만들 수 없는 가상 세계에서도 많은 게임 콘텐츠를 실제로 만들고 있다. 플레이어들이 게임의 피조물 모형을 창조하거나 수정할 수도 없고, 온라인 게임의 프로그램 코드를 수정할 수도 없다. 하지만 미신은 새로운 경험을 창출하고 많은 플레이어들 사이의 사회적 상호작용을 만들어낸다. 이들에게 이러한 미신은 개발자들에 의해 만들어진 요소만큼이나 중요한 게임 플레이의 일부이다. 어떤 면에서 이러한 미신은 게임 개발자들에게는 공짜 콘텐츠나 다름이 없다. 부가적인 자원이나 노력을 요구하지 않는 일종의 서사이다.

우리는 미신을 비합리적이고 심지어 원시적이라고 간주하는 경향이 있다. 그리고 처음에는 이러한 의례적인 춤이 좋은 결과가 될 수 있다고 생각하기는 쉽지 않다. 그러나 모든 좋은 이야기의 핵심은 청중들과 함께 하는 것이다. 놀라운 일이 없는, 뻔히 예측할 수 있는 이야기는 지루하다. TV 프로그램과 영화 제작자인 J. J. 에이브람스Abrams는 이야기가 전개될 때 청중을 끌어들이기 위한 서사적 장치로 "미스터리 상자"를 사용하는 것을 언급했다. 즉, 그의 몬스터 영화인 〈슈퍼 8〉에서 청중은 영화의 마지막 10분 전까지 몬스터를 결코 보지 못한다. 그 시점까지 청중은 파괴적인 결과물에 남겨진 단서에 기초하여 몬스터가 어떻게 생겼는지를 추측하는 데 능동적으로 참여하였다. 그리고 TV 드라마 〈로스트Lost〉의 팬들은 이 드라마를 보지 않을 때도 이 드라마의 미스터리에 대해 생각하고 이야기하고 포럼에 글을 올리는 데 많은 시간을 보냈다. 비록 미신적인 의례들이 배심원실이나 교실에서는 나쁜 것이 되겠지만, 온라인 게임에서는 게이머들이 얼마나 게임에 몰두하고 있느냐를 나타내는 지표가 될 수 있다. 그것이 이야기이든 비디오 게임이든 청중이 풀어내야만 하는 미스터리만큼 흥미를 끄는 것은 없다. 반면에 비합리적인 행동은 본래 제어하기 어렵다. 제5장에서 우리는 어떻게 변덕스러운 믿음이 온라인 게임에서 인종 프로파일링으로 이어졌는가를 살펴볼 것이다. 이러한 믿음이 어떻게 생겨났는가를 이해하기 위해서, 먼저 온라인 게임에서 왜 그렇게 많은 일을 하는가를 다음 장에서 살펴보도록 하자.

4

놀이가 아닌
노동이 되어 버린
온라인 게임

4 놀이가 아닌 노동이 되어 버린 온라인 게임

나는 〈스타워즈 갤럭시〉 게임을 하면서 비로소 기업가 정신을 체득할 수 있었다.

후드 달린 예복과 두꺼운 우피족의 모피를 입고 있던 나에게 늦은 오후 내리쬐는 태양은 여간 불편한 것이 아니었다. 지난 한 주 동안 야생 밀밭은 서서히 황폐해져 갔다. 다른 측량사들은 밀밭에 와보고는 삼각주를 천천히 덮는 이상하게 생긴 자동 수확용 기계를 버리고 갔다. 이 밀밭의 밀 품종은 잘 썩지 않기 때문에, 나는 생물학적 효과 조절기의 생산을 위해 필사적으로 밀을 비축했다. 내 제약 공장들은 공급망에 문제가 생겨서 3일 전에 가동을 멈춰야 했다. 그러나 이제 새롭게 밀이 공급되어 다시 공장이 가동되길 바란다. 내 고객들은 물건을 달라고 아우성쳤고, 만약 내가 물건을 빨리 배달하지 못한다면 많은 고객을 경쟁사에 빼앗길 것이다.

나는 내 쪽으로 빠른 속도로 내려오는 스웁 바이크 소리에 몸을 돌렸다.

그것은 또 짜증 난 망아지 같은 얼굴을 하고 있는 보탄Bothan이었다. 나는 라 자Laza가 잠을 잔 적이 있는지 궁금해하며, 새로운 밀 공급원을 찾기 위해 행성들을 넘나들었다. 아무리 찾아도 이 정도의 품질을 가진 야생 품종의 밀은 없었다. 나부Naboo에 먼저 가봐야 했나? 나는 수확 기계를 비우고 있던 라자를 힐끗 쳐다보았다. 나는 그보다 20분 앞서 출발하여 내 스웁 바이크에 몸을 싣고 터미널로 향했다. 좀 더 젊었을 때 나는 의사가 되고 싶었다. 하지만 제약 회사 경영이 주는 위험과 모험은 확실히 특별한 매력이 있었다.

코렐리아의 밀

그렇다. 제약 회사 경영은 온라인 게임에서의 내 직업이다. 우리는 온라인 게임을 현실의 일에서 벗어나 아무 생각 없이 기분 전환할 수 있는 도구쯤으로 여기는 경향이 있다. 그러나 미신이 가상 세계에서 번성할 방법을 찾은 것처럼 일도 마찬가지이다. 게임의 기술력이 좋아질수록 게임의 복잡도 역시 증가한다. 2003년에는 완전한 플레이어 중심의 경제를 가진 2개의 게임이 출시되었다. 하나는 〈스타워즈 갤럭시〉였고, 다른 하나는 〈이브 온라인〉이었다. 우리가 먼저 생각해 볼 〈스타워즈 갤럭시〉에서는 게임에서 사고파는 거의 모든 것들이 다른 게이머들에 의해 만들어진 것이었다. 제약 회사 경영뿐만 아니라 게이머들은 재단사로, 건축가로, 심지어 생명공학자로 자신의 직업을 특화할 수 있다.[1]

이 게임은 지질 조사로부터 소매 광고까지 제조업 전 과정의 세부 사항을 전부 담고 있다. 최종 생산물을 만들기 위해 부품을 조립하는 게이머뿐만 아니라 원재료가 어디 있는지 조사하는 게이머, 이를 수확하는 게이머, 생산할 제품의 시제품을 만드는 게이머, 그 제품을 대량 생산하기 위해 공장을 사용하는 게이머, 제품 광고를 만드는 게이머, 그리고 제품을 판매할 소매점을 만드는 게이머도 있다. 전체 게이머의 수가 이 모든 원재료, 중간재, 완성 제품의 전체 수요와 공급을 결정한다. 이 밤낮없이 계속되는 상업 활동은 전 은하계에 퍼져 있는 개인 소유의 상인 드로이드뿐만 아니라 바자Bazaar라 불리는 공공 시장에서도 이루어진다. 이 게임에 진짜 헌신적인 플레이어들은 생산 전체 과정을 관리하려고 할 수도 있지만, 대개는 플레이어가 이 생산 라인 중 특정 부분에 집중할 수 있는 비공식적인 카르텔을 형성한다.

〈스타워즈 갤럭시〉에서의 생산 과정은 전투와 폭력이 주를 이루는 다중 접속역할수행게임을 하던 플레이어들에게는 당황스러울 정도로 복잡했다. 첫째, 생산된 제품의 품질은 사용되는 원자재의 품질에 달려 있었고, 은하는 광범위한 자원들로 가득했다. 예를 들어 생산 과정의 중간 산물인 생물학적 효과 제어 장치를 만들기 위해서는 조류, 고기, 베리류 또는 밀 등의 유기 성분이 필요했다. 제어 장치의 품질은 이러한 유기 성분의 잠재적 에너지에 달려 있다. 생산품의 결과를 얻어내기 위한 수학적 공식은 너무 복잡해서 많은 플레이어들이 남겨놓은 가이드가 필요한데, 그중 하나를 예를 들어 공식으로 써 보면 다음과 같다.

$$\text{최대 효과} = ((\text{자원 1의 OQ} + \text{자원 2의 OQ})/\text{혼합 최대의 OQ}) * 0.66 \\ + ((\text{자원 1의 PE} + \text{자원 2의 PE})/\text{혼합 최대의 PE}) * 0.33\ [2]$$

어떤 종류의 자원을 찾아야 하는가를 파악하는 것은 단지 이 문제의 시작에 불과했다. 고품질의 자원이 실제로 어디에 있는가를 알기 위해서는 발품

프로테우스의 역설: 가상 세계와 온라인 게임의 심리학

을 많이 팔아야 했다. 자원은 은하계 행성들의 표면 전체에 아무렇게나 깔려 있었다. 측량 기술을 통해 시행착오를 겪으면서 자원은 손으로 채취하거나 자동 수확기를 설치하여 시간을 두고 천천히 모을 수 있다. 따라서 자원이 있는 지역에 일찍 도착하는 사람이 가장 자원이 풍부한 지점을 차지할 수 있고, 더 큰 수확을 얻을 수 있다. 경험이 많은 플레이어가 풍부한 자원을 독점하는 문제를 해결하기 위해, 특정 자원이 나타난 후 이것은 7일에서 10일마다 은하계의 다른 장소에서 무작위로 생성된 동일 수준의 다른 자원으로 대체되었다. 이것은 끝없이 진행되는 자리 차지하기 게임 같았고, 조사관들은 공급망의 중단을 피하기 위해 긴장해야 했다. 플레이어들에게 자원이 출현하는 곳을 파악하고 일괄적으로 추적하여 알려주는 일에 특화된 제3의 사이트들이 등장했다. 양질의 자원 재고 유지가 어렵기 때문에 많은 플레이어들은 단순히 자원을 수확하고 판매하는 것으로 생계를 꾸려 나갔다.

일단 플레이어들이 자원을 찾아내 수확하고, 시제품으로 실험을 한 뒤, 최종 생산품을 대량 생산하기 위해 공장을 가동하면, 서로에게 가장 큰 걸림돌과 맞닥뜨리게 된다. 바로 만들어진 제품을 다른 플레이어들에게 파는 것이었다. 따라서 소매 마케팅이야말로 진정한 최종 목표가 되었다. 성공한 기업가는 자신의 브랜드에 대한 고객의 충성도를 창출하기 위해 자신의 제품 전반에 걸쳐 기억에 남는 브랜드 이름을 만들어내곤 했는데, 이는 특히 새로운 제품의 생산을 위해 중요하다. 또 다른 전략은 고객을 끌어들이고 쇼핑 경험을 향상시키기 위해 멋있고 눈길을 끄는 상점을 디자인할 수 있는 건축가를 고용하는 것이었다. 이국적인 무용수를 고용하는 것도 나쁘지 않다. 몇몇 플레이어들은 종합 쇼핑몰을 만들기 위해 함께 뭉치기도 하였고, 다른 이들은 다음과 같은 조금 더 교활한 전술을 이용했다.

저는 무기 제조 명장들의 영업을 방해하기 시작했습니다. 한 번에 한 명씩 목표로 했죠. 일단 그들이 운영하는 상점의 위치를 알아보고 그 근처에 가게를 차립니다. 그리고 다른 플레이어들을 고용해 상대방 상점 근처에서 어슬렁거리도록 하고 제 상점에서 파는 물건의 가격을 낮춰서 고객을 제 쪽으로 오도록 안내했습니다. 또한 은하계 건너편의 술집에서 일했던 연예인들을 고용해서 제 상점을 광고했죠. 마지막에는 쐐기를 박는 심정으로 제 상점의 무기의 성능을 개선하기 위해 밀수업자를 고용해서 무기 이어붙이기와 같은 특별한 기술을 사용했죠. 이를 통해 제 상점의 무기들은 가격에서뿐만 아니라 품질에서도 최고 수준의 경쟁력을 갖게 되었습니다.

〈스타워즈 갤럭시〉 사용자, 24세 남성.

〈스타워즈 갤럭시〉는 살아 숨 쉬는 경제를 창조했고, 이 게임의 전투 및 폭력적인 측면은 경제적인 측면과 비교했을 때 희미해졌다. 전투에서 상대방을 압도하는 것도 하나의 일이지만, 경쟁사를 사업에서 몰아내면서 제품 부분에서 가장 높은 시장 점유율을 획득하는 것은 확실히 매력이 있었다.

헤이디언 드라이브 야드(Hadean Drive Yard)

플레이어 중심 경제를 가진 또 다른 온라인 게임인 〈이브 온라인〉은 한 단계 더 나아간 일의 은유를 보여준다. 이 게임에서 플레이어 조직은 회사라고 불린다. 〈스타워즈 갤럭시〉의 복잡한 경제와 유사하게, 〈이브 온라인〉의 플레이어들도 위험한 전쟁으로 파괴된 은하 내에서 제조업 기반의 경제에 참여한다. 자원이 풍부한 지역에 대한 주도권을 어떤 파당이 잡느냐는 대규모의 군사적 성과에 따라 끊임없이 변한다. 게다가 광산 선박들은 해적들에 의한 지속적인 납치 위협 아래 있기 때문에 종종 외부 용병을 고용하거나 경호원을 회사에 고용하기도 한다.

헤이디언 드라이브 야드Hadean Drive Yard는 〈이브 온라인〉에 있는 많은 회사 중 하나이다. 이 회사는 컨설팅 서비스뿐만 아니라 우주선을 제작하여 판매한다. 온라인에 있는 이 회사의 홈페이지(게임 내부, 즉 가상 세계가 아닌, 실제 세계의 인터넷을 통해 접속 가능한)에는 이 회사의 마케팅 자료 일부가 다음과 같이 명시되어 있다.

> 본 회사의 연구 개발 팀은 오랜 시간 동안 광범위한 연구 및 실험을 수행해왔으며, 회사나 개인에게 적용될 수 있는 특정 제품들을 개발해왔습니다. 당사가 판매하는 함선은 많은 사람들에게 4개의 제국 중에서 가장 민첩하고 기민하며 적군에게 위협이 되는 장비로 알려져 있습니다. 당사는 함선을 제작, 무장 및 배치하는 데 필요한 모든 물리적 요구사항을 제공하는 동시에 대규모 고객 상담 서비스도 제공하고 있습니다.[3]

헤이디언 드라이브 야드는 연구 개발, 제조 및 생산, 광업 및 수송 등의 3개 부서를 이끄는 경영진과 관리자가 있는 전형적인 기업 구조를 가지고 있다. 회사의 위계 구조 및 명령 전달 체계는 웹사이트에 나와 있는 조직도를 통해 볼 수 있다. 경영진의 역할 중 하나는 인사권 행사로, "전부는 아니더라도 채용과 해고를 가장 주도적으로 다루고, 모든 현직 및 과거 직원에 대한 인사 정보를 최신 상태로 유지하는 일을 담당한다." 최고 재무 책임자인 블라디미르 티나킨Vladimir Tinakin은 온라인 채용 게시물에 이상적인 지원자의 특성에 대해 다음과 같이 기술해 놓았다. "우리는 자신보다 더 큰 어떤 조직에 속하길 원하는 똑똑하고 동기 부여된 직원, 게임에 대한 지식뿐만 아니라 우정을 찾기 원하는 직원을 찾고 있습니다. 당사에는 모든 플레이 스타일을 위한 공간이 있습니다." 새로운 기술에 접근할 수 있는 것 외에도 헤이디언에 들어가면 "당신의 특정 학습 양상에 맞는 통찰과 지침을 제공할 수 있는 멘토링"을 받을 수 있다는 이점이 있다. 또한 당신은 헤이디언의 일원이 될 수 있다. 관심이 있는 사람들은 헤이디언 홈페이지에서 지원서를 찾을 수 있다. 지원서에는 지원자의 지원 동기에 대한 22개의 짧은 문항과 하나의 에세이 문항이 포함되어 있다. 지원서를 제출한 후에 채용 예정자는 인사 담당자로부터 연락을 받고 면접을 진행하게 된다. 채용 공고는 다음과 같은 질문으로 끝난다. "당신은 헤이디언의 일원이 되기 위해 필요한 자질을 가지고 있나요?"[4]

현실의 기업들이 자유 시장을 이용하기 위해 진화한 것과 동일한 방식으로 가상 세계 회사의 조직 구조도 진화했다는 것은 그럴듯한 설명인데, 가상 세계의 회사도 자유 시장 경제 체제를 시스템의 한 부분으로 사용하고 있기 때문이다. 어쩔 수 없는 것이긴 하지만, 많은 게이머들이 회사의 톱니바퀴처럼 일하는 것이 곧 여흥이 되고 있다는 점은 지적하고 싶다. 이 게이머들의 일부는 들어오는 지원서를 검토하고 다른 누군가는 지원자와의 면접을 준비한다. 온라인 게임이 현실의 삶으로부터 도피하기 위한 판타지 세계로 그려지지만, 회사의 업무가 디지털 가상 세계의 한 형태가 되었다.

용(드래곤) 죽이기

게임에서 용을 죽이는 일도 상당히 어려운 일이다. 성격도, 게임을 하는 동기도 가지각색인 플레이어들이 많이 모여 있는 대규모 팀을 관리한다는 것은 어찌 되었든 항상 어렵다. 당신이 게임에서 광석이나 요정과 같은 아바타들과 상호작용하고 있다는 사실이 그 뒤에 있는 사람들을 더 쉽게 관리하게 해주지는 않는다. 성숙하지 못하고 자기중심적인 게이머가 자신의 이름이 아닌 특정 아이디와 비밀번호로 로그인했다고 해서 마술처럼 현명해지거나 이타적이 될 수는 없는 노릇이니 말이다. 또한 칼로 용을 죽이는 것과 같은 비유적 표현만으로는 게임을 위해 얼마나 많은 일을 해야 하는지를 비게이머들에게 숨기기 어렵다. 오히려 이러한 비유는 실제 게이머들 자신이 게임을 하는 것이 얼마나 힘든지를 깨닫지 못하도록 한다. 〈길드 전쟁Guild Wars〉 사용자가 전하는 다음의 경험은 실제로 꽤나 일반적이다.

> 길드를 이끄는 일은 아주 보람이 있습니다. 길드가 성장하여 번영하고, 길드 구성원들로부터 좋은 리더로 존경받는 일 모두 말입니다. 하지만 길드 내 사람들의 정치질은 결국 이 경험을 망가뜨렸죠. 전반적으로 이것은 재미난 경험이긴 하지만, 시간을 너무 많이 빼앗고, 정서적으로 저를 탈진시키는 경험이었습니다. 다시 또 이런 경험을 할지는 잘 모르겠습니다.
>
> 〈길드 전쟁Guild Wars〉 사용자, 41세 남성.

사람을 관리하는 것 때문에 〈스타워즈 갤럭시〉에서 사업하는 것이 힘들어지고, 〈이브 온라인〉에서 화물을 수송하는 것이 어려워지는 것과 동일한 방식으로 다른 플레이어들 때문에 〈월드 오브 워크래프트〉에서도 용을 죽이는 일이 종종 어려움을 겪는다. 용은 자기 개념도 없고 잠들어 버리지도 않는다. 하지만 사람은 그렇다. 용을 죽인다는 것은 일단 당신과 24명의 조력자를 잘 관리하는 방법만 터득한다면 실제로 꽤나 간단하다. 길드 구성원을 어떻게 관리할 것인가야말로 성공적인 길드의 리더가 해결해야 할 중요한 문제이다.

온라인 게임에서 길드를 구성하는 가장 주된 이유 중 하나는 아주 어려운 게임을 할 때 팀 기반의 던전에서 이기기 위해서는 팀이 필요하기 때문이다. 예를 들어 〈월드 오브 워크래프트〉의 고난도 던전은 10명에서 25명의 게이머가 필요하다. 물론 단독 플레이어가 게임을 시작한 후 도시의 공공장소에서 소리를 질러 사후에 팀을 구성하는 것이 불가능하지는 않지만, 이 경우 사람들이 팀에 들어오고 나가서 결국 한 팀이 구성될 때까지 기다리려면 팀원들에게는 많은 인내심이 필요하다. 던전은 또한 전투 시 특정 역할들의 조합이 필요하기 때문에 특정 역할을 담당하는 플레이어를 즉시 채우는 것은 어렵다. 그리고 이렇게 급조된 구성원들은 그룹에 대한 충성심이 없기 때문에 던전의 첫 전투에서 패할 경우 곧 깨지는 경우도 있다. 적어도 이론적으로는 길드를 미리 만드는 것은 가용성과 충성도의 문제를 동시에 해결하기 위한 좋은 해결책이다.

길드를 유지하는 것은 작은 일이 아니다. 이것은 길드에 속하는 모든 사람이 행복하다는 것을 의미한다. 불행한 길드 구성원들은 길드를 그만두거나, 심지어 새로운 길드를 만들기 위해 다른 길드 구성원들을 설득하여 함께 나가서 새로운 길드를 만들기도 한다. 길드를 운영하는 것이 이토록 어려운 이유는 길드 구성원의 인구통계학적 배경, 삶의 경험, 게임 참여 동기 등이 너무나 다양하기 때문이다. 당신의 길드에는 처음으로 사랑에 빠진 (그리고 곧 처음으로 이별로 인해 마음에 상처를 입은) 흥분한 13세 청소년, 전공을 정하지 못해 고민하는 대학생, 수면이 부족하지만 아이들이 이제 막 잠들어서 기쁜 전업 주부, 그리고 사람들이 자신의 말만 들어주기를 바라는 참전 용사 등이 있다. 당신은 어떻게 이 모든 사람들을 동시에 행복하게 해 줄 수 있을까?

> 아, 제기랄. 사람들은 제 말을 듣지를 않아요. 전 이게 정말 싫습니다. 이 사람들은 너무 징징거리고 자기들이 말한 걸 제가 그대로 해 주고 원하는 걸 받기를 기대하죠. 50명의 요구에 균형을 맞추는 일은 정말 최악이죠. 다시는 안 할 거예요. 심지어 관리인이 되기도 싫습니다. 이것 때문에 게임의 재미가 모두 날아가 버렸어요.
>
> <월드 오브 워크래프트> 사용자, 26세 여성.

가족들을 제외하고 당신이 10대에서 70대에 이르는 연령대의 사람들과 함께 팀을 이뤄 일을 해야 했던 마지막 때를 생각해 보기 바란다. 현실 세계에서는 이런 경험을 한 사람이 거의 없다. 학교나 직장의 일상에서는 보통 유사한 배경에 있는 사람들을 만난다. 대학에서 다른 학생들과 팀 프로젝트를 수행하는데, 이들은 거의 모두 나이 차이가 3살 이내이다. 직장에서도 일반적으로 직장의 문화에 부합하고, 특정한 교육 훈련을 받고 기술을 익힌 사람들을 고용한다. 온라인 게임에서는 이러한 사회적 동질성은 사라진다.

> 길드의 리더로서 가장 힘든 점은 우리 길드가 성격도 좋고 서로 잘 지내는 사람들로 구성되어 있지만, 게임플레이의 스타일이 뒤죽박죽이라는 것이었습니다. 한 사람은 10개의 서로 다른 레벨을 가진 30개의 캐릭터를 가지고 있고, 또 한 사람은 빙하의 페이스로 레벨을 높이고, 한 사람은 한 달에 레벨 60을 찍었는데 솔로 플레이만 길원하고, 레이드에만 목숨을 거는 사람, 8개의 레벨로 60개의 캐릭터를 가진 사람, 취미로 설렁설렁 게임을 하는 사람, 밤에만 게임을 하는 사람, 플레이어 대 플레이어 모드를 좋아하는 냉혈한까지 정말 다양한 사람들이 있죠. 이처럼 서로 다른 사람들을 위한 목표를 설정하고 만족감을 갖게 하려고

노력하는 것은, 즉 백만 개의 서로 다른 목표의 균형을 맞춘다는 것은 아무리 이들이 내 친구라 해도 정말로 스트레스를 받는 일이었습니다. 게다가 저는 바쁜 직업이 있고, 저만의 현실의 삶이 있는 그저 재미로 게임을 하는 사람이었습니다. 모든 사람이 행복한지 확인하기 위해 매일 밤 게임에 접속할 수는 없었습니다. 길드의 리더로 활동한 경험은 사람들의 성격을 파악하고 이들을 관리하는 방법에 대해 제가 지금까지 했던 어떤 일보다도 많은 것을 가르쳐 주었습니다.

〈월드 오브 워크래프트〉 사용자, 27세 여성.

사람들이 행복한지 아닌지를 확인하는 일이 엄청난 스트레스를 준다는 것은 말할 필요도 없다. 그리고 이 일은 늘 실망으로 귀결되는 끊임없는 싸움이다.

길드 리더의 역할을 하면서 제가 배운 가장 소중한 것은 이것이 인생과 비슷하다는 것입니다. 제가 어떤 일을 하든지 간에 저를 싫어하는 사람들이 항상 존재한다는 것입니다.

〈코스린의 전설Legends of Cosrin〉 사용자, 30세 남성.

또 하나의 문제는 길드 구성원들이 길드 리더인 당신과만 상호작용하는 것이 아니라는 점이다. 이들은 서로서로를 앞에서 그리고 뒤에서 험담하고 싸우느라 바쁘다. 길드판 막장 드라마 탄생의 일반적인 촉발 기제는 몬스터가 남기는 희귀한 전리품이다. 25명이 5시간 동안 함께 한 던전에서, 사용 가능한 전리품이 몇 개 밖에 나오지 않기 때문에 누가 이 전리품을 가져가야 하는 문제만 나오면 긴장이 최고조에 이른다. 〈에버퀘스트〉를 즐겨 하며 현실에서도 친구가 많은 한 여성 게이머가 경험한 다음의 이야기를 보자.

시간이 지남에 따라 더 많은 상급 길드 구성원들과 숙련된 플레이어들이 이런저런 이유로 길드에서 서서히 떠나기 시작하고, 새로운 길드 구성원들이 빈자리를 잘 메우는 것처럼 보였습니다. 하지만 결국 한 레이드가 끝나고 우리 길드의 한 좋은 친구(상급 길드 구성원이자 관리자)가 들어온 지 얼마 되지 않은 길드 구성원을 상대로 전리품 배당을 위한 롤링을 해야만 하는 상황에 놓이자 길드에 위기가 닥쳐왔습니다.

이는 결국 사람들을 두 편으로 갈라 열띤 논쟁을 하도록 만들었죠. 한 편은 길드에 투자한 시간, 지위, 연공서열 등에 관계없이 모든 길드 구성원이 동일하게 전리품을 받을 자격이 있다고 믿었고, 다른 한 편은 일부 새로운 길드 구성원에 비해 자신들이 전리품을 받을 자격이 더 크다고 생각했는데, 다른 편에서 이런 생각을 가진 자신들을 "구걸꾼"이라고 부르는 것에 분노했습니다. 이 사건과 관련된 여성과 그의 남자친구, 그리고 저와 제 남자친구는 이 사건 때문에 길드를 떠났습니다. 저는 마지막에 모든 것이 너무 부풀려지고, 제가 친구라고 생각했던 사람들이 나중에 저를 비난하며 제 등에 칼을 꽂았다는 사실에 매우 화가 났습니다.

〈에버퀘스트〉 사용자, 40세 여성.

다양한 성격을 가진 사람들, 그리고 전리품을 향한 경쟁으로 점철된 길드야말로 드라마 제작사이다. 사소한 말다툼이든 심각한 비난이든 간에, 길드 안에서 갈등이 있을 때마다 길드 리더로서 당신은 무엇을 해야 할지 결정해야 할 사람이다. 25명의 인원이 참여하는 레이드를 안정적으로 운영하기 위해서는 길드의 가용성과 만약의 상황에 대한 대비 등을 고려할 때, 레이드 참여 인원의 2배에서 3배 정도 규모의 길드 구성원을 가진 길드가 필요하다. 50명 이상으로 이루어진 길드에서 대인 갈등은 길드 관리인과 길드 리더에게 끊임없는 악재가 되고 있다. 이러한 갈등은 당신이 온라인에 있든 오프라인에 있든 계속 누적된다.

리더가 되는 것의 가장 힘든 점은 사람들이 당신이 그들의 문제를 해결하기를 원한다는 것이죠. 당신은 그들의 대리 부모가 되는 겁니다. 이런 면에서는 길드 리더의 일은 사업체나 다른 조직을 운영하는 것과 유사합니다. 사실 그들이 문제를 해결하도록 돕는 것은 보람이 있지만, 저의 경우에는 그 즐거움도 이들이 일으키는 대부분의 문제들의 어리석음 때문에 빠르게 사라집니다.

〈이브 온라인〉 사용자, 49세 남성.

또한 최고 난이도의 레이드는 과거 전리품 배포에 대한 긴장감이 고조되어 있고 지속적인 대인 갈등이 난무하는 압력솥과 같은 환경이라는 점을 명심해야 한다. 자원이 제한된 곳에는 경쟁이 존재하기 마련이다. 이를 잘 통제하기 위해서 길드 리더들은 종종 규칙과 정책을 고안한다. 물론 관가의 정치와 같이 평화를 유지하면서 공정하고 확고한 의지를 가지고 온라인 게임에서의 갈등을 해결한다는 것은 어려운 일이다. 친구이면서 동시에 재판관일 수는 없는 노릇이다.

길드의 리더는 소대장도 되었다가 자애로운 어머니도 되어야만 합니다. 규칙을 정하고 그것을 모든 사람이 지키도록 관리해야 하고, 동시에 모든 길드 구성원을 돌봐야 하죠. 정말 할 일이 너무 많고, 따라가기에는 너무 좁은 길입니다.

〈월드 오브 워크래프트〉 사용자, 27세 여성.

길드를 잘 유지하는 것만도 충분히 힘들지만, 실제 레이드를 수행하는 일 역시 많은 어려움이 있다. 우선 가장 큰 것은 동시에 10명에서 25명의 플레이어가 게임에 참여하도록 해야 한다. 보통 레이드가 2시간에서 길게는 6시간까지 진행되기 때문에 미리 계획을 세우고 일정을 잡아야 한다. 이는 주간 레이드 계획을 만들어서 참여할 수 있는 길드 구성원을 모집하는 것이 가장 쉬운 방법이다. 물론 25명이 제시간에 입장하도록 하는 것은 또 다른 문제이다.

> 모든 사람을 필요한 곳에, 적시에 배치하는 것이 아마도 대규모 레이드를 수행하는 데 가장 어려운 부분일 것입니다. 늦는 사람은 항상 있을 것이고, 제시간에 오는 사람은 많지 않죠. 심지어 사람들이 지금 막 들어가고 있다고 해도 정확히 언제 출격해야 하는지를 정하는 것은 까다롭습니다. 너무 일찍 가면 몇 사람이 못 따라가게 되고, 이들은 그 레이드에 대해 나쁜 인상을 갖게 될 것입니다(그리고 이로 인해 당신의 길드에서 진행하는 다른 레이드에 참가하지 않으면서 사람들에게 나쁜 소문을 낼 수도 있겠죠). 그러나 또 너무 늦게 떠나면 정시에 출발하길 원하는 빨리 온 사람들은 실망하게 될 겁니다.
>
> 〈울티마 온라인〉 사용자, 18세 남성.

길드 구성원들이 나타나기 시작하는 순간부터, 레이드 리더는 예상치 못하게 발생하는 사건들을 계속 마주하고, 이에 대한 비상 계획을 신속하게 수행해야 한다. 빌리Billy가 레이드에 참여 등록을 했고, 당신에게 들어올 것이라고 말했지만, 레이드 시작 시간이 20분이 지났는데도 여전히 나타나지 않았다. 주요한 전사 캐릭터를 맡는 길드 구성원의 여자친구인 리사Lisa는 참여 등록도 하지 않고, 자신이 빌리의 자리를 대신할 수 있는지 물어본다. 스티브Steve는 담배를 사러 빨리 가게에 다녀올 시간이 있는지 알고 싶어 한다. 주요한 전사 캐릭터를 맡는 길드 구성원은 이제 빌리의 자리를 리사가 대신하게 하라고 당신을 괴롭힌다. 제이미Jamie는 레이드를 빨리 시작하지 않으면 자기는 오늘 밤 자정에 근무가 있기 때문에 게임을 다 못 끝낼 수도 있다며 불평을 한다. 당신이 가차 없이 리사를 레이드에 참여시키자, 빌리가 곧 레이드에 들어온다. 이 정도 수준의 위기관리는 기본이고, 아직 팀은 던전에는 발도 들여놓지 않았다. 일단 던전에 들어가면 의사결정을 할 수 있는 시간이 더 부족하다. 그리고 당신은 엄청난 스트레스 속에서 결정을 내려야만 한다. 하지만 용은 당신의 팀이 이렇게 다투는 동안 기다려 주지 않는다.

다음과 같은 물음에 대한 비상 계획이 있어야 합니다. 상황이 이상하게 전개되면 어떻게 해야 할까요? 누가 제일 먼저 죽어야 하는 거죠(제가 예전에 마법사로 게임을 해봤는데, 절 믿어 보세요. 당신이 레이드를 구하려고 온갖 시도를 하기 전에 가능한 모든 마법을 다 써버리고 마법사가 먼저 죽는 것이 제일 좋습니다)? 메인 탱커가 인터넷 연결이 끊기면 어떻게 됩니까? 언제 레이드를 중지하고 언제 충전하는 거죠? 그리고 보상 문제도 다루어야 합니다. 누가 전리품을 가져야 하고 왜 그런가? 대미지 딜러의 반이 금방 저녁을 먹고 온다고 해 놓고 20분이 지나도록 돌아오지 않는다면?

〈에버퀘스트〉 사용자, 29세 남성.

레이드에서 보스 몬스터를 물리치는 것은 인간 피라미드를 쌓는 것과 같다. 모두는 각자의 역할이 있고, 더 큰 그림이 무엇인지 이해하고 있어야 한다. 만약 누군가 삐걱거리면 다수가 함께 죽는다. 〈월드 오브 워크래프트〉에서 썩은얼굴Rotface은 여러 조각으로 이루어진 몬스터(거대하고, 부어 있으며, 잘못 구성된 프랑켄슈타인 같은 몬스터)이며 적당히 까다로운 보스 몬스터이다. 주요 탱커가 썩은얼굴과 교전하는 동안, 더 작은 수액괴물들이 나타나서 무작위로 길드 구성원들을 공격하기 시작한다. 이 수액괴물은 몇 번의 타격만으로 대부분의 레이드에 참여한 길드 구성원을 죽일 수 있을 만큼 강하기 때문에, 공격받을 때 공간 가장자리에서 원을 그리며 달리는 보조 탱커[1] 쪽으

---

[1] 옮긴이 주: 한국의 〈월드 오브 워크래프트〉 사용자들은 '부탱커'라고 부르는 경우도 많다.

로 수액괴물들을 데리고 가야 한다. 이 보조 탱커는 수액괴물을 레이드 상황으로부터 쫓아버린다. 10명의 길드 구성원이 참여하는 전투에서는 각 탱커 1개당 1명의 힐러를 배정하는데, 세 번째 힐러가 전체 그룹 치료를 위해 할당된다. 이 전투에서 썩은얼굴 보스 몬스터는 주기적인 슬라임 스프레이 공격을 하는데, 방향을 무작위로 틀어서 몬스터 바로 앞 원추 영역에 있는 모든 사람에게 큰 피해를 입힌다. 작은 수액괴물이 있는 곳과 슬라임 스프레이 공격이 벌어지는 사이 공간에 있는 모든 공격대원들은 경계해야 한다. 만약 팀원 2명이 실수로 스프레이 구역에 서 있으면, 힐러가 잘 아끼고 있어야 할 마력mana를 사용해야만 한다. 힐러가 피해를 복구할 수 없게 될 때 길드 구성원들은 죽기 시작하고 피라미드는 무너지기 시작한다. 모든 보스 몬스터를 물리칠 수 있는 성공적인 전략들이 있다. 그러나 레이드에서 이기기 위해서는 팀원들은 길드 리더의 명령을 받아들이고 따라야 한다.

가장 어려운 부분은 분명히 사람들이 레이드 리더의 지시를 듣도록 하는 것입니다. 가장 최근에 제가 경험했던 용을 잡기 위한 레이드를 예로 들어 보겠습니다. 레이드에 필요한 인원을 모아서 달려가는 도중에 레이드 리더는 교전 규칙을 설명해 주었습니다. 그리고 다른 참가자들은 다른 채널에서 그 리더가 무슨 말을 하는지를 알고 있다고 말했죠. 규칙 중 하나는 용에게 아주 정말로 가까이 다가가 있는 것이었죠. 그렇지 않고 용과 어느 정도 거리를 두게 되면 그 사람만 표적으로 삼아 불을 뿜어 그 주변 사람들까지 죽일 수 있기 때문이죠. 용에게 다가갔을 때 사람들은 방금 들은 규칙을 까먹은 것 같았습니다. 특히 멀리서 치료를 해야 하는 "지원 그룹"의 사람들이 말이죠. 뭐 이 사람들이 제일 먼저 죽임을 당했지요.

〈다크 에이지 오브 카멜롯〉 사용자, 31세 남성.

농구나 축구에서와 마찬가지로 팀원들에게 전략을 설명하는 것은 쉽다. 하지만 예상치 못한 방해가 있는 상황에서 실제 그 전략대로 수행하는 것은 꽤나 어려운 일이다.

당신이 판타지 세계에서 경험하길 기대하는 목록들 중에서 아마도 누군가의 명령을 받는 것은 없을 것이다. 그러나 〈이브 온라인〉에서 자유 시장을 이용하기 위해 기업 구조가 등장한 것과 같이, 실시간 팀 기반의 전투를 관리해야 하는 〈월드 오브 워크래프트〉와 같은 게임에서는 군대의 조직 관리가 나타났다.

> 가장 성공적인 대규모 레이드는 당면한 직무에 완전히 집중하고 핵심 정보가 어디에 있는지를 정확히 알고 있고 실제 전투가 벌어지는 시간 동안에는 질문 없이 지시사항을 이행할 수 있는 경험 많은 대원들이 있어야죠.
>
> 〈에버퀘스트〉 사용자, 40세 여성.

2005년에 나는 약 3년에서 4년 동안 최고 수준의 길드 리더였던 탈론Talon을 인터뷰했다. 〈에버퀘스트〉에서 시작된 그 길드는 서버상에서 많은 보스 몬스터들을 죽였던 최초의 길드였다. 이 길드가 〈월드 오브 워크래프트〉로 이주했을 때, (오리지널 게임의 최후의 보스 몬스터인) 라그나로스를 죽인 첫 번째 길드가 되었다. 이 인터뷰에서 탈론은 최고 수준의 길드가 될 수 있었던 가장 중요한 요인으로 복종과 규율을 콕 집어 언급하였다.

> 제가 무슨 말을 하면, 사람들은 즉시 그 일을 해야 했고, 실제로 그렇게 했습니다. 레이드와 관련해서는 어떠한 논쟁도 없었죠. 제가 말씀드린 것처럼 조직은 군대식이었습니다. 성공하기 위해서는 이렇게 조직화되어야 합니다. 내키지 않

는 명령이 내려옵니다. 그럴 수 있죠. 하지만 대장의 명령을 따라야 합니다. 왜냐하면 이들 대부분은 이렇게 응집력 있게 행동하지 않으면 패배한다는 것을 알기 때문입니다. 다시 말하면, 권력은 민주적으로 주어지지만, 독재적인 방식으로 행사되는 것이죠.5

당신이 상상할 수 있듯이, 이러한 군대식 길드는 당연히 모든 사람들의 취향에 맞는 것은 아니다. 하지만 상위 수준의 던전에서 성공하기 위해서는 중앙집권적인 명령, 규율 그리고 복종이 요구된다. 길드의 목표와 본질적 성격에 대한 논쟁으로 서로 다른 분파 사이의 긴장이 고조되면 길드는 종종 갈라지게 된다.

제2의 직업

길드를 운영할 때 발생하는 이러한 어려움들을 생각해보면 길드의 리더가 되는 것이 엄청난 일이라는 것을 분명히 알 수 있다. 그리고 종종 리더로서 감정적으로 지치고 인지적으로 부담이 되는 일을 해야 하기도 한다. 이는 분명 당신이 긴장을 풀기 위해 편하게 할 수 있는 일이 아니다.

길드를 이끌면서 제가 가장 힘들었던 점은 길드에 가는 것 그 자체였습니다. 저는 리더가 되는 것을 원하지 않았었지만, 제가 사랑하는 길드를 지켜내야 한다는 의무감을 느꼈었죠. 저는 아이알씨(IRC, Internet Relay Chat)[2]에서 동맹 회의에 참석하고 웹사이트에 공지 사항을 작성하면서 하루 평균 4시간을 사람들의 질문

[2]   옮긴이 주: 전 세계 사람들과 대화를 나눌 수 있는 채팅 장치.

과 이메일에 대한 답장을 쓰며 보냈습니다. 제가 심지어 로그인도 하기 전에 말이죠. 일단 로그인 하면 롤플레잉 길드에 속한 저는 지역의 길드와의 관계를 유지하기 위해 초청받는 모든 행사들에 참석해야만 했습니다. 주간 길드 모임이나 동맹 모임, 또는 즉석에서 만들어지는 모임은 말할 것도 없죠. 그리고 혹시 남는 시간이 있을 때는 그 시간을 불가피하게 매일 발생하는 길드의 문제들을 해결하는 데 사용해야 했습니다.....그래서 제가 저만을 위해 쓸 수 있는 시간은 아마도 일주일에 한두 시간 정도였을 겁니다.

〈울티마 온라인〉 사용자, 35세 남성.

지금까지 살펴본 길드 관리의 어려움에 대한 플레이어들의 경험을 고려할 때, 몇몇 길드 리더는 자신의 게임플레이를 제2의 직업으로 분명히 말하는 것이 이해가 간다.

제가 길드 리더가 되고 나서는 분명 이건 제2의 직업을 갖는 것이라고 생각하게 되었습니다. 멋진 웹사이트를 만드는 것은 저에게는 고통이었고 많은 시간을 쏟아 부어야 했죠. 수준이 정말 다양한 우리 길드의 구성원들이 모두 레이드에 참여할 수 있도록 계획을 짜고, 사람들이 모두 관심을 갖게 하고, 새로운 사람들을 모집하는 등 너무나도 일이 많았죠.

〈에버퀘스트 II〉 사용자, 31세 남성.

길드를 운영하는 데 가장 힘든 것은 사람들을 관리하는 일입니다. 이 일이 심각한 일이 되는 건 순식간이죠. 분쟁을 심판하고, 이벤트나 전리품 배분 규칙이나 조직 구조를 만들어야 했죠, 사람들도 모집해야 하구요. 간단히 말해서, 길드 운영은 현실의 삶의 위치에서 사람들을 관리하는 것만큼이나 일이 많습니다.

〈월드 오브 워크래프트〉 사용자, 37세 남성.

우리 사회는 게임 공간을 일이 전혀 없는 곳으로 정형화한다. 그리고 분명히 많은 게이머들은 하루 종일 일한 뒤 휴식을 취하기 위해 게임을 시작한다. 이들은 그저 몬스터를 죽이고 싶다. 모험을 하고 싶다. 그러나 많은 길드 리더에게 이 디지털 세계는 자신이 탈출하고 싶었던 바로 그곳이 되었다. 물론 다른 점은 이들이 급여를 받지는 않는다는 것이다.

> 길드 리더가 된다는 것은 그저 게임을 즐기기보다는 더 많은 책임감을 갖는 것입니다. 만약 제가 책임지기를 원했다면 현실로부터 여기로 숨지 않았을 겁니다. 홍보전문가로 일하는 제가 길드 리더가 된다면 그것은 직장을 다니는 것 같이 조금 과하게 느껴집니다.
>
> 〈월드 오브 워크래프트〉 사용자, 25세 남성.

> 길드의 리더로서 가장 힘든 점은 모든 구성원들 사이에서 절충안을 찾는 것과 동시에 모든 구성원이 계속 즐거워하도록 만드는 일입니다. 길드의 리더가 되는 것은 직장에서 관리자가 되는 것과 같습니다. 단지 월급이 없을 뿐이죠. 길드를 이끌어 잘 기능하도록 하고, 성장하는 모습을 보면 답답하긴 해도 보람이 있습니다. 그러나 그 지점까지 도달하기 위해 귀찮은 일이 정말 많습니다.
>
> 〈에버퀘스트 II〉 사용자, 33세 남성.

(제2장에서 우리가 보았듯이) 게이머들의 성취동기와 사회화동기는 무심코 지루한 관리자의 역할을 하도록 할 수 있다. 더 깊은 아이러니는 이 길드 리더가 부업의 즐거움을 얻기 위해 한 달에 15달러씩 돈을 쓰고 있다는 것이다.

지금까지 나는 길드 리더에 대해 집중해서 서술했지만 길드가 잘 돌아가기 위해서는, 그리고 레이드에서 이기기 위해서는 길드 구성원 모두가 힘을 모아야 한다. 〈월드 오브 워크래프트〉의 어떤 레이드에서도 10명 또는 25명의 사람들이 매주 2시간에서 6시간까지 이 한 가지 일을 위해 자신의 스케줄을 조정한다. 레이드가 끝나면 단지 몇 개의 전리품만이 주어지기 때문에 대부분의 플레이어들은 손상된 갑옷에 대한 수리비 청구서 이외에는 빈손으로 돌아간다. 이와 같은 마이너스 수익과 길드에 가입한 후 레이드에 참여해야 한다는 사회적 압력을 고려할 때, 많은 게이머들은 게임을 일과 직접 비교하기도 한다. 게이머 2명이 들려주는 2개의 이야기는 이러한 비교가 모든 연령대에서 적용된다는 것을 보여준다.

제가 레벨 50에 도달한 후 60으로 올리기 위해 제 게임플레이는 너무 그라인드에 집중되어 있었습니다. 레이드를 위해 20에서 40명의 플레이어가 필요했고, 이들의 엘리트 의식과 계급 의식 때문에 게임은 재미가 없어졌습니다. 여러 플레이어 집단의 전폭적인 지지가 없이는 어떤 것도 성취할 수 없었고, 당신이 길드나 뭐 그런 집단에 들어갔다면 그들은 당신이 게임을 전일제 직업처럼 하기를 기대할 겁니다. 탈진 그 자체였죠.

<월드 오브 워크래프트> 사용자, 53세 남성.[6]

우리가 최고 레벨에 도달했을 때, 최고 수준의 길드에 가입해서 레이드에 참여했습니다. 게임은 이제 직업이 되었습니다. 우리가 원래 새로운 영역을 탐험하고, 캐릭터를 발전시키면서 얻었던 원시적인 재미를 위해 게임을 했던 그 느낌을 잃어버렸죠. 이제 더 이상 게임은 그런 게 아니라는 것을 깨달았습니다. 그것은 단지 길드 구성원들이 가지고 있는 탐욕스러운 의도에 의해서만 진행되는 그런 것이 되어버렸습니다.

<월드 오브 워크래프트> 사용자, 18세 남성.

우리는 우리 자신을 위해 일할 컴퓨터를 만들었지만, 비디오 게임은 우리가 그들을 위해 일할 것을 요구하게 되었다. <스타워즈 갤럭시>에서 의약품을 제조하든, <이브 온라인>에서 회사를 운영하든, <월드 오브 워크래프트>

에서 길드를 운영하든, 게임은 제2의 직업이 될 수 있다. 이 장에서 본 게이머들의 이야기에서 이들은 게임 하는 것을 "그라인드", "고통", "스트레스", "탈진", "복종", "훈련" 등의 단어를 사용해서 묘사했다. 이러한 단어들은 몰입형 판타지 세계에서 즐거움을 얻기 위해 비용을 지불하는 소비자들에게는 기대하기 어려운 단어들이다. 이것이야말로 프로테우스의 역설의 주요한 예시이다. 우리가 벗어던지고 싶었던 오프라인의 짐이 가상의 세계로 우리를 따라 들어오는 그런 역설 말이다.

희미해지는 일과 놀이의 경계

존 벡John Beck과 미첼 웨이드Mitchell Wade가 쓴 책『갓 게임Got Game』에서 이들은 게이머들과 비게이머들 사이에 나타나는 아주 흥미로운 생각의 차이에 관한 조사 결과를 보여준다. 이들은 게임에서는 실패와 반복적인 시도가 허용되고 기대되기 때문에 게이머들이 비게이머에 비해 위험을 감수하려는 의지가 더 강하다고 주장한다. 벡과 웨이드가 말하길 기업들은 게이머들이 현실에 적응해야 한다고 하지만, 아마도 그들이 생각하는 것만큼은 현실 적응력이 떨어지지는 않을 것이라고 주장한다. 게임이 기업 관리가 생각날 정도로 복잡해졌기 때문에 현대의 온라인 게임은 기업 마인드를 배울 수 있는 훈련장으로 탈바꿈했다. 온라인 게임에서 게이머들은 서로를 관리하고 훈련시키고 과도하게 일한다. 평균적인 게이머는 일주일에 20시간을 온라인 게임을 하며 보낸다는 통계는 반복적으로 언급할 만하다. 특히 젊은 게이머들에게 게임은 그들을 탈진시킬 대규모의 구조화된 조직의 톱니바퀴가 되는 맛

을 보여준다고 할 수 있다.[7]

비디오 게임에서 힘든 일을 하게 된 것이 우울하지만, 우리가 이제 회사 업무에서 게임적 요소를 찾을 수 있다는 사실에 명백한 경각심을 가져야 하는지 궁금하다. 벡과 웨이드가 예견했던 적응은 이미 일어나고 있다. 제인 맥고니걸Jane MaGonigal의 『누구나 게임을 한다Reality is Broken』와 바이런 리브스Byron Reeves와 라이튼 리드Leighton Read의 『총체적 관여Total Engagement』는 게임이 노동자들의 직무 몰입과 권한 이양을 향상시켜서 자율성과 생산성을 높이게 된다는 생각을 뒷받침하는 최근에 출판된 두 책이다. 둘 다 온라인 게임을 자신들 주장의 중심축으로 사용한다. 만약 게이머가 〈월드 오브 워크래프트〉의 복잡한 작업을 보상 없이도 성취하도록 동기부여 할 수 있다면 동일한 원칙이 왜 회사 업무나 우리들 일상의 삶에는 적용되지 못하겠는가?[8]

게임이 강력한 동기를 부여할 수 있다는 것은 의심의 여지가 없지만, 기업의 의도가 항상 직원이나 일반 대중의 복지에 맞춰져 있는 것은 아니다. 기업이 노동자의 충성도와 직무 몰입도를 높이는 게임을 제공한다면 이들 기업이 직원들에게 과잉보상을 해준다고 생각하지 않을까 궁금하다. 그리고 대부분의 경우, 회사 정책은 경영주와 직원들에게 동등한 혜택을 주지 않는다. 의료 혜택은 종종 투쟁의 현장이다.[3] 직원들이 선호하는 의료 혜택은 회사 입장에서는 더 많은 비용이 들 수 있다. 기업들은 직원들이 "올바른" 의료 혜택[4]을 선택하는 것을 돕기 위해 게임을 사용하는 데 관심이 있을 것이

---

[3] 옮긴이 주 : 미국의 경우 우리나라의 국민건강보험 제도와 같은 전 국민 대상 의료 혜택이 아직 미흡하기 때문에 근로자들은 자신의 직장에서 제공하는 의료보험이 얼마나 많은 의료 혜택을 제공하는지가 초미의 관심사이다.

[4] 옮긴이 주 : 기업 입장에서 올바른 혜택은 비용이 적게 드는 것을 의미한다.

라고 상상할 수도 있다. 그렇다. 게임은 재미있다. 하지만 게임은 특정 목표를 달성하기 위해 특정 사람들에 의해 만들어지기도 한다. 그리고 기업 환경에서 게임을 만드는 사람들은 직원들이 아니다. 하지만 당분간은 걱정할 필요가 없다. 기업 조사 회사인 가트너Gartner는 대부분의 기업들이 2014년까지 게임 원리를 적용한 애플리케이션을 회사에 사용할 것이라고 예측했지만, 이 애플리케이션의 80%는 잘못 설계되어 실패할 것이라고도 예측했다. 그러나 결국에는 몇몇 회사에서 제대로 해낼 것이다.[9]

　많은 현대 온라인 커뮤니티의 매력적인 일면은 사람들이 대가 없이 일을 수행하도록 장려할 수 있다는 것이다. 협력적인 온라인 백과사전인 위키피디아가 명백한 예이다. 또한 페이스북Facebook이 어떻게 당신이 자유롭게 공유하는 정보를 수집하고 광고주들이 자신의 제품 광고를 더 정확하게 해당 잠재적 소비자들에게 겨냥할 수 있도록 함으로써 수익을 창출하는지도 생각해보기 바란다. 사회학자인 티지아나 테라노바Tiziana Terranova는 이 현상을 "무임 노동"이라 칭한다. 게임은 유급 업무를 무급 노동으로 전환하는 일을 유별나게 잘 한다. 극단적으로 말하면 게임화의 전제는 그것이 아무리 지겨워도 어떤 과제라도 매력적이고 동기를 부여할 수 있다는 것이다. 그리고 이러한 전제가 참이라는 증거도 있다. 2011년에는 일반인들이 온라인 게임을 사용해서 에이즈 바이러스 효소의 복잡한 접힘 패턴의 원리를 어떤 대가도 없이 알아냈는데, 이 소식은 게임 원리의 적용을 통해 돌파구를 찾은 것으로 발표되었다. 하지만 이것은 또한 게임 메커니즘이 덜 고귀한 목표를 위해 사용될 수도 있음을 의미한다. 신제품 마케팅을 위한 영향력 있는 키워드가 무엇인지 찾는 것이 기본 목표인 마케팅 회사가 여러 사용자가 재미를 위해 참여하는 단어 연상 게임을 출시하여 이를 자신들의 목표에 활용할 가능성은 과연 없을까? 참여와 착취는 동전의 양면일 수 있다. 우리가 이러한 놀이 초대장을 받았을 때, 우리는 재미가 결국 많은 노동이 될 수 있다는 것을 기억해야 한다.[10]

5

중국인 세탁소와 골드파머

5 중국인 세탁소와 골드파머

그 비디오는 검은 배경과 함께 귀에 쏙쏙 꽂히는 전자음 코드로 연주되는 음악으로 시작된다. 리드 보컬이 시작되자, 게임의 시작을 알리는 화면이 나온다. 산림 개간 현장에 모여 있던 한 무리의 캐릭터들을 잡고 있던 카메라 아크는 이 장면의 주인공인 파이널엘프라는 캐릭터로 초점을 이동시킨다. 비디오에서 돌로 지은 요새의 계단을 따라 뛰어 내려가는 한 무리가 나타날 때 리드 보컬은 카르마라는 가사를 반복해서 읊조린다. 이제 이 무리는 요새의 거대한 개방 공간에 도착한다. 파이널엘프는 여성 엘프 바로 뒤로 접근해서 카메라 앵글에 좀 더 잘 보이게 잠시 멈춰 선다. 그리고는 검을 그녀의 몸에 꽂아 넣는다. 여성 엘프는 돌 바닥에 푹 쓰러져 버린다. 리드 보컬은 "할렐루야라 노래하네"라고 외치고, 무리의 다른 캐릭터들이 시체 주변에 모여들자 카메라는 이 장면을 확대해서 보여준다. 이제 이 무리들은 다른 캐릭터들을 학살하며 요새의 다른 곳으로 향한다. 리드 보컬은 "이리 와서 네가 지금 뭘 원하는지 말해줘. 뭐가 너를 피 흘리게 하는지 말해줘."라고 계속 노래한다. 파이널엘프는 복도에서 궁수 요정을 쫓는다. 궁수는 포기한 듯 갑자기 멈춰 가만히 선다. 파이널엘프는 궁수의 등에 화살을 세 발 쏘고, 궁수는 쓰러진다.

이 학살은 4분간 더 계속된다. "Farm the Farmers Day"라는 이 비디오는 파이널엘프가 자신의 무리와 함께 중국인 골드파머[1]로 의심되는 〈리니지 II〉 플레이어들의 캐릭터를 계획적으로 학살하는 장면을 기록한 다섯 편의 비디오 시리즈의 첫 번째 편이다.1

그라인드(The Grind)

제3장에서 우리는 온라인 게임의 미신에 대해 살펴보면서, 레벨을 올리기 위해 수백 마리의 몬스터를 죽여야만 하는 지루한 과정인 그라인딩에 대해 언급하였다. 물론 퀘스트를 통하여 경험치를 올릴 수 있지만, 이는 다음 레벨로 가기에는 부족한 양이다. 게이머들은 레벨 상승을 위해 필요한 경험치를 축적하기 위해서는 그라인드를 할 필요가 있다. 앞선 장에서도 언급한 바와 같이, 이 지루한 그라인딩은 갈수록 더 힘들다. 왜냐하면 더 높은 레벨로 올라갈수록 그 다음 레벨로 올라가기 위해 점점 더 많은 시간이 필요하기 때문이다. 동시에 레벨이 높아지면 퀘스트만 가지고 다음 레벨로 가기는 더 힘들어진다. 결과는 무엇일까? 더 높은 레벨로 올라가기 위해서는 점점 더 많은 그라인딩이 요구되는 것이다. 많은 경우에 퀘스트 자체도 결국 위장된 그

---

[1] 옮긴이 주: 게임 내 화폐만을 수집하여 이를 현금으로 바꾸는 것을 목적으로만 게임을 하는 사람들을 가리키며, 이 장에서 자세히 다루게 될 것이다.

라인딩이다. 예를 들어 한 갱이 동네의 빵집 주인에게 자릿세를 내라고 강요하고 갱단의 우두머리뿐만 아니라 갱단의 구성원 10명을 죽이라고 요구하는 식이다.

2005년에 나는 팔로알토 연구센터에서 여름 방학 기간에 인턴으로 일했다. 여기서 나의 동료들은 데이터 수집 장치를 운영하고 있었는데, 여기서는 10분마다 〈월드 오브 워크래프트〉의 몇몇 서버에 등록된 게임 참여자들의 활동 정보를 수집하고 있었다. 내가 연구센터에 간 시점은 이미 데이터를 수개월 동안 모은 상황이었다. 이 데이터에는 수십만 개의 캐릭터와 관련된 정보가 있었는데, 이를 바탕으로 각 캐릭터가 특정 레벨에 도달하기까지 걸린 평균 시간을 계산할 수 있었다. 우리는 이 게임에서 최고 레벨에 도달하기 위해 평균적인 게이머는 372시간이 걸린다고 추산했다. 이를 이해하기 쉽게 환산해보면, 주당 40시간을 일하는 근로자의 경우 최고 레벨에 도달하기까지 두 달 이상이 걸린다.[2]

몇몇 게이머들에게는 이렇게 레벨을 올리는 경험이 만족스럽고 즐거운 경험이다. 지루한 그라인드라고 생각하기보다는, 느긋하고 편안한 활동이라 생각한다.

아무 생각 없이 레벨을 올리는 것에 비해 훨씬 더 풍성하고 보람된 활동들이 당연히 있겠지만, 그라인드를 하면서도 어떤 도를 닦는다는 느낌 같은 것이 있습니다. 저는 같은 지역에서 동일한 일을 계속 반복하느라 수많은 시간을 썼습니다. 경험치를 나타내는 바는 아주 조금씩 위로 올라갔지요. 그라인드를 할 때는 솔로 플레이를 하기 때문에 저와 몬스터만 존재하죠.

〈영웅들의 도시City of Heroes〉 사용자, 22세 여성.

그러나 대부분에 게이머들에게는 그라인드는 그저 허드렛일이 되는 것을 쉽게 볼 수 있다. 특히, 더 높은 레벨에 도달하기 위해 두 달 정도의 그라인드를 해야 하는 경우라면 말이다. 이것은 특히 이미 전일제로 일하기 때문에 그라인드에 많은 시간을 할애하기 어려운 게이머들이 분명히 경험하게 된다. 그리고 시급제로 일하는 많은 게이머들에게는 흥미로운 계산이 적용된다. 특히, 현실 세계에서 1시간 일해서 벌 수 있는 돈으로 많은 그라인드 시간을 얻을 수 있다면 이는 매우 매력적일 수 있다.

Guy4Game.com은 레벨 상승(레벨업)을 대신 시켜주는 서비스를 제공하는 많은 회사들 중의 하나이다. 이 회사의 직원들은 게이머의 게임 계정의 로그인 정보를 이용하여 해당 게이머의 계정에 접속한 뒤 특정 레벨에 도달할 수 있도록 유료로 그라인딩을 해 준다. 특정 레벨까지 올라가면 플레이어에게 이메일을 통해 안내한다. 2013년 3월 조사 시에는, 〈월드 오브 워크래프트〉의 새로운 캐릭터를 90레벨까지 올리는 데 필요한 돈은 199달러였다. 그리고 이 수준까지 레벨을 올리는 데 걸리는 시간은 대략 7일 정도였다. 현실 세계에서 시급 20달러 이상을 받는 사람이 특정 게임에서 최고 수준의 레벨에 도달하기 원한다면? 하루 8시간 정도 일해서 벌 수 있는 돈으로 몇 달의 그라인딩을 안 해도 되는 옵션은 엄청나게 매력적이고 합리적인 선택일 수 있다.

다른 게이머들은 레벨을 올리는 과정이 즐겁긴 하지만 시간이 조금만 덜 걸렸으면 하고 바랄 수 있다. 혹은 이들은 자신의 캐릭터에 대한 통제력은 유지하면서 그라인딩 시간만 줄이기를 원한다. 또한 일부 플레이어는 보안상의 이유로 게임 암호를 제3자와 공유하기를 원하지 않을 수 있다. 이러한 부류의 모든 플레이어를 위해, 온라인 게임에는 실제 돈을 사용하여 구매할 수 있는 가상화폐가 있다. 가상화폐는 플레이어가 게임 무기와 아이템을 구매하여 몬스터를 더 빨리 죽이고 더 빠르게 레벨을 올릴 수 있도록 한다.

〈월드 오브 워크래프트〉의 게임 머니인 "wow gold"를 구글에서 검색하면 가상 게임 머니를 판매하는 수십 개의 웹사이트가 나온다. 게임 머니 구입 방식은 사이트 사이에 큰 차이가 없다. 게이머는 사이트에서 자신의 캐릭터가 위치한 게임과 서버를 고른 다음, 구매하고자 하는 가상화폐의 금액을 명시한다. 대부분의 사이트에서는 특정 환율(예: 20달러에 12,000골드)을 제공하고 대규모 거래를 할 때는 할인을 제공한다. 게이머는 가상화폐 배달을 위해 하나 이상의 캐릭터 이름을 지정한 다음 신용카드나 페이팔을 사용하여 결재한 후 가상화폐를 구매한다. 거래는 보통 몇 시간 안에 완료된다. 판매자는 먼저 게임 내에서 접근하기 쉬운 특정 대도시 위치에서 만나자고 구매자에게 메시지를 보내고 만나서 가상화폐를 전달하고자 한다. 구매는 게임 내의 거래 플랫폼을 이용해서 최종적으로 완료된다. 거래가 이뤄졌을 때 구매자가 온라인 상태가 아니라면 판매자는 게임의 이메일 인터페이스를 이용해 가상화폐를 보낼 수 있다. 그런 다음 구매자는 다음 로그인 시 자신의 우편함에서 받은 가상화폐를 인출할 수 있다. 구매자가 사기를 당했을 경우 이러한 불법 구매를 게임 회사들이 책임지지 않기 때문에 판매자의 평판이 가장 중요하며 가장 잘 알려져 있고 오래 운영되는 웹사이트의 시장 점유율이 점점 높아질 가능성이 크다.

레벨을 올려주는 서비스와 가상화폐의 가격은 인건비에 달려 있다. 결국, 캐릭터의 레벨과 가상화폐를 얻기 위해서는 인간의 노동이 필요하다. 온라인 게임은 전 세계에서 접근할 수 있으므로, 이러한 서비스 시장은 실제로 세계 경제의 불평등 정도에 영향을 받는다. 일반적인 미국인 게이머가 다른 미국인과 이 거래를 하는 것은 납득이 잘 되지 않는 행동이다. 왜냐하면 이 둘의 임금이 거의 비슷한 범위에 있을 것이기 때문이다. 반면에 개발 도상국에서는 값싼 노동력을 얻을 수 있기 때문에 국제적인 거래는 매력이 있다. 가상화폐를 수집하는 행위를 일반적으로 골드파밍Gold Farming이라고 하며, 이러한 사람을 골드파머Gold Farmer라고 한다. 2007년, 기술 저널리스트 줄리안 디벨Julian Dibbell은 중국 난징의 형광등이 켜진 사무실 공간에서 12시간 교대로 일하는 골드파머들을 인터뷰했다. 그가 이 "게임 공장"에서 인터뷰한 게임 노동자들은 시간당 30센트를 벌고 있었고, 사무실과 인접한 기숙사에서 살았다. 국가 간의 임금 격차 때문에, 미국 게이머는 하루 일 해서 번 돈으로도 오랜 시간 그라인딩을 해줄 사람을 해외에서 쉽게 찾을 수 있다. 간단히 말해서, 이러한 게임 서비스는 해외 아웃소싱의 한 형태이다.3

이러한 산업의 규모는 잘 드러나 있지 않고, 여기저기 흩어져서 이루어지고 있어서 정확한 추정이 어렵다. 2008년, 맨체스터 대학의 정보학 연구원인 리처드 힉스Richard Heeks는 여러 출처로부터 종합한 측정치를 담은 보고서를 출판했다. 그는 중국의 골드파머들의 평균 임금이 매달 약 145달러라고 추정했다. 이 골드파머들 중 많은 사람들이 일주일에 7일, 12시간 교대로 일하는데, 이것은 시간당 약 43센트 정도이다. 수요 측면에서는 설문조사와 게임 서버 데이터 둘 다 서구 게이머들의 약 22%가 가상화폐를 구매한다는 것을 보여준다. 골드파밍의 규모에 대한 힉스가 내놓은 가장 정확한 추측은 연간 5억 달러이며, 연간 10억 달러 이상일 수도 있다.4

현대 온라인 게임의 복잡하고 반복적인 특성은 일부 게이머가 게임을 하기 위해 기꺼이 다른 사람에게 돈을 지불하는 온전한 산업을 만들었다. 그리고 〈월드 오브 워크래프트〉는 이 게임 노동자들의 진짜 일터가 되었다. 그들에게 〈월드 오브 워크래프트〉는 실제 직업이다. 가디언지는 2011년에 중국 교도소의 교도관들은 수입 창출을 위해 중국 죄수들에게 밤에 〈월드 오브 워크래프트〉를 하도록 강요했고, 서구의 첨단 오락이 중국에서 교도소 노동의 한 형태가 되었다고 보도했다.[5]

가상 세계 속의 중국인

2005년과 2006년에 골드파머들의 활동이 온라인 게임 전반에 걸쳐 급증하면서 게이머들은 이들이 게임에서 하는 활동들 때문에 점점 더 좌절하게 되었다. 특히 게이머들은 세 가지 문제에 대해 불만을 토로했다. 첫째, 골드파머들이 자원이 풍부한 지역을 장악하고 있어서 정상적인 게이머들이 더 치열한 경쟁을 하도록 만들었다는 것이다. 둘째, 이러한 자원이 풍부한 지역에서 정상적인 플레이어를 쫓아내기 위해 골드파머들은 몬스터를 데려와서 정상적인 플레이어들을 공격하거나, 순진한 플레이어를 속여 플레이어 대 플레이어 전투에 참여시키는 것과 같은 적대적인 전술을 사용했다는 것이다. 셋째, 골드파머들은 빠른 인플레이션을 유발하고 일반 게이머가 자신의 희귀 아이템을 합리적인 가격에 팔 수 없을 정도로 희귀 아이템 공급을 늘림으로써 게임 경제를 망쳤다고 주장했다.[6]

비록 인도네시아, 인도, 말레이시아, 멕시코, 필리핀, 루마니아, 러시아, 그리고 한국에서 골드파머들의 활동이 감지되었지만, 많은 학자들과 온라인 게이머들은 거의 모든 골드파머들이 중국에 근거지를 두고 있다고 믿는다. 힉스는 골드파밍의 80~85%가 중국에서 이뤄지는 것으로 추정하지만, 이 문제에 대한 언론과 학술 보도의 비중을 보면 이는 "최악의" 추정치라고 경고하고 있다. 나는 이러한 추정치가 나온 데는 자기 충족적 예언의 효과도 있을 것이라고 생각하는데, 특정 지역, 여기서는 중국에 대한 언론과 학계의 관심이 장려되고, 이에 따라 특히 중국에 대한 더 많은 연구가 이루어진다는 것이다. 하지만 그 추정치가 약간 혹은 어느 정도 빗나갔다고 해도, 확실히 많은 골드파머가 중국에 기반을 두고 있다.[7]

많은 게이머들은 골드파머에 대한 불만을 포럼과 게시판에 게시했다. 게임 커뮤니티에서, 많은 사람들은 "중국인"과 "골드파머"를 동의어로 사용해 왔다. 〈월드 오브 워크래프트〉 공식 포럼에는 과거 "중국인들이 나를 화나게 한다."는 제목 아래 아주 긴 글 타래가 있었다. 다음 글은 그 글 타래에 참여한 사람들의 일반적인 감정을 보여주고 있다. "그는 분명히 중국인 골드파머들을 지칭하고 있었다. 그리고 나는 〈월드 오브 워크래프트〉에서 금을 얻은 뒤 그것을 진짜 현금으로 팔기 위해 설립된 어떤 조직도 중국 이외의 나라에 근거지를 두고 있다는 것을 들어본 적이 없다."[8]

인종적 고정관념에 충격을 받은 게이머들은 커뮤니티에 인종적 고정관념이 존재한다는 것을 매우 잘 알고 있다. 한 게이머는 "사람들을 중국 농부라고 부르지 마세요!!"라는 제목의 글에서 과도한 일반화에 대해 언급하며 "이것은 좋지 않다."고 썼다. 다른 게이머들은 이 글에 대해 다음과 같이 반응하였다.

그 사람들은 다 중국인들이고, 전부 골드파머들이야...빌어먹을...더 이상 말할 필요 없어.
만약 어떤 것이 개이면 그걸 개라고 부르고, 장미라면 장미라고 불러. 만약 어떤 사람이 중국인 골드파머라면 그냥 중국인 골드파머라고 부르면 되지.[9]

한 프랑스계 캐나디안 게이머가 금을 구걸하는 편협하고 잘못된 정보를 가지고 있는 어떤 게이머와의 만남을 회상한다. 이 거지를 물리치기 위해 그 게이머는 프랑스어로 대답했다.

한 사람이 나에게 물었다. "혹시 금을 좀 얻을 수 있을까? 나 에픽[2]을 가지고 싶은데, 돈은 메일로 보낼게."

냐: (프랑스어로 대답) "죄송합니다. 저는 영어를 할 줄 모릅니다."

그: "아이 XX, 금 있냐고?"

냐: (프랑스어로 대답) "정말 당신 말을 이해할 수가 없습니다."

그: "나 너 신고할 거야! XX 파머새끼, 중국인 파머들, 다 최악이야!"[3]

인류학자 리사 나카무라Lisa Nakamura는 내가 이 장의 첫머리에서 묘사한 것과 비슷한 유형의 게이머 제작 영화들이 어떻게 중국인 골드파머들의 인격을 말살했는가를 기록했다. 이들은 이러한 온라인 게임에서 2류 시민이 되었다. 하지만 비인간화는 미끄러운 비탈길처럼 더욱 심해졌다. 중국인 골드파머에 대한 적대감이 너무 커져 역병과 박멸의 은유에까지 이르렀다. 예를 들어 한 게시판에는 "사람들을 중국 농부라고 부르지 말라"는 제목의 글이 올라왔는데, 이 글에 대해 한 게이머는 반대 의견을 표하며 이렇게 대답했다. "중국인 골드파머라고 부를 뿐만 아니라… 나는 그들을 이 게임을 병들게 한 병균이라고 부를 것이다. 골드파머는 모든 게임의 쥐다. 그것들은 어디에나 있고 눈 깜짝할 사이에 증식한다." 내가 수행했던 온라인 설문조사

[2]   옮긴이 주 : <월드 오브 워크래프트>에서 가장 높은 레벨의 아이템 등급.
[3]   옮긴이 주 : 이 대화에서 XX는 비속어를 가리킨다.

에서도 플레이어들은 비슷한 감정을 다음과 같이 표현했다.

> 좋은 골드파머는 오직 죽은 파머뿐입니다.
>
> 〈월드 오브 워크래프트〉 사용자, 38세 남성.

> 네. 저는 플레이어 대 플레이어 모드에서 골드파머들을 반복적으로 죽이는 것을 좋아합니다.
>
> 〈월드 오브 워크래프트〉 사용자, 26세 남성.

이 장의 첫머리에서 논의된 비디오 다큐멘터리 시리즈 "Farm the Farmers Day"까지 제작된 것을 보면 이 상황이 얼마나 악의적인가를 알 수 있다. 이렇게 잘 기록된 폭도들의 살인이 그 결과였다. 중국 게이머들과 골드파머들이 긴밀히 연결되어 있다는 인식과 골드파밍이 경제에 미치는 부정적인 영향은 모두 비디오의 마지막에 다음과 같이 분명하게 언급되어 있다.

> 골드파머들은 경제에 인플레이션을 일으키고 레벨이 낮은 게이머들이 레벨을 잘 올리지 못하게 합니다... 현실에서 부자인 사람은 결국 게임에서 부자가 되는데, 이것은 옳지 않습니다. 엔씨소프트에 중국어 IP 주소 금지를 요청하십시오. 그들도 이제 자신들만의 서버를 가지고 있고, 게임을 하기 위해 우리 서버로 올 필요가 없습니다. 골드파머는 보일 때마다 죽이고 괴롭혀 주십시오. 그들이 이 게임을 죽이게 놔두지 마세요.

심지어 요정들과 괴물들의 환상의 세계에서도, 게이머의 추정된 실제 국적은 매우 중요할 수 있다. "중국인 골드파머"라는 꼬리표가 붙은 것은 당신이 조직적인 괴롭힘과 살육의 대상이 될 수 있다는 것을 의미한다.[10]

커뮤니케이션 학자인 딘 찬Dean Chan이 주장했듯이, 아시아 게이머들은 "모범적 소수자model minority"와 "황인종yellow peril"이라는 두 가지 고착된 고정관념 사이에 갇혀 있다. 골드파머의 사례는 이러한 고정관념이 어떻게 복합적으로 작용하는지를 완벽하게 보여준다. 중국의 골드파머로 의심되는 사람들은 조용하게 지치지 않고 24시간 자원을 모으는 능률적인 노동자로 인식되고 있다. 하지만 바로 이런 효율성이 역병의 은유로 이어졌다는 것이다. 그들의 이러한 노력이 전체 게임을 망치고 있다는 것이다. 따라서 앞서 묘사한 골드파밍에 반대하는 비디오는 중국인에 대한 이러한 역사적 고정관념을 활용하고 영구화한다.[11]

당신은 골드파머입니까?

중국의 골드파머들이 자신들의 불법 행위를 광고하는 표지판을 머리 위로 들고 다니는 것은 아니다. 그렇다면 어떻게 모든 사람이 다른 사람인 척하고 현실 세계와 같은 민족이란 개념이 존재하지 않는 가상 세계에서 골드파머를 정확히 찾아낼 수 있을까? 일부 참가자가 골드파머를 식별할 때 사용하는 리트머스 테스트는 이들의 의사 결정 과정에 편향이 있다는 것을 보여준다.

> 저는 레벨이 높은 지역에서 골드파머라고 의심될 "가능성이 높은" 게이머들을 많이 만났습니다. 저는 그들이 중국어로 대답하면 이제 그 짓을 그만하라고 말했죠. 또 몬스터들을 유혹해서 그들의 게임 플레이를 방해하도록 함으로써 그들을 공격하기도 했습니다. 만약 그들이 영어를 사용하거나 중국어가 아닌 다른 언어를 사용한다면, 저는 그들을 그냥 내버려 두었습니다.

악령의 숲Felwood에는 60레벨의 짜증나는 골드파머가 하나 있었는데 지옥옷감 Felcloth을 얻기 위해 모든 비취불꽃Jadefire 몬스터들을 마구잡이로 죽이고 있었습니다. 제가 그 파머에게 "지금 지옥옷감을 얻으려고 파밍중인가요?"라고 물었더니, 그녀는 4~5개의 중국어 단어로 대답했습니다. 저는 사냥꾼과 함께 있었기 때문에 다른 비취불꽃 몬스터 3마리에게 어그로를 끌었고, 그 골드파머에게로 달려가서 죽은 척 하기Feign Death를 사용하자, 세 마리의 몬스터는 그 파머에게로 갔습니다.

〈월드 오브 워크래프트〉 사용자, 24세 남성.

앞서 언급했듯이, 골드파머가 자원이 풍부한 지역을 장악하고 있기 때문에, 이러한 지역에서 게임을 하고 싶은 일반 게이머들은 좌절하기 마련이다. 행동적인 관점에서 보면, 골드파머와 일반 게이머의 활동은 꽤 비슷해 보인다. 그들은 둘 다 오랜 시간 동안 게임을 하며, 몬스터가 어디에서 스폰할지를 이해하고, 효율적으로 몬스터를 사냥한다. 바로 위의 24세 남성 플레이어의 예를 보면 골드파머의 외적으로 드러난 행동 그 자체가 아니라 영어의 유창성이 판단의 근거가 된다. 달리 말하면, 같은 장소에서 똑같은 일을 동시에 하는 두 플레이어가 몇 개의 영어 구절을 구사할 수 있느냐에 따라 매우 다르게 판단된다는 얘기다. 영어를 할 줄 아는 플레이어는 자유롭지만, 영어를 못하면 괴롭힘을 당하게 된다.

이것도 서로 독립적인 범주인 중국인 게이머와 골드파머를 사람들이 1대1로 연결시키려는 가정을 하고 있다는 것을 보여주는 예시이다. 만약 어떤 플레이어가 영어를 할 수 없다면, 이 사람은 바로 중국인이라 여겨질 수 있고 따라서 골드파머가 될 수 있다. 다른 플레이어들은 이 논리가 영 불편하다.

저는 한 번도 제가 '이 사람은 골드파머다'라고 생각되는 게이머를 만나본 적이 없습니다. 왜냐하면 (다른 많은 사람들과는 달리) 저는 영어를 잘 못하는 사람을 자동적으로 골드파머라고 가정하는 경향이 없기 때문일 것입니다. 저는 영어를 모국어로 사용하지 않고, 8시간 동안 연속적으로 게임하는 사람은 틀림없이 골드파머일 것이라고 추측하는 사람들을 본 적이 있습니다. 그런데 이들은 본인들이 골드파머라고 생각하는 그 게이머가 8시간 연속으로 게임을 한다는 것을 어떻게 알 수 있나요? 바로 자신이 같은 장소에서 8시간 연속해서 게임을 하고 있기 때문이죠. 그러나 한 게이머는 중국어 억양의 영어를 사용하고, 아시안들은 게임을 재미로 하지 않기 때문에 골드파머라고 생각하는 것이 틀림없습니다.

〈영웅들의 도시〉 사용자. 36세 여성.

저는 골드파머라고 비난받는 사람들 중 약 절반 정도는 (골드파머가 아니라) 그냥 영어만 잘 못하는 사람들이라고 생각해요.

〈월드 오브 워크래프트〉 사용자, 27세 남성.

다른 이가 자원을 독점하고 있다는 인식은 스스로 자원을 독차지하려는 플레이어에게 가장 분명한 좌절감을 준다. 종종 골드파머로 추정되는 사람에 대해 불평하는 플레이어는 분명 그 골드파머로 추정되는 사람이 모아 놓은 자원을 가지고 싶어 한다.

2006년, 한 호주 사업가가 일과 환경의 변화를 위해 베이징으로 이사했다. 〈월드 오브 워크래프트〉 플레이어로서 그는 중국으로 이주한 후에도 자신의 취미 생활을 계속하고 싶어 했다. 그리고 그는 레벨이 높은 남성 나이트엘프 사냥꾼에게 싫증이 났기 때문에, 같은 서버의 새로운 캐릭터인 여성 드워프 사냥꾼을 만들기로 결정했다. 베이징에서의 그의 새로운 삶의 일부를 게임에 섞고 싶어서, 그는 이 여성 드워프의 이름을 중국식으로 메이위안Meiyuan으로 지었다. 자신의 블로그에서 그는 메이위안의 불행을 다음과 같이 상세히 묘사했다.

제 작고 노란 돼지꼬리 드워프 메이위안, 들통 같은 몸매에 나무줄기 같은 다리, 그리고 포켓전함[4] 같은 가슴을 가진 그녀는 유명세를 탔습니다. 게이머들은 모욕적인 방법으로 그녀에 대해 서로 수다를 떨거나 모욕적인 행동을 해왔죠. 그들이 가진 일반적 가정은 (실제로는 사실이 아닌) 메이위안이 중국인이고 골드파머라는 것입니다. 이름이 중국 민족의 것임은 분명했으나, 그 이외의 것은 어떤 것도 그러한 가정을 뒷받침하지 않았습니다.

메이위안은 중국인도 아니고 골드파머도 아니었다. 그러나 일단 다른 게이머들이 그렇게 가정하자 흥미로운 사회적 역동이 생겨났다.

제 기억에 한 번은 게임을 하면서 광석이 모인 곳을 찾느라 분투한 날이 있었습니다. 이 과정에서 저는 그 장소를 찾게 되었고, 다른 플레이어가 언덕의 반대편에 포진해 있는 것을 봤습니다. 저는 그가 적을 죽이는 데 보조 역할을 하면서 도와주었죠. 그 후 광석 쪽으로 몸을 돌렸습니다. 그 사람 역시 광석 쪽으로 왔고, 저는 우리 둘이 자원을 공유하길 기대했지만, 그는 저를 욕하기 시작했고, 특히 저를 골드파머라고 욕했습니다. 그의 친구들이 나타났고, 그는 다시 저를 온갖 일들로 비난했으며, 그의 친구들도 역시 저를 욕하기 시작했죠. 그래서 저는 그를 무시하고 그저 광석을 전부 가져와 버렸습니다. 제가 먼저 도착해서 첫 삽을 뜬 것 때문에 그는 기분이 나빴고, 자신의 차례가 올지를 기다릴 만한 인내심도 없었죠. 그저 생각하지 않고 입부터 놀린 셈입니다. 망할 놈의 자식이죠!

메이위안은 중국인 골드파머라 비난을 받았고, 정확하게 이들이 하리라 기대하는 방식대로 행동해 줬다. 영어로 반응하지 않았고 조용히 그저 자신에

---

[4] 옮긴이 주: 독일 해군 해상 함대의 함정으로 크기에 비해 훨씬 큰 화력을 가진 전투함.

게 가해진 위협을 무시했다. 그리고 자원을 독점했다. 상대방이 보기에는 메이위안은 분명 중국인 골드파머였다.[12]

2명의 영어를 쓰는 서양의 게이머들이 가상 세계에서 서로 만난다. 둘은 의견이 틀어지고, 한 게이머가 다른 게이머를 중국인 골드파머라며 비난한다. 앞에서 소개한 호주인 사업가는 자신도 모르게 중국인 골드파머 수사의 일부가 되어 어떻게 중국인 골드파머가 자원을 독점하고 이런 행위가 근절될 필요가 있는지에 대한 또 하나의 구체적인 예시로 남게 된다. 우리는 어떻게 플레이어가 누군가를 중국인 골드파머로 확신하게 되는지를 질문하며 이 절을 시작했다. 한 가지 타당한 대답은 이들의 확신이 틀렸다는 것이다. 중국인 골드파머와 실제 인종은 가상 세계에서 확인되지 않는다. 이는 가상 세계에서 창조되고 부정적 고정관념을 지지하기 위해 캐릭터들에게 강요된다.

황금 산

사람들은 다른 곳에서는 될 수 없는 영웅과 백만장자가 되기 위해 이 새로 발견된 땅에 왔다. 초기의 미개발 경제는 곧 불편함을 의미했다. 어떤 일상적인 작업들은 완료하는 데 많은 시간이 필요했다. 많은 진취적인 중국 근로자들은 삶의 질을 극적으로 향상시키는 서비스를 제공함으로써 자신들에게 주어진 기회를 이용했다. 이 서비스를 제공하려면 지루한 반복 작업을 해야 했고, 세부적인 부분에 대한 세심한 주의가 필요했으며, 대부분의 깨어 있는 시간은 작은 방 안의 기계 앞에서 일하면서 보냈다. 이렇게 힘든 시간 속에서도 그들의 노력은 결실을 맺었다. 일부는 부유해졌고, 중국인들은 이곳을 황금 산이라고 부르기 시작했다. 그러나 이들의 검소함과 근면성실함은 이곳에 먼저 정착했던 서양인들을 자극했고, 이는 조직적인 인종적 학대와 괴롭힘의 시기의 기폭제가 되었다. 중국인 노동자 개개인은 괴롭힘을 당했고, 때로는 신체적인 폭행을 당하기도 했다. 폭도들의 폭력과 학살이 뒤를 이었다. 이 이야기는 아주 친숙하게 들릴는지 모르지만, 게임에서 일어난 일이 아니었다. 이것은 캘리포니아 골드러시 기간 및 그 후인 19세기 중엽, 중국인이 운영하는 세탁소(중국어로는 이산관, yi-shan-guan이라 함)의 기원에 대한 설명이었다. 골드러시 시대 캘리포니아에서는 빨래가 여성의 일로 인식되었는데, 당시 여성의 희소성 때문에 빨래를 하는 데 드는 비용이 터무니없이 비쌌다. 백인과 중국인 광부들은 자신들의 빨랫감을 가지고 호놀룰루나 심지어 홍콩까지 보내서 세탁과 다림질을 해 오는 것이 일상이었다. 물론 이것도 가격이 비쌌고 시간도 4개월이 걸렸다. 아이리스 창Iris Chang이 『미국의 중국인들The Chinese in America』에서 묘사한 것처럼, 중국인 사업가들은 이 경제적 기회를 이용하여 지역 세탁소를 만들었다. 세탁업은 쉽지도 화려하지도 않았다. 허리가 끊어질 만큼 힘든 일이었다. "당시 세탁소는 습한 감옥이었죠. 전형적인 세탁부는 세탁소에서 일만 하는 것이 아니라 잠도 잤어요. 어떤 날에는 쉬지도, 심지어 먹지도 못하고 20시간을 계속 일하기도 했어요." 그러나 이 일을 통해 중국인 노동자들이 미국에서 생계를 유지할 수 있었다.[13]

세탁소, 골동품 가게 그리고 식당과 같은 중국인 사업체들은 빠르게 증가했지만, 미국이 1870년대에 불황으로 빠져들면서, 중국 이민자들은 많은 경제 문제의 희생양이 되었다. 그들은 적은 임금을 받고 병적으로 검소한 생활을 함으로써 경제를 파괴하고, 자신이 받은 임금을 중국에 보내서 국가의 부를 고갈시킨다는 비난을 받았다. 신문과 잡지는 중국 이민자들을 해충으로 묘사하며 엄청난 비판을 쏟아냈다. 아이리스 창은 앞쪽에 2명의 중국인이 쪼그리고 앉아 쥐를 먹고 사는 장면과 함께 쥐가 우글거리는 숙소에서 10여 명의 중국 노동자들이 들어찬 모습을 담은 석판 인쇄물을 다시 출판했다. 반중국적 태도는 1882년 중국인 배척법의 통과로 이어졌다. 이 법안은 반중 태도를 누그러뜨리는 대신 광신자들을 대담하게 만들어서, 지금은 중국인 추방 운동이라 불리는 테러의 시기가 오게 했다. 창은 "서구의 몇몇 중국인 지역공동체는 대량학살에 가까운 수준의 폭력을 당했다"고 기록하였다.[14]

1800년대의 중국 세탁소 노동자들과 오늘날의 중국 골드파머는 모두 서구인들의 삶의 질 향상을 위한 서비스를 제공하면서 생기는 경제적 기회를 찾아내고 이용한다. 그러나 복잡한 경제 문제가 발생하는 원인으로 이들 이민 노동자들이 지목되고, 이는 결국 대량 학살로 이어진다. 1800년대의 중국인 이민 노동자의 서사를 통해, 온라인 게임의 골드파밍을 역외 아웃소싱의 이야기가 아니라 서양의 땅을 잠식하고 있는 것으로 인식되는 중국 이민자들의 노동의 이야기로 다시 읽어볼 수 있다. 본질상 불가피한 자원 쟁탈전에 의해 생긴 경제적 스트레스는 취약한 소수에게 책임을 전가한다. 앞에서 보았듯이, 자원 독점은 많은 게이머들이 관여되어 있다. 자원 독점의 허용과 불허를 구별하는 기준은 게이머가 내 집단에 소속되어 있는지 여부이다.

서양의 중국인에 대한 19세기의 역사는 또한 얼마나 복잡한 경제적 결과가 취약한 희생양에게 달려 있을 수 있는지를 강조한다. 이것은 사실 온라인 게임의 골드파밍의 경우도 해당된다. 골드파머에 대한 일반적인 경제학적 비판은 이들이 급격한 인플레이션을 일으켜 게임 경제를 망친다는 것이다. 이러한 인플레이션은 결국 레벨이 낮은 캐릭터들이 게임에서 이기는 것을 엄청나게 어렵게 만든다. 그리고 실제로, 많은 게임에서 인플레이션이 관찰되었고, 골드파머에 대해 반대하는 주장을 강화한다. 그러나 게임 경제에 미치는 골드파밍의 실제적인 효과는 결코 명백하지 않다.[15]

2005년에 내가 〈월드 오브 워크래프트〉를 할 때, 게임 경제에 대해 이상한 점을 발견했다. 게임 시장의 많은 아이템들의 가격은 시간이 지남에 따라 점차적으로 떨어졌다. 마법을 걸 때 필요한 시약으로 사용되는 찬란하게 빛나는 큰 결정Large radiant shard 아이템은 몇 달 안에 약 50% 정도 떨어졌다. 크래프팅이 필요한 무기나 다른 플레이어가 제작한 물품도 마찬가지였다. 힉스가 지적했듯이, 이러한 가격 하락이 나타나는 것은 일리가 있다. 골드파머는 금을 직접 축적하지 않는 대신에 수요가 많은 상품을 파밍하고 이를 시장에 팔아서 돈을 얻는다. 안정적인 수요가 있다고 가정하면, 골드파머에 의해 그러한 상품에 대한 공급이 증가하면 가격은 실제로 떨어질 것이다. 필요한 상품의 비용을 낮게 유지하는 것 외에도 골드파머는 실제로 예측하지 못하는 상품의 부족을 최소화함으로써 게임 경제를 안정시킬 수 있다. 이것은 게임에서 특히 찾기 어려운 요소나 아이템의 경우 더욱 그렇다.[16]

〈리니지 II〉에서는 골드파머가 어디에나 있고, 모든 사람들이 그들이 누구인지 알고 있습니다. 처음에는 게이머들이 이들에 대해 매우 적대적이었고 집단적으로 그들을 괴롭히려고도 시도했죠. 얼마 후, 게이머들은 게임 내 경제가 제대로 기능하기 위해 사실 이들이 필요하다는 것을 깨달았고 많은 골드파머들은 일반 플레이어들과 친해졌습니다.

〈리니지 II〉 사용자, 22세 남성.

힉스는 또한 온라인 게이머들의 대다수가 골드파머가 아니기 때문에 이들의 효과는 정상적인 플레이어가 미치는 효과에 비해 훨씬 적을 가능성이 높다고 지적한다. 그리고 골드파머들은 자원이 풍부한 지역을 차지하기 위해 일반 플레이어들과 경쟁하기 때문에, 골드파머 때문에 일반 플레이어들이 포기한 만큼의 자원 정도만 인플레이션 유발에 관여하는 것이다. 골드파머가 없어도 일반 플레이어들은 같은 자원을 이용하기 때문에 골드파머가 실제로 게임 내 금 공급량을 원래에 비해 증가시키는지 여부는 불분명하다.

더욱이, 게임화폐의 인플레이션은 골드파머가 존재하기 훨씬 전부터, 심지어 텍스트 기반의 가상 세계에서도 나타나는 표준적인 특징이었다. 몬스터들은 계속 다시 스폰되어 나타나고 게임 내 화폐는 무한하게 만들어질 수 있기 때문에 게임 개발자가 돈이 없어지는 시스템을 개발하지 않는 한 인플레이션이 일어나는 것은 당연하다. 게임화폐가 시스템에서 없어지려면 돈이 어디론가 빠져나가야만 한다. 예를 들어 〈월드 오브 워크래프트〉에서는 말이나 그리핀[5]과 같은 탈 것을 구매하기 위해 정해진 비용을 지불한다. 이런 돈이 게임 경제에서 없어지는 화폐이다. 그러나 수백 개의 게임 변수와 수백만 명의 플레이어가 상호작용하는 상황에서 가상 경제의 균형을 맞추는 것은 어려운 과제이다. 대부분의 게임 경제는 본질적으로 불균형 상태이며 제어하기 어렵다. 이러한 상황 역시 온라인 게임에 존재하지 않았더라도 나타날 수 있는 경제적 문제에 대해 골드파머가 비난을 받고 있다는 것을 의미한다.[17]

서양 게임 세계에서 금을 판매하는 시장은 오직 서구의 플레이어들의 수

---

[5] 옮긴이 주: 사자 몸통에 독수리의 머리와 날개를 가진 신화적 존재.

요 때문에 존재한다. 간단히 말해서, 골드파머는 게임 커뮤니티의 상당한 참여자들이 가치를 인정하는 서비스를 제공하고 있다.

> 저는 골드파머에 대해 전혀 불만이 없습니다. 저는 전문직이고 전일제로 일하고 있어서 제 시간이 정말 소중한데, 다행히 이들이 필요한 서비스를 제공하고 있습니다. 저는 한 웹사이트로부터 〈월드 오브 워크래프트〉에서 사용할 용도로 5,000g 정도를 구매했습니다. 저는 처음에 사람들이 이런 일을 하는 것이 드문 일이라고 생각했지만, 사실 이러한 관행은 매우 널리 퍼져 있습니다. 물론 사람들은 이 부분에 대해 말하는 것을 그리 좋아하지는 않는 것 같습니다.
>
> 〈월드 오브 워크래프트〉 사용자, 32세 남자.

> 저는 이베이나 www.ige.com^{IGE}과 같은 사이트에서 진짜 돈을 주고 게임화폐를 사는 습관이 있습니다. 그 이유는 게임에서 돈을 버는 것은 너무 느리고 지겹기 때문이죠. 그리고 〈다크 에이지 오브 카멜롯〉에서는 사용 불가능한 전리품을 원재료로 만들어 다시 장신구로 만들어 팔려는 유일한 목적을 위해 크래프터의 레벨을 올리라고 요구합니다. 저는 IGE에서 25달러를 씀으로써 수많은 시간 동안 노동(파밍)을 하는 것 대신에 게임을 다시 즐기러 갈 수 있었습니다.
>
> 〈다크 에이지 오브 카멜롯〉 사용자, 29세 남자.

그런 의미에서 서양의 게이머들은 자신들 스스로 만들어 낸 문제에 대해 중국인 골드파머들을 비난하고 있는 것이다.

우리는 또한 이 논의에서 게임 개발자들이 하는 역할도 고려해야 한다. 결국 문제는 온라인 게임이 너무 지루하고 반복적 요소가 많아서 직접 게임을 하지 않고 기꺼이 돈을 내면서 하는 오락의 형태가 되었다는 것이다. 이것은 게이머의 기술이 아니라 게이머가 게임을 한 시간에 대해 보상을 주는 패러다임의 부산물이며, 다시 말해 수치적인 레벨 상승의 기제를 사용하는 것의 직접적 결과물이기도 한데, 이 기원은 우리가 제1장에서 살펴보았다. 당신은 자신이 얼마나 유능한지 혹은 무능한지에 관계없이, 다음 단계의 레벨로 가기 위해서는 5백 마리의 몬스터를 죽여야만 한다. 〈월드 오브 워크래프트〉를 하는 모든 게이머는 게임에 충분한 시간만 투자한다면 가장 높은 레벨에 도달할 수 있다. 이러한 게임 패러다임은 시간의 공을 들이는 것을 우회할 강력한 동기를 만든다. 중국인들을 비난하는 것 대신에, 우리는 골드파밍이 혹시 게임 디자인이 가진 문제 때문에 나타난 현상이 아닌가 물어봐야만 한다.

면화 가격

1882년과 1930년 사이에 미국 남부의 면화 가격은 흑인 노예에 대한 폭행 건수와 직접적인 상관관계가 있었다. 남부 백인들의 재산에 영향을 미치는 경제 상황이 악화됨에 따라 폭도들에 의한 남부 흑인에 대한 폭력의 빈도가 증가했다. 중앙 및 동유럽 6개국에 대한 더 최근의 연구에서도 유사한 상관관계가 나타났다. 1990년대 중반에는 경제 상황에 따라 소수 집단에 대한 인식이 요동쳤다. 이들 소수민족에 대한 부정적 고정관념은 경제 여건이 악화될 때 증가했다. 이러한 연구들은 사람들이 느끼는 경제적 좌절감이 취약한 소수 집단에게 가장 쉽게 표출된다는 것을 보여준다.[18]

골드러시의 역사에서처럼 경제적 상황이 좋지 않을 때 소수 집단은 가장 취약해진다. 온라인 게임에 새로운 게이머들이 갑자기 증가하는 것은 확실히 자원이 풍부한 지역의 과밀을 초래한다. 특히 많은 게임 경제가 본질적으로 불균형적이고, 갑작스러운 인플레이션을 통제하기 어렵기 때문에 게이머들은 자신들이 갖기 원하는 것을 항상 가질 수 있는 것은 아니다. 부유한 게이머들이 게임 내에서 사용하면 유리한 것들을 살 수 있다는 점 또한 안타까운 일이다. 이러한 경제적 좌절을 경험한 게이머들은 영어로 대응조차 할 수 없는 취약한 소수 집단에게 모든 게임 세계에서 나타나는 문제의 원인을 찾으며 비난한다. 이들은 이러한 희생양을 찾음으로써 심리적으로 편안함과 안정감을 얻는지도 모른다. 그리고 바로 이와 같이, 중국의 골드파머는 사실 다양한 행위자들과 변수들에 의해 나타난 복잡한 경제적 문제들의 유일한 원인으로 지목된다.

모든 것이 단지 픽셀로 이루어져 있더라도 아바타는 똑같이 만들어지지 않는다. 그리고 사람들을 동일한 가상 세계에 넣어 놓는 것이 이들이 모두 잘 지낸다는 것을 의미하지도 않는다. 더 중요한 것은, 인간은 항상 온라인이든 오프라인이든 다른 사람보다 더 나음을 추구한다는 점이다. 가상 세계에서는 전혀 중요해 보이지 않는 정보들, 이를테면 실제 사람들의 피부색이나 태어난 국적이 가상 세계에서도 여전히 중요하다. 프로테우스의 역설은 우리의 심리적 연결이 가상 세계에서도 왜 변화하지 않는가의 문제일 뿐만 아니라 어떻게 우리의 실제 세계의 정체성과 민족성이 국경도 존재하지 않는 온라인 게임에서도 영향을 미치는가에 대한 문제이다. 온라인 게임에서 인종적 희생양은 대량학살을 초래할 수 있다. 소수 집단에 대한 단순한 모욕, 굴욕주기, 괴롭힘만으로는 더 이상 좌절을 분출하기에 충분하지 않다는 뜻이다. 골드파밍에 대한 이야기는 우리의 디지털 판타지가 어떻게 물리적 실세계에 완전히 묶여 있는지를 다시 한번 드러낸다. 우리가 이러한 게임을 하는 방식은 전 세계의 경제적 격차 및 인건비와 긴밀하게 연결되어 있다. 그리고 미국 남부와 캘리포니아 골드러시의 역사가 보여주듯이, 민족 정체성 하나만으로도 누구를 비난할지 결정할 수 있다. 인간과 요정이 공존할 수 있는 세상에서도 게이머가 생각하는 현실 세계의 민족 정체성은 여전히 중요하다.

6

남성들만의 유토피아

6 남성들만의 유토피아

나는 영어에서 성 중립 단수 대명사가 없어서 항상 불만이 많다. 복수 대명사를 써야 하는 문맥에서는 "그들의their"를 사용할 수 있지만, 단수 형태에서는 "그의 또는 그녀의his or her"라는 장황한 구를 쓰거나, 매우 중의적이고 어색한 "사람one"을 사용해야 하니까 말이다. 에드워드 카스트로노바Edward Castronova의 책 『합성 세계Synthetic World』에서, 그는 장황한 문체를 피하고 대신 "그의his" 또는 "그녀의her"를 번갈아 쓴다. 가상 세계야말로 물리적 세계에서 즐겁지 않은 삶을 사는 사람들을 위한 합리적인 대안이라고 주장하는 부분에서, 그는 "만약 어떤 사람이 좋은 게임을 위해 나쁜 게임을 거부한다면, 누가 그녀를 비난할 수 있겠는가?"라는 질문으로 끝을 맺는다. 이 질문은 두 가지 면에서 아이러니하다. 첫째, 많은 게이머들은 우리가 제4장에서 설명했듯이, 자신의 게임 생활을 스트레스를 많이 받는 제2의 직업처럼 묘사하기 때문이고, 둘째, 게이머의 대용어로 여성 대명사를 사용한 것은 가상 세계를 유토피아로 묘사하는 것[1]과 가장 일치하지 않는 측면 중 하나를 강조하기 때문이다. 2012년 게임 소프트웨어 연합은 모든 게이머의 47%가 여성이라고 보고했다. 비디오 게임 산업의 인구통계학적 특성을 보면 성평등에 가까워지고 있지만, 〈월드 오브 워크래프트〉나 〈에버퀘스트 II〉와 같은 온라인 게임의 성비는 여전히 매우 치우쳐 있다. 연구에 따르면 이러한 온라인 게임에서는 게이머의 약 20%만이 여성이다. 만약 가상 세계가 실제로 유토피아라면 왜 온라인 게임을 하는 여성이 이토록 적은가?

학자들과 게임 개발자들이 이 차이가 왜 발생하는가의 이유로 주목한 한 가지는 남성과 여성이 매우 다른 종류의 게임을 선호한다는 제안이다. 이 논리하에서 우리는 단지 아직 나오지 않은 여성의 게임 욕구가 무엇인지 더 잘 이해할 필요가 있다. 이 주장은 종종 진화심리학적 관점과 짝을 이룬다. 2000년, 코펜하겐 대학교의 토르벤 그로달Torben Grodal은 남자들이 액션과 슈팅 게임을 선호한다고 말하며, 이는 이 게임들이 수렵채집 사회에서 사냥꾼이 되기 위한 남성의 진화적 성향을 이용하기 때문이라고 주장했다. 슈팅 게임은 사냥을 위해 필요한 공간 지각 능력과 운동 기술을 개발하는 데 선천적인 관심이 큰 남성들에 딱 들어맞는다는 것이다. 그는 "비디오 게임 산업이 아직 여성들에게 매력적인 채집 기술과 동기를 이끌어 낼 수 있는 게임을 개발하지 못한 것은 개탄스럽다"고 결론짓는다. 다른 연구자들도 이러한 생각에 동조해왔다. 예를 들어 크리스틴 루카스Kristen Lucas와 존 쉐리John Sherry는 남성과 여성 사이의 게임 동기에 몇 가지 차이점이 있는 것을 발견했고, "여성을 위한 게임에서의 재설계 노력은 여성 게이머의 타고난 인지 능

---

[1] 옮긴이 주: 이를테면 평등의 이념이 완전히 실현된 사회.

력에 초점을 맞춰야 한다"고 지적했다. 게임 디자이너 크리스 크로포드Chris Crawford는 비록 불편하지만 논리적인 결론으로서 다음과 같이 추론했다. "이 모든 것은 게임에서 여성들에게 효과적인 것, 즉 사회적 추론 게임에 대한 제안으로 이어진다. 이 단순화된 모델에 따르면 여성을 위한 이상적인 게임은 일종의 대화형 드라마나 연애 소설과 같은 종류로서, 플레이어에게 복잡한 사회적 상호작용에서 나타나는 문제들을 주고 여기서 이상형을 찾는 형태를 가져야 한다." 이러한 주장은 여성의 뇌를 위한 게임을 만드는 것이 여성이 비디오 게임을 하도록 이끄는 유일한 합리적 해결책이라는 것을 시사한다. 왜냐하면 우리가 아직 찾지 못했거나 완성하지 못한 일련의 여성들만의 게임 기제가 있기 때문이다.[2]

사회학자 T. L. 테일러T. L. Taylor가 주장했듯이, 여성을 위한 게임을 만들려는 이러한 시도는 남성과 여성 게이머 간의 "상상된 차이를 구체화"하고 있다. 게임을 하는 동기가 잠재적인 여성 게이머들에게 주된 장벽이라는 가정 때문에, 현재 비디오 게임을 하는 여성들은 "튀는 사람, 비주류, 예외"로 인식되고 있다. 마치 그들은 진짜 여성에 대해서는 아무것도 말해줄 수 없는, 정도를 벗어난 여성 취급을 받는다. 게이머의 게임 동기가 중요한 변수인 것은 확실하지만 홍적세의 사바나로부터의 두뇌 진화를 언급함으로써 게임 동기를 이해하려는 시도는 현실에서 사람들이 어떻게 게임을 하는지를 무시한다. 게임을 하는 것은 단순히 게이머가 게임에서 무엇을 하고 싶은지에 대한 것이라기보다는 이들이 게임에 접근하는 방법, 게임에 대한 과거의 경험, 누구와 게임을 하는지, 그리고 게임에 참여하면 다른 게이머가 어떻게 그들을 대하느냐 등에 관한 것이다. 게임은 게이머에 따라 각기 다른 길 찾기 과제를 제공하는 평탄하지 않은 지형이다.[3]

남자만 입장 가능!

사이버 카페[2]는 괜찮은 컴퓨터 장비와 함께 게임하는 친구들을 위한 편리함을 제공하기 때문에 대만 온라인 게이머들 사이에서 인기가 있다. 여기는 담배 연기와 소음으로 가득 찬 지저분한 장소일 가능성이 크다. 인류학자 홀린 린Holin Lin은 이러한 장소에서의 사회적 역동에 관한 논문을 썼다. 대부분의 사이버 카페는 당구대로 가득 찬 방 뒤쪽으로 컴퓨터를 배치한다. 이곳은 성비가 매우 불균형하기 때문에 대부분의 10대 여자 청소년들은 자신을 살피는 시선과 야유를 피하려 하고, 자신의 남성 친구와 함께 있을 때만 이곳에 들어가려 한다. 간단히 말해서 대만의 사이버 카페는 여성들이 안전하게 입장하기 위해 남성 동반자가 필요한 남성의 영역이다.4

대만에서 온라인 게임을 실제로 하는 것과 관련된 인상적인 쟁점은 실제로 서양에서 여성 게이머들에게 더 미묘한 접근 문제와 닮아 있다. 오락실에서 비디오 게임을 하던 시절에도 소년과 소녀에게 가해지는 부모의 통제와 감독의 정도는 달랐다. 부모들은 아들 자녀들보다 딸 자녀들이 오락실에 가는 것을 더 심하게 제한할 가능성이 높았다. 비디오 게임이 성비 불균형의 영역이라는 것은 다른 방식에서 봐도 명백하다. 드미트리 윌리엄스Dimitri Williams는 비디오 게임 캐릭터에 대한 조사에서 모든 비디오 게임 캐릭터의 85%가 남성이라는 것을 발견했다. 사실 비디오 게임의 주인공만 본다면 89%가 남성으로, 이 격차는 더 커진다. 여성 캐릭터는 등장할 때 일반적으로 성적 대상이나 구해줘야 할 어린 처녀 등의 부차적인 역할로 밀려난다.

---

[2]   옮긴이 주: 우리나라로 치면 PC방과 유사한 곳이다.

이러한 사회적 규범은 일종의 자기충족적 예언이 된다. 비디오 게임을 하도록 격려받은 남자아이들은 자라서 비디오 게임을 만드는 데 관심이 있는 남성이 된다. 반면에, 여자아이들은 비디오 게임을 하는 것이 장려되지 않기에 이러한 게임을 만들고자 하는 욕구 역시 생겨나지 않는다. 최종 결과는 어떨까? 남성 게임 개발자들만 가득한 게임 회사에서 남성 게이머를 위한 게임을 제작하게 되는 것이다. 윌리엄스가 게임 개발자들과 한 2년에 걸친 인터뷰에서 그는 여성을 거의 찾을 수가 없었다. 그가 지적한 것처럼 "남성적 관점이 거의 유일한 관점인 게임 산업 전반에 남성적 문화가 발전해 온 것은 놀랄 일이 아니다."[5]

현재 여성 게이머의 부족은 컴퓨터 과학의 역사를 고려할 때 특히 두드러진다. 디지털 컴퓨터가 존재하기 전에는 인간이라는 컴퓨터가 여럿 모여 손으로 복잡한 수학 계산을 수행했다. 제2차 세계대전 동안 이 인간 컴퓨터들의 대부분은 수학 학위를 가진 여성들이었다. 전쟁터에 있는 것과 비교했을 때, 계산은 여성의 일로 인식되었다. 그리고 최초의 범용 전자 컴퓨터가 만들어졌을 때(제2차 세계대전 당시 펜실베이니아 대학교의 에니악ENIAC), 최초의 컴퓨터 프로그래머들은 이 인간 컴퓨터 풀pool에서 선발되었다. 따라서 처음 여섯 명의 전문 컴퓨터 프로그래머들은 모두 여성이었다. 그 이후로 컴퓨터 과학에 대한 관심에 있어서 상당한 성별 변화가 일어났다. 여성에게 수여되는 컴퓨터 과학 학사 학위의 비율은 1983년부터 1984년까지 37%로 정점을 찍은 후 1997~1998년에는 27%, 2010~2011년에는 12%로 꾸준히 하락하고 있다. 최초의 전문 컴퓨터 프로그래머들이 제2차 세계 대전 동안 모두 여성이었지만, 2011년 컴퓨터 과학 학위 중 12%만이 여성에게 수여되었다면, 컴퓨터 기술을 배우는 데 나타나는 성차에 사회적 요인이 중요한 역할을 한다는 것은 분명하다. 컴퓨터 기술 영역에서 나타나는 성차는 최근의 사회적 현상이다. 현재의 남성 위주의 불균형한 성비가 나타나는 것이 변하지 않고, 선천적이며, 생물학적 기반만을 반영하는 것으로 오해해서는 안 된다.[6]

또한 이러한 사회적 요인은 누가 비디오 게임을 하는가에 대한 암묵적인 규칙을 만들었다. 대만 사이버 카페가 남성의 영역으로 인식되고 남성과 동행한 여성만이 접근할 수 있는 것과 마찬가지로 서구의 온라인 게임에서도 같은 규칙이 적용된다. 다이달로스 프로젝트로부터 얻은 데이터를 통해 우리는 여성 게이머 중 27%가 연애 상대자인 남성에게 소개받아 게임을 하게 되었다는 것을 알 수 있었다. 반면에 단지 1%의 남성만이 여성 연애 상대자로부터 소개를 받아 게임을 시작했다. 그리고 여성 온라인 게이머의 60%는 정기적으로 자신의 남자친구와 게임을 하지만, 남성의 경우는 15%만 그렇게 한다. 온라인 게임의 많은 여성들은 또한 남성들과 친해지는 것이 온라인 게임을 하게 되는 몇 안 되는 적당한 접근 방법이라는 것을 잘 알고 있다.[7]

저는 대부분의 사람들이 만약 당신의 중요한 타인인 남편, 남자친구, 룸메이트가 게임을 하지 않으면 게임 내 여성 캐릭터를 진짜 여성이라고 생각하지 않는다는 것을 발견했습니다. 대부분의 사람들은 게이머 중 98%가 남자고 나머지 2%는 이 남성들이 끌고 온 여자친구이거나 아내라고 생각할 거예요. 물론 이 여성들은 게임을 하고 싶지는 않았겠죠.

〈월드 오브 워크래프트〉 사용자, 38세 여성

많은 사람들은 또한 제가 남자친구나 남편과 함께 게임을 한다고 생각하는 것 같아요. 예전 남자친구가 〈영웅들의 도시〉를 시작하기 훨씬 전부터 제가 다중접속역할수행게임을 해왔고, 이 친구는 〈에버퀘스트〉를 전혀 하지 않는다고 사람들에게 말하면 다들 놀라는 것 같습니다.

〈에버퀘스트〉 사용자, 24세 여성

위의 두 일화에는 두 가지 논리가 드러나 있다. 첫째, 게임 연구자인 제니퍼 젠슨Jennifer Jenson과 수잔 드 카스텔Suzanne de Castell이 지적한 바와 같이, "대부분의 여성들에게 게임을 하는 것과 관련된 성별 규범을 넘어서는 일은 남자친구, 사촌, 남자 형제 혹은 아버지와 같은 남성과의 관계에 의해 인정받을 때에 가장 빈번하게 일어난다." 그리고 두 번째는 게임을 하는 여성이 남성 동반자와 함께 게임을 하고 있다는 것을 증명하지 못하면 본인의 생물학적 성별이 여성임에도 의심을 받는다.[8]

> 하지만 가끔씩 저는 저의 존재 자체를 폭력적으로 부정하고 싶어 하는 것 같은 누군가를 만납니다. 그리고 "너 여자 아니지?"라는 비난에 어떻게 반응해야 할지 모르겠습니다. 제가 여자라는 것을 증명하기 위해 신분증이나 신체 일부를 꼭 보여줄 수는 없지 않나요?
>
> 〈월드 오브 워크래프트〉 사용자, 36세 여성.

이 논리의 기저에 깔린 가정은 어떤 여성도 실제로 온라인 게임을 하고 싶어 하지 않는다는 것이다. 그리고 이 논리는 수사적으로 강력하다. 비디오 게임을 순전히 남성들만 추구하는 것으로 보존하면서 이 남성의 영역에 여성의 존재를 합법화한다. 그러나 여성들에게는 끊임없이 자신이 온라인 게임을 하는 것을 정당화해야 하는 것 자체가 피곤한 일이다. 그리고 만약 당신이 있어야 할 곳에 있지 않다는 분명한 어떤 징후가 있다면, 그것은 사람들이 당신 신체의 일부에 대해 의문을 제기할 때이다.

이러한 사회적 접근의 쟁점은 여성이 온라인 게임에 접속할 때뿐만 아니라 게임 상점에 들어가는 순간에도 나타난다. 캘리포니아 주립대학교 로스앤젤레스 캠퍼스에서 열린 한 학술 워크숍에서 나는 유비소프트Ubisoft가 후

원하는 여성 전문 게임 그룹인 프래그 돌스Frag Dolls의 회원인 모건 로민 Morgan Romine을 만났다. 그녀는 가게 점원들이 자신이 비디오 게임을 구매하는 것을 보면서 충격을 받는 것을 본 많은 경험을 이야기했다. 워크숍이 있는 주간에 로스앤젤레스에 머무는 동안 그녀가 동네 게임 상점에 새로운 닌텐도 디에스 게임을 사기 위해 들어갔고, 계산을 위해 계산대로 가자 점원은 인사를 하며 "이거 누구 주려고 사시는 거죠?"라고 물었다고 한다. 그녀는 〈헤일로 2Halo 2〉 게임을 선 주문했을 때도 비슷한 경험을 했는데, 점원은 그녀와 이야기를 나누며 마침내 그녀가 직접 게임을 한다는 것을 알게 되자 불쑥 "잠깐만요, 이거 본인이 직접 주문하신 건가요?"라고 물었다.[9]

심지어 여성 게이머의 생물학적 성별이 더 이상 질문의 대상이 되지 않을 때도 다른 장애물들이 많다. 여성은 종종 게임에 별 관심이 없는 것으로 생각되기 때문에 사람들은 여성이 게임을 잘 못한다고 추정하기도 한다.

저는 분명히 저 자신을 게임을 하는 사람으로 분류하고 어느 누구에게나 거리낌 없이 이야기합니다. 제가 〈에버퀘스트〉를 할 때 바보 취급을 받거나 쉼 없이 수작을 거는 것이 너무 지긋지긋해서 남성 캐릭터를 만들었죠. 〈에버퀘스트〉에서 사람들이 남성 캐릭터와 여성 캐릭터를 다루는 방식은 정말 파격적으로 달랐습니다. 저는 즉각적인 존경을 받았습니다. 여성 캐릭터에 대해서 남자들은 게임을 잘 못하고, 제대로 된 게이머가 될 수 없다고 생각하며, 수작을 걸려고 자꾸 뭔가를 주려고만 했죠. 과장이 아니라 정말 짜증이 났습니다. 그리고 제가 했던 모든 게임(〈에버퀘스트〉, 〈스타워즈 갤럭시〉, 〈영웅들의 도시〉, 〈월드 오브 워크래프트〉)에서 늘 이런 식이었습니다.

〈월드 오브 워크래프트〉 사용자, 35세 여성.

그리고 여성은 게임에서 유능하지 않다고 생각하기 때문에 일단 여성인 것이 밝혀지면, 이들의 조언이나 통찰력 있는 제안은 무시되기 일쑤이다.

> 일단 제가 진짜 여자라는 것이 확실해지면, 게임 전략에 관해 이야기할 때 사람들이 제 말을 덜 심각하게 받아들인다는 것을 알게 되었습니다.
>
> 〈에버퀘스트 II〉 사용자, 31세 여성.

> 어떤 사람들은 제가 사실 여자라는 것을 알게 되면, 특정 전투를 관리하는 방법에 대해 제가 제안한 것을 잘 들으려 하지 않거나 중요하게 생각하지 않는다는 것을 알아차렸습니다. 아주 노골적이지는 않아도, 예전에는 저에게 물었던 질문도 대신 집단의 리더에게 물어보더라고요.
>
> 〈월드 오브 워크래프트〉 사용자, 22세 여성.

심지어 가장 관대한 경우라도 많은 여성들이 게임에 관해 무능하다는 가정이 기저에 깔려 있는 것은 명백하다.

> 게임 속에서 남자들은 남성 게이머라면 그냥 맡겨 둘 상황이 저에게 닥치면 저를 더 많이 도와줍니다.
>
> 〈에버퀘스트 II〉 사용자, 31세 여성.

온라인 게임을 하는 것은 여성들에게는 힘든 일일 수 있다. 만약 당신이 여자라는 것을 말하면 일단 믿는 사람들이 별로 없다. 그리고 믿는다면 당신은 이제 무능하고, 중요하지 않은 의견을 말하고, 보호해줘야 할 사람으로 간주한다. 경험이 많은 여성 게이머들이라도 만약 실수하게 되면 이 이유를 상황적 요인에서 찾기보다는 이들이 여성이라는 점에 주목한다.

일부 여성들이 온라인 게임을 한다는 것을 인정하더라도 게이머들은 이 여성들이 게임을 "취미로" 한다고 생각한다. 이러한 완곡한 표현은 이 여성들이 게임을 통해 그저 일시적으로 환상의 세계를 경험하는 것뿐이라고 생각하며, 실제 이들이 온라인 게임에 접속해 있어도 진짜 게이머로 인정하지 않는다. 다시 말하지만, 게임에 참여하는 여성들은 가상 세계에서 2등 시민으로 지정된다. 〈에버퀘스트 II〉 플레이어들을 대상으로 수행된 한 연구에서 이러한 가정에 의문을 던진다. 연구 결과, 이 게임 서버에 저장된 로그에 따르면 실제로 여성이 남성보다 매주 평균 약 4시간 더 많은 시간을 게임을 하면서 보내는 것으로 나타났다. 그러나 여성들은 남성들보다 자신의 게임 시간을 더 많이 과소 추정하는 것으로 나타났다. 남자들은 일주일에 약 1시간 정도 과소 추정하는 반면, 여자들은 일주일에 약 3시간 정도 과소 추정하였다. 그리고 여성들은 남자들보다 게임을 끝낼 계획을 표현하는 경우가 더 적었다. 여성들이 자신의 게임 시간을 과소 추정하는 것은 고정관념의 강력함을 보여주며, 이러한 결과는 훨씬 더 자주 게임을 하고 충성스러운 여성 게이머들을 그저 가벼운 취미로 게임을 한다고 생각하도록 하는 당혹스러운 아이러니를 드러낸다.[10]

많은 여성은 자신이 게임 가게에 발을 들여놓는 순간부터 게임에 접속할 때까지, 여기는 자신들이 있을 곳이 아니라는 신호들을 끊임없이 받는다. 원래부터 게임에는 관심이 없고, 게임을 잘 못한다고 여겨진다. 그리고 이들에게는 그저 현실로부터 잠깐 단절되고 싶은 가벼운 취미로 게임을 하는 사람이라는 꼬리표가 붙는다.

남성의 판타지

판타지 온라인 게임은 남성 게임 개발자들에 의해 남성 게이머들을 대상으로 설계되었기 때문에, 문자 그대로, 기술적으로 구성된 남성의 판타지이다. 그리고 게임 산업에서 이러한 남성적 관점은 확고하고 대부분 의문을 품지 않기 때문에, 이러한 남성 판타지의 페티시즘적인 측면들은 남성 게이머들에게 대부분 간과된다. 하지만 많은 여성에게는 매우 명백하게 지각된다.

> 1999년으로 돌아가서 제가 컴퓨터를 한 대 막 사서 인터넷을 연결한 다음 월마트로 가서 게임을 하나 사려고 했습니다. 당시에는 다중접속역할수행게임은 〈애쉬론즈 콜〉과 〈에버퀘스트〉 두 종류가 있었죠. 두 게임의 포장 뒷면을 읽어보니 둘 다 재미있어 보였지만, 〈애쉬론즈 콜〉 박스에 그려진 그림들의 상상력이 더 풍부하게 느껴졌기 때문에 그것을 선택했었습니다. 그 캐릭터들은 남성처럼 보이기도 했고 또 여성처럼 보이기도 했습니다. (쿠낙의 폐허 확장판)〈에버퀘스트〉의 박스에는 금발에 실용적이지 못한 갑옷, 불필요하게 앞이 너무 파인 옷을 입은 피리오나 비Firiona Vie가 있었는데, 이크사Iksar가 그녀 앞에서 무기를 휘두르고 있었죠. 저는 이 그림으로부터 이 게임에서 여성의 가치는 바로 희생자라는 것을 읽어낼 수 있었습니다.
>
> 〈에버퀘스트 II〉 사용자, 24세 여성.

이러한 남성 판타지는 여성이 어떻게 보여야 하는지 그리고 그들의 역할이 무엇인지에 관한 것이다. 여성 캐릭터를 성적으로 과장되게 표현한 디자인은 여성 게이머들의 공통된 불만이다.

> 이 게임에서 유일하게 정말 기분 나쁜 세부 사항은 제가 제 엘프 캐릭터로 싸울 때마다 그녀의 가슴이 반복적으로 옆으로 튀어나온다는 것입니다. 이건 정말 우

스꽝스럽습니다. 이런 모습은 이 게임이 13살 소년, 혹은 아직도 그런 생각만 하는 남자들을 위해 만들어진 것이라는 점을 항상 상기시켜 줍니다.

〈월드 오브 워크래프트〉 사용자, 42세 여성.

저는 비디오 게임이 젊은 남성을 염두에 두고 설계된다는 일반론에 전적으로 동의합니다. 거대한 가슴, 큰 눈, 정말 가는 허리를 가진 비슷한 유형의 여성(영웅이든 악당이든)을 항상 보는 것은 매우 짜증 나는 일이죠.

〈영웅들의 도시〉 사용자, 31세 여성.

이 이야기 속의 여성 게이머들은 이러한 여성 아바타가 성적으로 과장되었기 때문만이 아니라 그들이 일종의 디지털 핍쇼[3]를 의도치 않게 보고 있는 상황을 끊임없이 상기시키기 때문에 거슬린다는 것을 분명히 표현한다. 게임 개발자 쉐리 그래너 레이Sheri Graner Ray가 말했듯이, 여성 아바타는 "남성 플레이어들이 보기에 젊고, 번식력이 좋고, 항상 성관계를 할 준비가 된 것처럼 보이도록" 디자인된다.11

이러한 견해에 대해 남성을 변호하는 쪽에서 제기되는 일반적인 주장은 게임의 남성 아바타 역시 과장되어 있고, 따라서 이러한 왜곡은 양쪽에서 같이 일어난다는 것이다. 남성 아바타도 과장된 것은 사실이지만, 그 방식은 매우 다르다. 여성 아바타에서 과장된 것은 큰 가슴, 짧은 옷, 얇거나 속이 다 비쳐서 안 입은 것 같은 바지 등 본질적으로 성적인 측면이다. 남성 아바타에서의 과장은 성적 특징이 아닌 힘이나 운동 능력에 초점을 맞추는 경향이 있다. 남성 아바타들이 비현실적으로 발달한 근육을 가지고 있지만, 그들

---

[3] 옮긴이 주 : 작은 구멍이나 유리를 통해 특정 공간 안에서 벌어지는 일을 몰래 보는 쇼를 말하며, 보통 성적인 측면이 포함된다.

의 바지에 돌출된 부분이 있거나 엉덩이 일부분이 드러나는 스트리퍼 반바지를 볼 수 없으며, 팬티와 끈으로 만든 바지를 입고 있는 경우는 거의 없다. 사실, 한 여성 게이머가 지적했듯이, 남성 아바타는 오히려 너무 돌출되지 않았다는 문제가 있다.

> 저는 여성 아바타가 모두 매우 두드러진 가슴을 가지고 있지만, 남성 아바타들 중 사타구니 부분에 보이는 것이 하나도 없다는 것이 다소 거슬립니다. 이들의 옷은 남성 스타일로 재단되어 있지만, 무엇인가 있어야 할 곳에 돌출된 것이 없죠. 만약 여성 아바타가 "이상적으로 매력적인", 혹은 "성적 특징이 분명한" 모델로 만들어진다면, 남성 아바타도 성적인 측면을 배제하기보다는 여성과 똑같이 해야죠.
>
> 〈월드 오브 워크래프트〉 사용자, 31세 여성.

따라서 비록 남성과 여성 아바타 모두 왜곡되어 있지만, 매우 다른 특징들이 과장되고 있다. 그리고 만약 당신이 사타구니 부위가 돌출되어 보이게 만드는 남성용 반바지에 대한 글을 읽는 것을 조금이라도 불편하게 느끼는 이성애자 남성 게이머라면, 아마도 그것은 여성 게이머들이 대부분의 온라인 게임에서 여성 아바타를 통해 게임할 때 느끼는 것이 무엇인지를 암시해 줄 것이다.

성적 매력이 강조된 여성 아바타는 성희롱을 부추길 수 있다. 옷을 거의 입지 않은 관능적인 여성 아바타의 모습은 그 사람이 누구인가에 대해 알려주는 거의 유일한 자극이고 원치 않는 관심을 끌기 쉽게 한다.

게임으로부터 여성들을 멀어지게 만드는 (제 경우는 남성 캐릭터로 게임을 하도록 하는) 한 가지 이유는 게임을 할 때 계속될 수 있는 추파나 야유 때문입니다. 저는 이 만화 캐릭터 같은 모습도 사람들이 음탕하게 생각할 수 있다는 사실에 좀 놀랐습니다.

<에버퀘스트 II> 사용자, 42세 여성.

많은 남성 게이머들은 온라인 게임에서 자신의 성별과 반대인 캐릭터로 게임을 처음 할 때 성희롱을 당하는 경우가 있다.

저는 달갑지 않은 추근거림이 이렇게 짜증이 나는 일인지 전혀 몰랐습니다.

<에버퀘스트> 사용자, 38세 남성.

저는 몇몇 사람들이 얼마나 생각이 없을 수 있는지, 서투른 남자들이 여성들에게 추파를 던지고 대화를 하려고 하는지, 그리고 이 상황을 남녀관계로 진지하게 받아들여지기 위해서 남성들이 얼마나 더 많은 노력을 하는지를 보면 놀라울 따름입니다.

<에버퀘스트> 사용자, 24세 남성.

같은 갑옷도 남성 아바타가 입을 때와 여성 아바타가 입을 때 다른 모습을 보이는 경우가 많다. 갑옷은 신체 실루엣에 따라 다르게 제작될 뿐만 아니라, 좋은 갑옷이나 희귀한 갑옷의 경우 옷 마감이나 디자인도 완전히 다를 수 있다. 대개 남성의 갑옷은 몸을 덮는 쪽인 반면, 여성의 갑옷은 몸을 드러내는 쪽으로 가는 경향이 있다. 이상하게도, 이러한 차이는 희귀한 갑옷이거나 더 높은 레벨의 캐릭터가 입는 것일수록 더 심해지는 경향이 있다. <디아블로 III Diablo III>의 공식 포럼에서, 한 여성 게이머는 레벨이 높은 자신의 마법사 갑옷에 대한 우려를 다음과 같이 표현한다.

저는 이것이 많은 게이머들 사이에서 논란이 되는 주제라는 것을 알고 있습니다. 특히 여성 게이머들이 어떻게 느끼는가에 관계없이 여자 캐릭터가 매춘부처럼 보이기를 원하는 남성 게이머들에게 말이죠. 저는 오늘 여기에 레벨 63의 여자 마법사가 입는 바지에 대해 이야기하고 싶습니다. 이 바지는 가랑이나 허벅지 부분을 아예 가릴 수 없습니다. 그냥 다리의 바깥 부분만 덮는 너무 짧은 속옷이라고 보시면 됩니다. 저는 그냥 속옷을 입는 것이 차라리 낫다고 생각합니다. 저는 포르노 스타가 아니라 마법사가 되고 싶습니다. 저는 저의 악마 사냥꾼이 착용한 전혀 실용적이지 않은 뾰족구두도, 가슴골이 훤히 드러나는 말도 안 되는 망토도 신경 쓰지 않아요. 하지만 마인의 보호구는 그냥 성인용품 가게에서 파는 우스꽝스러운 옷처럼 생겼습니다.[12]

비록 이러한 캐릭터 성별에 따른 디자인의 차이가 10년 이상 존재해왔고 거의 게이머들 사이에서는 끼리끼리 하는 농담이 되어버렸지만, 이 비대칭적 갑옷 디자인에는 음흉한 논리가 들어 있다. 남성 캐릭터가 레벨이 올라가고 더 강력해지면 자신의 몸은 더 잘 보호되고 가려진다. 이와는 대조적으로 여성 캐릭터의 레벨이 올라가고 더 강력해지면 이들의 몸은 더 노출되고 취약해진다. 즉, 여성 캐릭터는 힘을 얻음에 따라 다른 방식으로 권력을 박탈당한다. 안타깝게도 이것은 여성의 몸을 성적 대상으로 삼는 남성 판타지의 논리적 종착지이다. 〈에버퀘스트〉의 피리오나 비가 쇠사슬에 묶여 칼끝에 붙잡혀 있든, 가랑이를 가리지 않은 바지를 입은 강력한 여성 마법사이든 이 두 모습은 대략 12년간의 온라인 게임을 떠받치는 시각적 표상이다. 핵심은 캐릭터의 성공 여부와 관계없이 모든 여성 캐릭터는 취약한 성적 대상이라는 것이다.

아마도 이 남성 판타지의 가장 큰 아이러니는 여성을 매우 갈망하면서도 동시에 외면한다는 것이다. 이상화된 여성 신체 부위를 전시하고 추파를 던지지만 실제 여성이 온라인 게임에 발을 들여놓는 순간 이들의 존재감과 신체 부위가 의심받게 된다. 여성들은 자신의 실재가 보이지 않는 경우에 한해서 숭배되고 우상화된다. 온라인 게임이 남성 판타지로서의 그 기능을 갖는 것은 이런 의미에서이다. 그리고 아마도 온라인 게임이 여성의 접근을 거부하는 또 다른 이유는 남성 판타지는 남성 게이머만을 가정해야만 지속될 수 있기 때문일 것이다.

통계 숫자 비틀어보기

온라인 게임이 남성의 영역인가에 대한 논의에서 한 가지 주의할 점은 연구들이 남성 게이머들과 여성 게이머들 사이의 통계적 차이를 일관되게 보고했다는 것이다. 특히 여성이 남성보다 게임에서의 성취와 경쟁적인 측면에 관심이 적다는 연구 결과가 많았다. 내가 수행한 연구에서도 일관된 결과를 관찰했다. 이는 게임 또는 게임 장르의 성별 분리가 합리적임을 시사하는 것으로 보안다. 하지만 이 결과를 해석할 때는 주의할 점이 있다.[13]

심리학 연구에서, 두 표본에서 나온 값이 서로 "유의미하게" 다르다는 말은 이 차이가 우연히 나타날 가능성이 확률적으로 아주 작다는 것을 의미한다. 심리학 분야의 학술 논문(그리고 정량적 방법을 사용하는 유사한 사회과학 분야의 논문)에서 "유의미한"이라는 용어는 이러한 통계적 개념을 의미한다. 그러나 이 차이의 크기가 의미가 있는지 여부는 완전히 다른 문제이다. 차이를 탐지할 수 있는 능력은 연구 참여자 수의 직접적인 함수이기 때문이다. 표본이 큰 연구에서는 숫자상 아주 작은 차이도 그것이 통계적으로 유의미할 수 있다. 예를 들어 천 명이 넘는 〈월드 오브 워크래프트〉 플레이어들을 대상으로 한 조사에서, 나는 두 종족의 플레이어들 사이에 통계적으로 유의미한 차이가 있다는 것을 발견했다. 구체적으로, 호드 종족을 선호하는 사람들은 평균 27.5세였지만, 얼라이언스 종족을 선호하는 선수들은 평균 28.7세였다. 하지만 이러한 적은 나이 차이는 그다지 의미가 없다. 따라서 이는 상당히 사소한 통계적으로 유의한 차이일 수 있다.[14]

우리는 또한 늘 해오던 얼마나 다른가를 구하는 통계로부터 얼마나 비슷한가를 알아보는 통계로 생각을 전환해 볼 수 있다. 게임을 하는 동기의 성차에 관한 내 연구 자료에서 나타난 가장 큰 차이는 역학적 동기(즉, 규칙과 최적화)에서 발견되었지만, 여기에서도 남성과 여성의 유사성은 67%였다. 제2장에서 다루었던 모든 게임 동기들의 평균 성별 중복은 82%였다. 〈에버퀘스트 II〉 플레이어에 대한 또 다른 연구 결과도 유사한 패턴을 보여준다. 온라인 게임에서 남녀가 성취 동기에서의 차이는 컸지만, 중복되는 비율도 70%에 달했다. 통계적 차이 대신 통계적 유사성을 살펴보면, 이 수치들이 보여주는 것은 온라인 게임에서 남성과 여성 플레이어 대부분이 실제로 같은 종류의 플레이를 좋아한다는 것이다. 사실, 심리학자 자넷 시블리 하이드 Janet Shibley Hyde는 게임 이외의 광범위한 심리 변수에서 이와 같은 성별 유사성의 패턴을 발견했다. 우리가 성별 차이 대신 성별 유사성을 살펴볼 때, 우리는 남성과 여성 사이의 극적인 차이에 관한 주장이 종종 부풀려져 있다는 것을 발견한다. "여성의 두뇌"에 호소하는 게임 동기를 파악하려는 시도는 실제로 존재하지 않는 문제를 해결하려는 것일 수 있다.[15]

성별이 겹치는 정도가 클 뿐만 아니라, 성별의 차이는 사실 처음부터 부풀려져 있다. 게임 인구(또는 어떤 자연 공동체라도)를 연구하는 것의 위험 중 하나는 데이터에 근본적인 편견이 영향을 미칠 수 있는 것이다. 성취 동기의 성별 차이가 대표적인 사례다. 나이는 성별보다 성취 동기 부여에 더 많은 영향을 미치는 것으로 밝혀졌는데, 나이가 많은 게이머들은 젊은 게이머들에 비해 온라인 게임에서 목표와 경쟁에 훨씬 관심이 덜하다. 사실, 나이와 성취 동기 사이의 관계는 성별 차이를 더 작게 만든다. 연령은 성별에 비해 성취 동기의 변량에 대해 거의 2배의 설명량을 가진다. 평균적으로, 온라인 게임의 여성들이 남성들보다 거의 6살 더 나이가 많다는 것도 밝혀졌다. 따라서 연구자들이 남성과 여성의 나이 차이를 고려하지 않고 표면적인 성별 차이를 비교할 때, 그들은 성취 동기에서 관찰된 성별의 차이를 과장하게 될 수 있다.[16]

게다가 여성 게이머들은 게임에서 자신이 원하는 것과 원하지 않는 것을 완벽하게 말할 수 있다.

저는 게임 회사들이 여성들을 위한 특정 게임이 있다고 선전하는 것은 여성들을 깔보는 것에 불과하고, 문제의 핵심을 완전히 놓치고 있는 것이라고 생각합니다. 게임 회사는 (쇼핑하기나 뭐 다른 여성의 일로 고정관념화 된 다른 소재를 이용한) 여성을 위한 특별한 게임을 만들 필요가 없습니다. 그냥 더 많은 여성들이 게임에 관심을 가질 수 있도록 현재의 게임을 덜 성차별적으로 만들어야 되는 것이죠. 많은 여성들은 다중접속역할수행게임, 1인칭 슈팅게임, 그리고 다른 인기 있는 종류의 게임을 즐깁니다. 하지만 여성은 항상 신체 노출을 심하게 할 때 최고라는 메시지를 줄 때, 이런 게임은 더 이상 매력적이지 않습니다.

〈월드 오브 워크래프트〉 사용자, 27세 여성.

"남자를 위한 게임"이라는 개념은 없습니다. 제가 아는 남성들은 일본에서 제작된 역할수행게임부터 전략 시뮬레이션, 일인칭 슈팅게임에 이르기까지 모든 종류의 게임을 하지만, 여성들은 모두 〈더 심즈〉를 플레이할 것으로 생각하죠. 마치 남성들 사이에 있는 것만큼 여성들에게는 다양한 취향이 있지 않은 것처럼 생각하는 것이죠.

<던전 앤 드래곤 온라인> 사용자, 26세 여성.

우리가 여기서 보았듯이, 비록 게임 동기에서 성별의 차이를 보여주는 통계들이 있지만, 이러한 통계적 차이에 대한 해석은 보이는 것처럼 간단하지 않을 때도 있다.

성별 바꾸기와 젠더화된 신체

우리는 성별에 대한 기대가 어떻게 남성의 기술적 환상으로 부호화되고 유지되는지를 살펴보았다. 이는 아바타의 디자인에서도, 강력한 언어적 수사의 형태로도 나타난다. 여성들은 이러한 공간에 들어갈 수는 있지만 2등 시민으로, 그리고 성적 대상으로서 존재한다. 게이머가 캐릭터를 통해 자신의 성별을 바꿀 수 있게 함으로써, 가상 세계는 실제로 한 단계 더 나아간다. 이 온라인 게임들은 고정관념을 영구화하는 아주 강력한 도구이다.

표면적으로는 남녀 구분이 어려워지는 것은 이러한 게임이 거짓된 자유를 제공한다는 내 주장에 대한 완벽한 반론처럼 보인다. 버튼만 한 번 누르면 남성과 여성은 자신의 생물학적 성별을 바꿀 수 있고 완전히 다른 관점에서 삶을 경험할 수 있다. 이보다 더 해방적인 일이 있을까? 실제로 <월드 오브 워크래프트> 플레이어 중 29%의 남성이 여성 본 캐릭터를 가지고 있다고 한다. 반면에, 단지 8%의 여성만이 본 캐릭터로 남성 캐릭터를 가지고 있다. 플레이어가 가지고 있는 모든 캐릭터를 살펴볼 때 동일한 패턴이 나타난다.

53%의 남성들이 적어도 한 명의 여성 캐릭터를 가지고 있는 반면, 19%의 여성들만이 적어도 1명의 남성 캐릭터를 가지고 있다. 평균적으로, 남성 플레이어가 가지고 있는 33.4%의 캐릭터가 여성인 반면, 여성 플레이어는 9%의 남성 캐릭터를 가지고 있다. 우리가 이 차이를 어떻게 분석하든 간에, 남자들은 여자들보다 대략 3~4배 더 자주 성별을 바꾼다. 다이달로스 프로젝트에서, 성별 변환에서의 남녀 차이에 대해 내가 올린 글은 이 현상을 설명하려는 참가자들로부터 200개 이상의 코멘트를 이끌어냈다. 지금까지 가장 널리 채택된 남성적 관점에서의 설명은 이러한 게임에서는 3인칭 시점을 사용하기 때문에 플레이어들은 많은 시간 동안 자신의 캐릭터의 뒷모습을 본다는 것이다. 한 남성 게이머는 이를 다음과 같이 설명한다. "만약 제가 게임 내내 엉덩이를 쳐다보고 있어야 한다면, 제가 보고 싶은 걸 보는 게 좋죠." 내가 팔로알토 연구센터에서 내 동료들과 함께 수집한 데이터는 이러한 주장을 경험적으로 뒷받침한다. 〈월드 오브 워크래프트〉에서 남성이 성별 변환을 할 때는 매력적인 여성 캐릭터인 인간Human, 드레나이Draenei, 블러드엘프Blood Elf를 선택한다. 남성들은 아주 작은 드워프나 거대하고 근육질이며 소처럼 생긴 타우렌을 선택하는 경우는 거의 없다. 간단히 말해 남성들의 성별 변환은 다른 성 역할을 경험해 보기 위해서라기보다는 성적 대상으로서 여성 아바타를 보는 또 하나의 결과인 경우도 간혹 있다.[17]

가상 세계는 또한 거짓 성 고정관념이 사실로 만들어지는 것을 허용한다. 우리 연구진의 설문조사 결과와 게임 로그 데이터를 결합한 〈월드 오브 워크래프트〉 플레이어들을 대상으로 한 연구에서, 우리는 먼저 플레이어들에게 남성 또는 여성 플레이어가 게임에서 어떤 특별한 활동을 선호한다고 생각하는지 물었다. 선택지에는 힐링, 탱킹, 대미지 처리 직업과 같은 다양한 전투 역할과 크래프팅과 같은 비전투 활동이 포함되었다. 지금까지 가장 강하게 고정관념화된 여성 게임 활동은 힐링이었다. 플레이어들은 여성들이 남성들에 비해 힐링에 대한 선호도가 훨씬 더 강하다고 믿었다. 우리는 이 믿음이 사실이 아니라는 것을 발견했다. 우리는 연구의 각 참가자에 대한 총 피해 결과와 비교한 총 힐링 결과의 비율을 계산했다. 이러한 치유율 계산을 통해 우리는 게이머들마다 게임 시간이 다르기 때문에 나타날 수 있는 데이터의 왜곡을 피하면서 각 게이머가 힐링을 얼마나 선호하는지를 제대로 비교할 수 있었다. 연구 결과, 남자 게이머와 여자 게이머의 치유율이 거의 똑같다는 것을 발견했다. 남자 게이머는 33%, 여자 게이머는 30%이다. 그러므로 여성들이 온라인 게임에서 힐링을 선호한다는 고정관념은 잘못된 것이다. 남성과 여성은 힐링에 대한 선호도는 같다.

우리가 치유율에서 통계적인 차이를 발견한 곳은 (플레이어의 성별이 아닌) 캐릭터의 성별이었다. 여성 캐릭터는 남성 캐릭터에 비해 치유율이 훨씬 높았다. 이러한 차이는 플레이어들이 성별을 바꾸면서 행동하는 방식이 변한 것의 직접적인 결과였다. 남성들이 성별을 바꾸고 여성 캐릭터를 연기할 때, 힐링하는 데 더 많은 시간을 보내고, 여성들이 성별을 바꾸고 남자 캐릭터를 연기할 때는 힐링하는 데 더 적은 시간을 보낸다. 다시 말해, 〈월드 오브 워크래프트〉에서 플레이어가 성별을 바꿀 때는 캐릭터의 성별에서 기대되는 역할대로 행동한다. 플레이어들이 성 고정관념에 순응하면서 거짓이었던 것이 사실이 된다. 그러므로 플레이어들이 게임에서 상호작용할 때, 그들은 여성들이 치유하는 것을 선호하는 세상을 경험한다.[18]

오하이오 주립대학의 커뮤니케이션 학자인 제시 폭스Jesse Fox는 여성 아바타의 디자인이 위험한 고정관념을 끌어낼 수 있다는 것을 발견했다. 그녀의 연구에서, 학생들은 가상 세계로 접속해서 다양한 여성 아바타들과 상호작용했다. 그녀는 젠더 고정관념에 부합하는, 즉 새침하고 보수적인 옷을 입거나 아주 도발적인 옷을 입은 여성 아바타들이 성차별적인 믿음과 강간 신화의 수용을 증가시킨다는 것을 발견했다. 간단히 말해서, 옷을 거의 입지 않은 여성 아바타에 노출된 참가자들은 성폭행을 당한 여성들이 문란하게 인식되었기 때문에 그런 일을 당했다고 믿는 경향이 더 많았다. 가상 세계에서는 게임을 통해 잘못된 고정관념이 실현되고 있다.[19]

다시 생각해 보는 유토피아

우리가 만드는 것들은 이것이 기술의 산물이든 아니면 도로처럼 평범한 것이든 종종 무언의 선입견과 편견으로 오염된다.

> 미국의 고속도로를 여행하고 일반 육교의 높이에 익숙해진 사람이라면 뉴욕 롱아일랜드의 공원도로 위에 있는 다리들 중 일부에 대해 약간 이상한 점을 발견할 것이다. 이 지역의 많은 육교는 극도로 낮은데, 높이가 2.7미터 정도밖에 되지 않는다. 이러한 구조적 특수성을 우연히 알게 된 사람들도 여기에 특별한 의미를 부여하지 않을 것이다. 도로나 다리 같은 것들을 보는 우리의 익숙한 방식에서 우리는 세부적인 형태가 무해하다고 보고, 이에 대해 다시 한번 생각해 보는 일은 거의 없다.

고속도로 개발자인 로버트 모지스Robert Moses는 롱아일랜드에 철도를 놓는 것에 거부권을 행사한 것과 같은 이유로 육교를 이렇게 낮게 설계했다. 그의 결정은 하층민이 주로 타는 3.6미터 높이의 버스가 공원 도로를 지나다닐 수 없도록 하여 롱아일랜드의 해변을 백인, 특권을 가진 뉴욕 시민들의 전유물로 보존하고자 하였다. 정치 이론가 랭던 위너Langdon Winner는 인간이 만들어 낸 산물은 정치를 상징한다고 주장한다. 즉, 우리가 만든 것들은 누가 이것을 소유하거나 소유하지 않는지를 암묵적으로 규제할 수 있다.[20]

우리가 만든 판타지의 세계에도 이런 암묵적인 규칙이 있다. 여자가 게임 가게에 발을 들여놓거나 온라인 게임에 접속하는 순간부터, 자신이 여기에 속할 수 없다는 신호를 받는다. 가상 세계와 온라인 게임은 암묵적이며 의심받지 않는 특정 사고방식과 편견을 가진 사람들에 의해 만들어지는 경우가 많다. 우리의 피부색이나 임의로 주어지는 국적과 마찬가지로, 현실의 생물학적 성별도 역시 가상 세계에서 중요하다. 이와 같은 프로테우스의 역설 사례에서, 여성에 대한 잘못된 믿음과 고정관념은 가상 세계에서 지속되는 것만이 아니라, 게임을 통해 실현되고 있다.

나는 이 장에서 온라인 게임에 초점을 맞췄지만, 성차별은 온라인 게임만의 문제가 아니라 사회 문제이다. 물론 더 많은 여성 게임 디자이너가 있다면 성 포용적 게임 제작으로 이어질 수 있지만, 컴퓨터 과학 분야에서 수여된 학위 숫자의 성별 간 차이에 대한 통계는 한 사회에서 남성들과 여성들이 추구해야 하는 직업에 대해 매우 다른 기대를 가지고 있다는 것을 보여준다. 직업 고정관념 외에도, 남성과 여성이 그들의 자유 시간을 어떻게 보내야 한다고 생각하는지에 있어서도 현저한 차이가 있다. 연구에 따르면 여성은 자유 시간이 적고 이마저도 가사나 육아를 여성이 해야 한다는 기대에 의해 침해될 가능성이 높은 것으로 나타났다. 이러한 성 고정관념적인 (일부는 항상 존재하고, 다른 일부는 예측할 수 없는) 가사 책임이 가정 내 여가 공간과 함께 있기 때문에, 여성들은 종종 그들이 겉으로 보기에 자유로운 시간일 때조차도 덜 여유롭고 더 많은 부담을 느낀다. 따라서 여성들은 가정에서 여가 활동을 할 때 죄책감을 더 많이 경험하게 된다. 여성들이 갖는 여가에 대한 갈등적인 느낌은 광고주들에 의해 꽤 효과적으로 이용된다. 바디로션부터 초콜릿, 요거트, 스파 트리트먼트에 이르기까지…이러한 제품들은 여성들에게 단 한 번만이라도 죄책감 없이 특별한 것에 빠져들 수 있는, 죄책감 없는 면죄부로 제품이 마케팅 되는 경우가 많다. 남성용 광고는 거의 죄책감을 이용하지 않는다. 그러나 이 비유는 중요한 사회적 메시지를 드러낸다. 여성들은 보통 여가와 쾌락에 대해 죄책감을 느낄 것으로 기대된다. 게임을 시간 낭비로 보는 고정관념은 이러한 기대되는 죄책감을 심화시키고 더 나아가 게임에 대한 여성들이 갖는 욕구를 낮춘다.[21]

성차별은 남성이 여성을 상대로 행하는 음모가 아니다. 그것은 우리가 하나의 사회로서 남성과 여성을 다르게 대우하고 그들이 어떻게 행동해야 하는지를 형성하는 방식으로 존재한다. 그것은 남성과 여성 모두의 삶의 선택을 제한하고, 남성과 여성 모두에 의해 유지된다. 디퍼런스 엔진 이니셔티브 Difference Engine Initiative는 2011년에 토론토를 기반으로 열린 워크숍으로, 여기서는 인디 게임 커뮤니티에 여성들이 진출할 수 있도록 지원하기 위해 노력하였다. 이 운동의 여성 의장은 고객들이 종종 자신보다 자신의 남성 동료들과 이야기하기를 원한다는 것을 인정하면서도 성별이 이 게임 산업에서 성공하는 데 중요한 장벽이라는 것에 동의하지 않았다. 대신 그녀는 참가자들에게 상황에 휘둘리지 말고 대담하라고 말했다. 일렉트로닉 아츠의 한 인사 담당 임원은 포브스의 기고를 통해 앞의 여성 의장과 유사한 주장을 하고 있다. 가브리엘리 톨레다노Gabrielle Toledano는 "문제는 성차별이 아니다. 성차별은 우리 시대의 불행한 현실이지만, 여성으로서 우리는 지금의 상황을 바꿀 힘과 능력을 우리 자신 안에서 찾아야 한다." 하지만 여성들이 단지 그들이 여성이기 때문에 훨씬 더 열심히 일할 필요가 있다고 주장하는 것은 두 여성 리더가 문제가 되지 않는다고 주장하는 성차별을 강화할 뿐이다. 나는 지금까지 남자아이들에게 비디오 게임을 하기 위해서 훨씬 더 열심히 노력해야 한다고 말하는 것을 들어본 적이 없다. 게임에서의 성차별은 훨씬 더 큰 사회 문제를 반영하는 하나의 증상일 뿐이다. 뿌리는 깊고 널리 퍼져 있다. 이것이 바로 성차별을 고치기 어려운 이유이다.[22]

7

(불)가능한 로맨스

7 (불)가능한 로맨스

제게 다소 무례한 말을 하는 약간 버릇없는 노움gnome 하나가 저에게 접근했을 때, 이 사랑스러운 팔라딘(이럴 때는 항상 팔라딘이 오죠...)은 저를 구하러 왔고, 그 무례한 노움은 겁에 질려 도망갔습니다. 그 후 그는 내 캐릭터에게 피노누아 적 포두주를 사주었고 우리는 잠시 수다를 떨었습니다.

〈월드 오브 워크래프트〉 사용자, 23세 여성.

앞의 몇 장에 걸쳐, 우리는 어떻게 우리의 심리적 부담과 현실 세계의 정치가 가상 세계의 사회적 상호작용에 영향을 줄 수 있는지 살펴보았다. 하지만 현실이 가상 세계에 침입하는 것이 항상 나쁜 것만은 아니다. 이번 장에서는 프로테우스의 역설이 어떻게 이로울 수 있는지에 대한 한 가지 예를 보여주겠다. 온라인 게임에서 당신은 엘프 암살자나 언데드 주술사의 아바타로 변장한 그 사람이 어떤 사람인지 어떻게 알 수 있을까? 오늘날 온라인 게임의 놀라운 그래픽 때문에 우리는 개인용 컴퓨터에 표준 하드웨어로 그래픽카드를 넣기 훨씬 이전인 1980년대 사람들도 자신만의 디지털 캐릭터를 만들어 왔다는 사실을 쉽게 잊는다. 심지어 초기 텍스트 기반 가상 세계와 온라인 커뮤니티에서도 사용자는 자신의 정체성을 재창조할 수 있었다. 이제 들려 줄 그 시대의 한 놀라운 이야기는 지금의 우리가 온라인 관계에 대해 어떻게 생각하는지를 떠올리게 한다.

인터넷이 아직 초기 단계에 있었고 군사 및 교육 용도로 제한되었던 1980 년대 초, 기술에 정통한 사람들은 모뎀 네트워크를 통해 온라인으로 상호작 용할 수 있었다. 컴퓨서브CompuServe는 이러한 네트워크 중 하나를 운영했는 데, 사람들은 시간당 얼마씩 돈을 내고 주식 시세, 일기 예보, 항공사 정보 등 많은 서비스를 이용하기 위해 모뎀을 통해 이 네트워크에 접속하였다. 또 한 이 네트워크에는 사용자들이 어울릴 수 있는 소셜 채널도 있어 일대일 채 팅은 물론 대규모 그룹 채팅도 가능했다.

1983년, 조앤Joan이라는 이름의 한 여성은 컴퓨서브CompuServe의 소셜 채 널 중 한 곳에서 유명 인사가 되었다. 뉴욕에 사는 20대 후반의 신경심리학 자인 조앤은 음주 운전 교통사고를 당했는데, 자신의 남자친구는 이 사고로 죽었고, 자신은 심하게 다쳐 얼굴이 망가졌고 언어능력을 잃었으며, 휠체어 에 갇혀 다리와 등에 극심한 통증을 얻게 되었다. 계속되는 우울증에 조앤은 자살 생각이 자주 들었다. 하지만 한 전직 교수가 조앤에게 신체적 장애가 전혀 문제 되지 않는 컴퓨서브를 소개했을 때 그녀의 삶은 바뀌었고, 여기에 서 자신을 표현하고 우정을 키울 수 있었다.

조앤은 컴퓨서브에서 영감을 주는 존재가 되었다. 그녀는 서로를 "자매" 라고 부르는 많은 여성들과 서로를 의존하는 관계를 발전시켰다. 그녀를 아 는 모든 사람들은 그녀를 놀라울 정도로 관대한 사람으로 묘사했다. 그녀의 친구 중 1명이 장애로 인해 침대에 누워 쉬게 되었을 때, 조앤은 그녀에게 노트북을 사주었다. 이 친구가 아무도 자기에게 장미꽃을 보낸 적이 없다고 말하자, 조앤은 그녀에게 24송이의 장미를 보냈다. 그리고 자신의 신체적 한계에도 불구하고 조앤은 화면에 강의 노트를 띄우는 방식을 이용해서 자신의 강의를 다시 시작하려 했다. 음주 운전자들을 단속하기 위해 경찰과 함께 일했으며, 이 프로젝트 중 하나에서 잭 카Jack Carr라는 경찰관을 만나 서로 사랑에 빠져 결혼했고, 키프로스로 신혼여행을 갔다.

하지만 그 후 모든 것이 서서히 흐트러지기 시작했다. 조앤의 몇몇 친구들, 특히 신체 장애가 있는 사람들은 조앤의 이야기가 터무니없다고 생각했다. 그들은 잭 카라는 사람의 존재까지도 의심했지만 자신의 비극적인 상황에 대처하는 조앤의 방식을 동정했다. 그리고 비록 조앤이 언어 장애가 있고 얼굴이 망가진 것이 전화 통화나 직접 만나기를 원하지 않는 정당한 이유였지만, 이러한 침묵은 콘퍼런스에 가거나 키프로스로 신혼여행을 다녀온 그녀의 놀라운 이야기들과 일치하지 않았다. 천천히 조앤의 온라인 친구들은 그녀를 알고 지낸 모든 세월 동안 그들 중 누구도 조앤을 직접 본 적이 없다는 것을 깨닫게 되었다.

이들 중 한 명은 마침내 이런 의심으로 조앤에게 맞섰다. 조앤은 사실 신경심리학자가 아니었고, 20대 후반도 아니었다. 심지어 조앤은 여자도 아니었다. "조앤"은 알렉스Alex라는 50대 초반의 남성 정신과 의사로, 그의 여성 내담자들과 상호작용하는 방법을 이해하기 위해 여성 페르소나를 만들었다. 대중의 분노는 빠르고 잔인하게 표출되었다. 조앤의 친구 중 한 명은 알렉스의 속임수를 "정신적인 강간"이라고 칭했다.[1]

이와 같은 일화는 특히 연애와 관련하여 온라인에서 누군가를 만나는 것을 경고하는 이야기가 되었다. 온라인 게임에서의 연애에 대한 태도를 알아보는 연구를 구체적으로 찾기는 어렵지만, 2006년 온라인 데이트에 대한 퓨 인터넷Pew Internet의 조사에서 응답자의 43%는 온라인 데이트가 위험을 수반한다는 의견에 동의했고, 57%는 온라인상의 많은 사람들이 자신의 혼인 상태에 대해 거짓말을 한다는 의견에 동의했으며, 29%는 온라인 데이트를 하는 사람들이 연애에 절박하다는 견해에 동의했다. 그럼에도 불구하고, 사회학자 마이클 로젠펠드Michael Rosenfeld는 2007년에서 2009년 사이에 미국에서 형성되는 이성애자 간 연애의 21%가 온라인에서 시작되었고, 동성연애의 경우는 61%가 온라인상에서 시작되었다고 밝혔다. 하지만 온라인 게임에서 사랑을 찾는 것은 다른 문제이다. 연Yon은 최근에 나에게 이메일을 보낸 38살의 게이머인데, 자신이 미국에 살 때 아내를 온라인 게임에서 만났고 당시 그의 아내는 영국에 살고 있었다고 한다. 그들은 서로의 관계를 성공적으로 발전시켰고, 현재 두 명의 자녀를 두고 있다. 그럼에도 불구하고, 그는 "이것은 종종 사람들이 우리가 어떻게 만났는지 묻는 난처한 순간을 만듭니다. 제가 게이머이고 온라인에서 누군가를 만난다는 오명Stigma은 여전히 일부 사람들에게는 낯선 개념입니다."라고 말한다. 온라인 게이머들과의 인터뷰에서 사회학자 T. L. 테일러도 동일한 편견을 발견한다. 킴Kim은 〈에버퀘스트〉에서 남편을 만났지만 이는 "너무 많은 사람들에게 말하지는 않는 비밀 같은 것"이다. 온라인 연애에서 서로 속이는 이야기와 게이머들이 자신의 성공적인 연애를 드러내길 꺼려한다는 점을 고려할 때, 왜 많은 사람들이 온라인 게임에서 사랑을 찾는 것에 대해 걱정을 하는지는 어쩌면 당연한 생각이다.[2]

내가 수행한 조사 연구에 따르면 많은 사람들이 온라인 게임에서 처음 만난 누군가와 실제로 데이트를 해 보았다고 한다. 온라인 게이머의 약 30%는 다른 게이머에 대해 로맨틱한 감정을 가지고 있으며, 9~12%의 게이머는 온라인 게임에서 처음 만난 사람과 실제 현실에서 사귀었다. 이 관계들이 어떻게 시작되었고 어떻게 진행되었는지를 더 알기 위해, 2006년에 나는 게이머들에게 이 관계들의 궤적을 좀 말해달라고 요청했다. 이 조사에 참여한 115명의 응답자들은 모두 온라인 게임에서 만났던 누군가와 실제로 데이트를 해 본 경험이 있는 사람들이었다. 이 연구에서 나타난 한 결과가 유독 특이했는데, 이 플레이어들의 60%는 자신이 지금 사귀고 있는 사람과 만약 실제 세계에서 처음 만났다면 아마도 사귀지 않았을 것이라 응답하였다.[3]

사랑의 단편들

이 조사에서 게이머들은 자신의 연애사를 자세히 풀어주었다. 어떻게 만나서 사랑에 빠졌고, 어떤 방식으로 현실에서 만나기로 결정했으며, 결국에는 어떻게 됐는지까지 말이다. 1백 명이 넘는 게이머의 연애사를 통해 나는 공통적인 양상이 있다는 것을 분명히 알 수 있었다.

전형적인 사랑 이야기의 시작부터 출발해보자. 게이머들이 미래의 연애 상대를 만나는 순간 말이다. 전반적으로, 이러한 초기 만남은 매우 평범하고 흔한 상황에서 일어났으며, 그 화학작용이 즉각적으로 나타나는 경우는 드물었다. 어떤 이야기에서도 첫눈에 반했다고 말한 게이머는 없었다.

> 우리의 캐릭터들은 〈에버퀘스트〉의 노스 프리포트North Freeport에서 만났습니다. 그의 캐릭터였던 다크 엘프 성직자가 지붕 위에 있었는데, 그곳은 제가 어떻게 접근하는지 몰랐던 곳이었죠. 저는 그에게 어떻게 그곳에 올라갔는지 묻는

메시지를 보냈고, 그는 친절하게도 제게 방법을 알려주었습니다.

〈에버퀘스트〉 사용자 22세 여성.

제 약혼자와 저는 1999년 중반 〈에버퀘스트〉에서 만났습니다. 그것은 완전히 우연한 순간이었죠. 저는 북쪽 로North Ro에 있는 나쁜 집단으로 끌려간 뒤 도적 캠프를 탈출하던 낮은 레벨의 바드Bard였습니다. 저는 겨우 살아서 마의 오아시스에 있었는데, 그때 모래언덕에 앉아 있는 제 약혼자의 캐릭터와 우연히 마주쳤습니다. 그 캐릭터의 레벨도 낮아 보여서(나무 엘프 드루이드가 원래 레벨이 잘 안 오르는 운명이긴 하죠) 그와 잠깐 대화를 나눴습니다. 저는 그렇게 낮은 레벨의 플레이어가 제게 그 모든 힐링과 버핑을 해 줘서 놀랐습니다. 저는 그에게 정말 고마워했고, 그가 친절했기 때문에 제 친구 목록에 그를 추가했습니다.

〈에버퀘스트〉 사용자, 35세 여성.

두 플레이어는 많은 경우 같은 길드에 속해 있었다. 이를 통해 반복되는 만남이 쉽게 일어날 수 있었고, 길드는 서로 채팅하고 그룹화할 수 있는 편리한 환경을 제공하기도 했다. 누군가와 대화하기 위해 의도적인 상황을 만들어야 할 필요 없이, 같은 길드에 있다는 것만으로도 그럴듯한 첫 만남의 기회를 다양하게 가질 수 있었다. 예를 들어 퀘스트에 대한 도움을 얻거나, 장비에 대한 조언을 얻거나, 미래의 그룹 퀘스트를 계획하거나, 이전에 일어났던 일에 관한 이야기를 하는 것일 수 있다.

저는 우리가 둘 다 다른 길드에 있을 때 "경쟁자"로서의 그녀의 캐릭터를 막연하게 알고만 있었습니다(〈다크 에이지 오브 카멜롯〉의 캘트 와든스Celt Wardens에서 둘 다 활동 중이었죠). 그리고 그녀는 자기 길드를 그만두고 제 길드에 가입했습니다. 우리는 서로 다른 시간에 게임을 했지만, 사람들은 제가 말한 어떤 것에 대해 "대박! ㅋㅋ 저거 그 여자애가 말한 거네!"라고 했고, 정확히 그 반대의 경우도 일어났죠. 그래서 우리는 서로를 주목하기 시작했습니다. 왜냐하면 우리 둘 다 우리가 꽤 독특하다고 생각했기 때문입니다.

<다크 에이지 오브 카멜롯> 사용자, 28세 남성.

저는 그녀가 우리 길드에 들어왔을 때 처음 만났습니다. 제가 그 게임(<다크 에이지 오브 카멜롯>)을 그만뒀고, 그녀가 길드 리더 역할을 맡았을 때, 저는 길드의 고문으로 남아있었습니다. 우리가 둘 다 그 게임을 떠난 후에야 (그러나 같은 길드에 계속 머물렀긴 했었죠) 우리는 연인 관계로 발전했습니다.

<에버퀘스트 II> 사용자, 32세 남성.4

이러한 일상적인 관계에서 남녀 사이의 긴장감은 잠복기에 서서히 축적된다. 이들이 집단별로 작업하고 휴식 시간 중에 이야기하면서 서로에게 무언가 있는지 궁금해하기 시작한다. 이들의 이야기를 들어보면, 이 기간은 2주에서 12개월 사이인 것 같다.

우리는 게임에서 캐릭터로 만나 서로를 알아가기 시작해 친구가 되었고, 서로의 일상과 인생에 대해 수다를 떨었습니다. 이런 일이 있은 지 두 달 후에, 저는 직장에서 매우 힘든 시간을 겪던 시기가 있었는데 그 사람은 그때 저를 매우 다정하고 사려 깊게 배려해 주었습니다. 예를 들어 제가 어떻게 지내는지 안부를 묻고, 제가 쏟아내는 불평을 잘 들어주었죠.

<월드 오브 워크래프트> 사용자, 30세 여성.

우리는 그룹을 찾고 있는 두 사람으로 시작했습니다. 적당한 곳을 찾을 수 없어서 우리는 우리끼리 모이기로 했죠. 한 그룹이 된 뒤, 우리는 서로의 대화가 잘 통한다는 것을 알게 되었습니다. 우리는 밤에 모이기로 했죠. 하룻밤에 6시간을 함께 몇 주 동안 보냈었는데, 우리 중 1명이 며칠 동안 휴식을 해야 해서 모임을 못 했었습니다. 우리 두 사람이 게임에서 재회했을 때, 뭔가가 달라진 것을 느꼈

습니다. 그런 어색한 느낌이 들었던 건 우리 둘 다 서로를 그리워한다는 걸 알았기 때문인 것 같아요.

<에버퀘스트> 사용자, 25세 남성.

종종 이러한 로맨틱한 감정은 한 플레이어가 마침내 상대방에 대한 자신의 감정을 표현하기로 결심하는 정도까지 커진다. 상대방의 반응이 불확실한 것은 진실의 순간에 대한 긴장과 기대를 고조시키는데, 이것은 현실에서의 대면 만남에서와 비슷하다. 이들 플레이어 대부분은 자신들 관계의 전환점에 대해 상당히 상세하게 묘사했다. 이제 보게 될 첫 번째 일화는 우리가 방금 앞에서 본 바로 그 플레이어의 계속되는 이야기이다.

우리는 게임에서 다른 모든 것에 대해 이야기했던 것과 같은 방식으로 우리의 관계에 관해 이야기했습니다. 우리가 이야기를 나누는데 어떤 것이 올라왔어요. 우리는 지금 서로가 느끼는 감정과 이게 우리의 현재 상황에 어떤 의미가 있는지를 이야기했고, 우리는 둘 다 너무 좋아서 어지러웠죠. 그 순간은… 말로 표현할 수 없을 정도였지요. 그렇게만 말해 둘께요.

<에버퀘스트> 사용자, 25세 남성.

<월드 오브 워크래프트>를 시작한 지 약 6개월 만에 저는 게임을 하다가 저와 같은 주에 사는 누군가를 만났고, 그 사람과 현실에서 만날 계획을 세우고 있었죠. 그러자 이제 제 남자친구가 된, 당시 함께 게임하던 남성이 "난 네가 그 사람 안 만나면 좋겠어. 나 너한테 좋은 감정이 있어."라고 말했죠. 저는 줄곧 그에게 호감을 느끼고 있었지만 무서워서 아무 말도 할 수가 없었었거든요. 그가 저와 함께 있고 싶다고 말했을 때 저는 정말 당황했었죠. 믿을 수 없었지만 그와 같은 마음이 들어서 너무 기뻤어요.

<월드 오브 워크래프트> 사용자, 29세 여성.

이렇게 사랑을 고백한 후, 그 커플들은 다른 의사소통 수단들을 이용하기 시작한다. 여기에는 종종 인스턴트 메시지, 이메일, 전화 및 웹캠 채팅이 포함된다. 그들의 로맨틱한 관계를 발전시키기 위해 오직 채팅에만 의존한다는 사람들의 생각과는 반대로, 게이머들은 자신의 연인을 더 잘 이해하기 위해 다양한 의사소통 도구를 사용한다. 이들은 단순히 아바타에서 대면 만남으로 바로 넘어가지는 않는다.

저희는 함께 게임 속에서 사냥하면서 친해졌고, 서버 다운타임이나 게임할 때보다는 좀 더 개인적으로 어젯밤의 게임 플레이를 분석하고자 인스턴트 메시징 프로그램을 이용해 채팅을 하게 되었습니다. 게임 밖에서 수다를 떨다 보니 진짜 삶 속에서 우정이 생겼고, 결국 서로 호감을 느끼는 사이로 발전했죠. 그 사람은 웹캠을 가지고 있어서 게임을 할 때 저는 가끔 그 사람 얼굴을 볼 수 있었고 그의 입의 움직임이 그가 타자하고 있는 것과 일치하지 않는 것도 볼 수 있었습니다.

〈에버퀘스트〉 사용자, 34세 여성.

아주 많은 시간 동안 함께 롤플레잉 게임을 한 후에 저희는 실제 생활에서 서로의 성격에 대해 좋은 감정을 갖게 된 것 같습니다. 우리는 서로 메시지를 주고받으며 전화번호를 교환하고 수다를 많이 떨었죠. 그리고 그녀가 저에게 사진을 보내주거나 웹캠을 켜고 대화를 하기도 했습니다.

〈월드 오브 워크래프트〉 사용자, 24세 남성.

그 4개월 동안 저희는 온라인상에서 게임을 하고, 메시지를 주고 받고, 스카이프, 웹캠 등으로 정말 많은 시간을 함께 시간을 보냈기 때문에 실제 만남으로 이어지는 것이 놀랄 만한 일은 아니었습니다.

〈이브 온라인〉 사용자, 24세 여성.

온라인 게임에서 사랑에 빠진다고 해서 게임 아바타 뒤에 있는 게임에서만 상호작용이 일어나는 것은 아니다. 게임 밖에서 상대방이 어떻게 생겼고 행동하는지를 이해하는 것은 이러한 온라인 게임을 통해 시작된 관계에서도 당연히 이루어지는 다음 단계이다.

전 세계의 사람들이 온라인 게임을 한다는 것을 고려하면, 지리적으로 먼 거리가 종종 이 연인들을 갈라놓는 것은 당연하다. 실제 많은 경우, 이 게이머들은 서로 다른 나라에서 살았다. 이렇게 멀리 떨어져 있기 때문에 이들이 직접 만나는 것은 돈도 많이 들고 이동하는 것도 복잡하다. 직장 생활을 하거나 대학에 다니는 게이머들은 휴가 일정을 계획해야 할 것이고, 이러한 첫 데이트는 비행기 표를 사야 해서 돈이 많이 든다. 이러한 장애물로 인해 관계는 더 어려워진다. 첫 데이트를 하러 가기 위해 비행기 표를 사야 하는 것은 확실히 일을 복잡하게 만든다.

> 우리 둘 다 바다가 그렇게 큰 걸림돌이 되지 않을 수도 있다는 것을 깨닫자, 그는 크리스마스 즈음에 방문할 계획을 세웠습니다.
>
> 〈에버퀘스트 II〉 사용자, 32세 여성.

> 우리는 대서양을 두고 서로 반대편에 있었습니다. 저는 영국 런던에, 그녀는 미국 시카고 근처에 있었기 때문에 관계가 더 편할 때도, 또 힘들 때도 있었던 점은 이야기해야겠네요.
>
> 〈월드 오브 워크래프트〉 사용자, 28세 남성.

> 제가 그에게 끌린 것은 사실이었지만, 처음에는 나이와 지리적 차이 때문에 (그는 캐나다에, 저는 미국에 있었죠) 저희가 연애를 한다는 생각에는 거부감을 느꼈습니다. 하지만 그는 끈질겼고, 결국 저는 받아들였죠.
>
> 〈영웅들의 도시〉 사용자, 31세 여성.

비록 거의 모든 게이머 커플들이 사진을 교환하고 웹캠에서 서로를 봤지만, 자기 연인을 처음으로 만나기 위해 비행기에서 내리는 것이 여전히 긴장감 넘치는 경험이라는 것은 말할 필요도 없다.

한 달 후 그는 저를 만나기 위해 위스콘신으로 날아왔고, 그것은 멋지다 못해 깜짝 놀랄 정도로 강렬한 경험이었습니다. 우리가 함께 보낸 첫날부터, 우리 둘 다 서로에게 속해 있다는 것을 매우 강하게 느꼈고(사실 몇 달이 지나서야 서로 이것을 인정하긴 했지만요), 그것은 매우 혼란스러웠습니다.

〈월드 오브 워크래프트〉 사용자, 30세 여성.

제가 그녀에게로 가는 먼 길을 가야 할지를 결정하는 것은 어려운 일이었지만, 궁극적으로 그럴 만한 가치가 있었습니다. 첫 만남? 글쎄요, 전 하루 종일 비행기에서 보냈죠. 완전히 녹초가 되어 최종 목적지에 도착했고 저녁 먹을 준비를 했습니다. 미래의 아내가 될 사람과 눈이 마주치자 피로가 녹아내렸죠. 조금 배가 고프긴 했지만, 더 이상 저녁이 먹고 싶지는 않았습니다.

〈에버퀘스트〉 사용자, 25세 남성.

저는 비행 내내 초조하고 흥분된 상태로 그녀에게로 가는 비행기를 탔고 (비행 일정을 바꾸기까지 해야 했었죠), 도착할 때까지 기다리는 것을 참을 수가 없었습니다. 정말 비행이 온종일 걸리는 느낌이었죠. 저는 운명이 우리를 방해해서 혹시나 미국 입국이 거부될까 봐 긴장하기도 했습니다. 물론 그렇지 않았지만요. 그로부터 2년 후 우리는 결혼해서 영국에서 살고 있습니다!

〈월드 오브 워크래프트〉 사용자, 28세 남성.

이 이야기들에는 많은 행복한 결말이 있었다. 많은 연인이 함께 살기 위해 이사를 했고, 일부는 결혼했거나 결혼 계획을 밝혔다.

그것은 5년 전이었고 우리는 여전히 함께 있고, 행복하고, 미래를 위해 함께 일하고 있습니다. 온라인에서 시작해서 지금까지, 우리는 9년 동안 가장 친한 친구였습니다. 우린 여전히 같이 게임을 합니다!

〈월드 오브 워크래프트〉 사용자, 33세 여성.

우리가 함께한 지가 거의 5년이 다 되어가네요. 저는 몇 년 전에 미국에서 유럽으로 이사했고, 후회는 없습니다.

〈에버퀘스트 II〉 사용자, 32세 여성.

우리는 여전히 함께 있고, 행복한 결혼 생활을 하고 있고, 첫 아이를 입양해서 잘 키우고 있습니다.

〈마샬 히어로즈Martial Heros〉 사용자, 35세 여성.

행복한 결말로 끝나지 않았던 이야기 중 일부는 물리적 거리가 극복할 수 없는 문제였고, 어떤 경우는 전형적인 성격 차이 때문이었다.

우리가 좀 더 가까이 살았더라면 아주 좋은 관계가 되었을 텐데요. 단지 물리적 거리가 유일한 문제였지만, 우리는 둘 다 함께 더 가까이 갈 수 없다고 결정했습니다(우리는 둘 다 아이들이 있었어요).

〈에버퀘스트 II〉 사용자, 49세 여성.

우리의 관계는 두 사람 모두에게 가슴 아픈 상황에서 약 6개월 만에 끝났습니다. 그는 제가 온라인에서 제공할 수 있는 것보다 더 많은 것을 필요로 했고, 저는 더 안정적이고 덜 집착하는 사람이 필요했죠.

〈월드 오브 워크래프트〉 사용자, 21세 여성.

물론 온라인에서 누군가를 만나는 것은 게임을 하는 동안 만나는 것으로 제한되지 않는다. 온라인 게임의 부상은 온라인 데이트 웹사이트의 부상과 동시에 일어났다. 매치닷컴Match.com은 1995년에 시험판 서비스를 시작했고, 그해에 〈와이어드Wired〉 잡지가 이를 다루었다. 이하모니eHarmony는 2000년에 출시되었다. 같은 시기에 〈울티마 온라인〉, 〈에버퀘스트〉, 〈리니지〉, 그리고 다른 게임들이 등장했다. 하지만 온라인 게임에서 누군가를 만나는 것은 온라인 만남 사이트에서 누군가를 만나는 것과 매우 다르다. 우선, 설문조사에 참여한 게이머들 중 아무도 온라인 게임에서 사랑을 찾고 있다고 말하지 않았다. 사실, 그들은 종종 정반대의 이야기를 했다.[5]

> 저는 결코 누군가를 "찾으려" 하지 않았습니다…. 사실 저는 진지한 관계에서 막 벗어났고 다시 데이트를 시작할 준비가 되지 않았기 때문에 현실에서 누가 사귀자는 제안을 거절하기도 했습니다.
> 〈월드 오브 워크래프트〉 사용자, 24세 여성.

> 저는 이런 일이 일어나길 바란 게 아니에요. 그냥 그렇게 되었죠.
> 〈시티 오브 빌런즈City of Villains〉 사용자, 15세 여성.

사랑에 대한 기대가 없었기 때문에 서로를 알아가는 게이머들은 첫 데이트가 주는 부담감과 어색함에 부담을 느끼지 않았다. 대개 이들은 사랑이 어떤 공식의 일부가 되기 전에 함께 그룹을 지어 서로 수다를 떨었다. 온라인 관계가 본질적으로 진실하지 못하다고 이야기하는 것은 첫 현실 데이트에서 사람들이 서로의 진짜 모습을 드러낸다는 훨씬 더 명백한 거짓말을 모르고 하는 소리이다.

저는 온라인 환경이 관계를 훨씬 쉽게 만들었다고 생각합니다. '첫 데이트'라는 어색한 사회적 압박이라고 할 만한 것이 없었습니다. 이성 두 사람이 연애나 성적인 관계에 대한 기대 없이 이야기를 나누고 즐기는 것으로 시작되는 것이죠.

〈에버퀘스트〉 사용자, 25세 남성.

우리는 외모나 성관계에 대한 걱정 없이 서로에게 더 솔직해질 수 있었고, 그에 따른 모든 압박과 신경 쓰는 일 없이 지낼 수 있었습니다.

〈월드 오브 워크래프트〉 사용자, 22세 여성.

온라인 게임에서 사랑에 빠지는 것은 온라인 만남 사이트를 통한 연애라기보다 사무실 연애와 더 비슷하다. 사랑은 다른 사람과 함께 일하고 알아가는 것으로부터 자란다. 온라인 게임은 바로 누군가와 함께 일하는 이러한 기회를 제공한다는 점에서 훌륭하다. 많은 게이머들이 지적했듯이 게임에서는 어려운 상황을 헤쳐 가며 누군가와 호흡을 맞추는 일이 많이 발생한다. 부당한 비판이나 계획되지 않은 불상사, 그리고 자신의 실수 등에 어떻게 반응하는지를 보면 그 사람에 대해 많은 것을 알 수 있다. 이와 비교해서 영화관에서 말없이 함께 앉아 있는 것은 상대방에 대해 말해 주는 것이 별로 없다.

우리는 첫 데이트를 하기 전에 생명을 위협하는 위기를 함께 해결했었죠.

〈월드 오브 워크래프트〉 사용자 32세 여성.

〈에버퀘스트〉는 잠재적인 파트너가 다른 사람을 어떻게 대하는지 볼 수 있는 좋은 방법입니다.

〈월드 오브 워크래프트〉 사용자, 22세 여성.

이 사람들 대부분이 연애 감정이 촉발되기 전에 서로에 대해 알게 되었다는 것을 강조할 필요가 있다. 간단히 말해서, 그들은 서로 사귀거나 성관계를 하려는 의도 없이 서로를 알아가는 데 시간을 보냈다. 물리적으로 너무 멀리 떨어져 있는 것도 연애를 하려는 의도가 생기지 못하게 만든다. 왜냐하면 이 게이머들은 종종 그들이 결코 직접 만나지 못할 누군가와 대화하고 있다고 가정하기 때문이다.

> 저는 사람들이 온라인에서 어떤 사람을 만났을 때가 그의 감정에 대해 더 많이 알 수 있을 것으로 생각합니다. 왜냐하면 당신이 현실 세계에서 절대 만나지 않을 것으로 생각하는 사람과 대화하기가 더 쉬워서 이 사람에게 자신의 비밀을 말하는 것을 부끄럽게 생각하지 않을 것이기 때문이죠.
>
> 〈라그나로크 온라인〉 사용자, 23세 남자.

> 저는 인터넷이 우리의 호불호, 감정 등을 사람들에게 더 쉽게 개방할 수 있게 한다고 생각합니다. 우리는 대부분 그들을 결코 만날 수 없다는 것을 알고 있어서 더 자유롭게 정보를 줄 수 있습니다.
>
> 〈월드 오브 워크래프트〉 사용자, 36세 여성.

온라인 게임에서 사랑이 부차적이라는 사실은 오히려 연애가 잘 될 수 있는 한 가지 이유인 것 같다. 사람들은 사랑 때문에 방해받지 않고 서로를 먼저 알 수 있다.

비록 익명성이 온라인에서 거짓말을 하는 것을 더 쉽게 만들 수도 있지만, 게임에서는 연애에 대한 압박이 없이 당신이 결코 만나지 못할 누군가와 대화하고 있다는 믿음은 오히려 반대의 효과를 가져올 수 있다.

제 경우, 우리가 채팅에서 어떤 의미에서는 거의 익명으로 대화하고 있었기 때문에, 우리는 서로를 더 쉽게 알 수 있었다고 생각합니다. 왜냐하면 우리처럼 약간 '입이 뻣뻣한' 유형의 사람들이 현실에서 표현하기 힘들었을지도 모르는 것들을 온라인에서는 말할 수 있었기 때문입니다.

〈월드 오브 워크래프트〉 사용자, 28세 남성.

많은 연구들은 사람들이 컴퓨터를 통해 상호작용할 때 실제로 더 개방적이고 솔직해질 수 있다는 것을 반복적으로 보여주었다. 임상심리학자들은 초기 환자 면담을 위해 컴퓨터를 사용하기 시작했을 때, "매우 개인적이며, 따라서 잠재적으로 당황스러울 수 있는 정보는 때때로 컴퓨터에 더 쉽게 드러난다."는 것을 발견했다. 온라인 뉴스그룹 사용자들을 대상으로 한 연구에서 응답자들은 "거의 모든 것에 대해 이 사람에게 털어놓을 수 있다"는 진술에 강하게 동의했고, "이 사람에게 나에 대해 친밀하거나 개인적인 어떤 것도 말하지 않을 것"이라는 말에는 강하게 동의하지 않았다. 온라인 게이머에 대해 내가 수행한 설문조사에서, 24%의 게이머가 온라인 친구들에게 오프라인 친구들에게 한 번도 말하지 않은 개인적인 문제나 비밀을 말한 적이 있다는 것을 발견했다. 온라인 채팅에서, 한 사람이 자신에 대해 사적인 것을 공유할 때, 그 정보를 들은 사람도 역시 그렇게 한다. 이러한 환류 과정은 온라인의 채팅 파트너를 이상화하려는 경향과 맞물려 일반적인 면대면 대화보다 친밀감을 훨씬 더 많이 느끼는 상호작용을 만들어낸다. 컴퓨터 매개 의사소통 전문가인 조 월터Joe Walter는 이를 "초개인적 상호작용"이라고 명명했다. 따라서 신뢰와 친밀감은 대면보다 온라인에서 더 빠르게 자리 잡을 수 있다.[6]

이러한 특징들은 내가 이 장의 첫머리에서 소개한 조앤의 이야기의 중요한 측면을 강조한다. 거짓말쟁이의 숲에서는 아무도 거짓말쟁이를 부를 필요가 없다. 조앤의 속임수에 대해 사람들이 그렇게 격노한 이유는 바로 그녀의 모든 친구들이 서로 정직하고 친밀한 대화를 하고 있다고 생각했기 때문이다. 만약 컴퓨서브에서 활동했던 대부분의 사람들이 거짓말쟁이었다면, 그 공동체는 존재할 수 없었을 것이다. 같은 맥락에서, 컴퓨서브에서 활동했던 대부분의 사람들이 거짓말쟁이었다면, 조앤에 대한 분노도 없었을 것이다. 오히려 이 공유된 분노는 조앤의 이야기에서 거의 지적되지 않는 것, 즉 그녀의 친구들이 그들 자신이 정직하고 친밀한 이야기를 공유하고 있었기 때문에 격분했다는 것을 부각시킨다. 비록 이 이야기가 온라인에서 나타나는 속임의 예시로 자주 사용되지만, 나는 그것이 온라인에서 나타나는 진실의 예시라고 주장하고 싶다. 조앤의 이야기가 효과가 있고 이해가 되기 위해서는 온라인상에서 대다수의 사람들이 진실을 말하고 있다는 암묵적인 가정이 필요하다.

물론 어떤 것도 사람들이 온라인에서 노골적으로 거짓말을 하는 것을 막지는 못한다. 내가 조사한 게이머들은 속임수를 언급할 때마다 이에 대해 명확한 경계심을 드러냈다. 온라인 연애는 불가능하다는 인식이 팽배해 있는 상황에서 왜 많은 사람들이 온라인 연애를 하는 게이머들이 스스로를 큰 위험에 빠뜨리는 순진하고 충동적인 사람들이라고 생각하는지 이해하는 것은 어렵지 않다. 하지만 실제로 위험을 쉽게 인식하고 일반적으로 그것에 대해 지나치게 경계하는 사람들도 바로 이 사람들이다. 그들의 많은 이야기에서, 이들은 정직이 그들에게 중요하다는 것을 분명히 했고 그들의 상호작용에서 그 문제를 명시적으로 이야기했다.

우리의 온라인 관계가 그렇게 잘 풀린 주된 이유는 우리가 처음부터 서로에게 완전히 솔직했기 때문입니다. 사람들이 그가 온라인에서 자신이 말한 사람이 아닐까봐 걱정하느냐고 물을 때마다, 저는 이렇게 대답합니다. "그 사람은 자기가 30살 회계사이고 탈모가 진행 중이라고 말했어. 난 그 사람이 거짓말하는 것이 아니라고 진짜 믿어!"

〈월드 오브 워크래프트〉 사용자, 30세 여성.

우리는 서로에 대하여 우리가 살아온 삶에 대해 진심으로 관심이 있었기 때문에, 그리고 둘 다 자신의 모습을 더 예쁘게 보이려고 노력하기보다는 고통스러울 정도로 진실했기 때문에 서로 소통이 잘 된 것 같습니다.

〈월드 오브 워크래프트〉 사용자, 28세 남성.

사람들이 정직하지 않으면 더 힘들고 위험할 수 있습니다. 그 사람과 저는 둘 다 서로를 '이용하려' 하지 않았고, 누구에게도 혹은 서로에게 좋은 인상을 심어주려 하지 않았기 때문에, 우리는 완전히 있는 그대로의 우리 자신이었고, 호불호나 의견에 대해 솔직했습니다.

〈에버퀘스트 II〉 사용자, 47세 여성.

의사소통을 통한 정보의 흐름은 이러한 경계의 한 부분이다. 사진을 교환하고 웹캠을 사용함으로써, 플레이어들은 그 사람이 그들이 말하는 사람인지 확실히 하고 있다.

저는 그를 처음 만났을 때 별로 놀랄 일이 없었습니다. 그를 만나기 전 약 6개월 동안 사진이나 웹캠을 통해 그를 봤고 전화 통화를 통해 그의 목소리도 들었습니다.

〈에버퀘스트〉 사용자, 34세 여성.

이와 동일한 경계는 다른 사람들에게서도 볼 수 있었다. 온라인 데이트에 초점을 맞춘 뉴스그룹의 사용자 202명을 대상으로 한 연구에서, 한 가지 주요한 결과는 심지어 성공적인 연애를 했던 사람들 사이에서도 높은 수준의 경계를 한다는 것이다. 예를 들어 한 응답자는 "온라인상의 대다수 사람들이 진짜이지만, 그렇지 않은 사람들로부터 자신을 보호해야 한다."고 썼다. 이러한 개인적인 불안에 의한 노골적인 경계는 내가 수집한 이야기들에서도 나타나는 두드러진 특징이었다.[7]

> 그를 만나기 전에, 저는 그가 제게 말한 모든 것이 사실인지 걱정했습니다. 하지만 제가 그를 만났을 때 놀랄 만한 일은 없었습니다. 그와 그의 가족은 그들이 말한 그대로의 사람들이었습니다.
>
> 〈프리프FlyFF〉 사용자, 21세 여성.

불가능을 가능으로 만들기

이제 이러한 온라인에서의 연애가 어떻게 전개되는지, 그리고 그 독특한 특징 중 몇 가지를 살펴보았으니, 설문조사에 응한 게이머의 60%가 자신의 파트너를 오프라인에서 처음 만났더라면 이 관계가 잘 풀리지 않았을 것이라고 생각한 이유에 대해 알아보겠다. 두 가지 구체적인 이유가 반복적으로 제시되었다.

나는 그들의 이야기를 읽으면서, 질문이 유도한 것도 아닌데, 자기 자신이나 자신의 파트너를 상당히 자주 부끄러움을 많이 타는 사람으로 묘사하는 것을 보고 놀랐다.

이제 제 남편이 된 그 사람은 정말 수줍음이 많았어요. 그러나 아주 다정한 사람인 건 확실했죠.

〈월드 오브 워크래프트〉 사용자, 30세 여성.

저는 현실에서는 정말 부끄러움을 많이 타는 내성적인 사람입니다... 저의 이러한 사회성이 부족한 성격 때문에 대부분의 여성들은 저를 수줍음이 많거나 자신감이 없고, 이를 보완할 만한 어떤 특징이 없는 남자로 간과해버렸죠.

〈월드 오브 워크래프트〉 사용자, 25세 남성.

약 25%의 참가자들이 자신의 이야기 어딘가에서 수줍음을 언급했다. 그리고 그들 중 상당수는 그 관계가 현실의 상황에서는 맺어지지 않았을 구체적인 이유로 (자신이나 파트너의) 이러한 수줍음을 지목했다.

우리는 둘 다 부끄러움이 많아요. 아마도 현실에서 만났다면 이야기를 서로 하지 않았겠죠... 그런데 저는 부끄러움을 많이 타고 귀여운 사람이 항상 좋았어요. 누가 알았겠어요.

〈에버퀘스트 Ⅱ〉 사용자, 20세 여성.

그는 수줍음이 많고 매우 내성적이어서 저는 그가 이 기회를 그냥 지나칠 것이라고 생각합니다. 인정하는 것은 슬프지만, 그것은 사실입니다.

〈월드 오브 워크래프트〉 사용자, 29세 여성.

만약 제가 현실의 삶에서 그녀를 처음 만났더라면, 우리 둘 다 수줍음으로 인해 먼저 나서지 않았을 것입니다.

〈프리프〉 사용자, 38세 남성.

우리는 둘 다 수줍음이 많고 내성적인 사람들이기 때문에, 만약 실생활에서 서로를 먼저 만났더라면, 아마도 온라인에서 했던 것처럼 우리 자신을 솔직하게 드러낼 만큼 용감하지 못했을 것입니다.

〈프리프〉 사용자, 21세 여성.

온라인에서 누군가와 채팅하는 것은 누군가와 얼굴을 맞대고 이야기하는 것과는 매우 다르다. 물론 온라인 채팅에서 빠져 있는 여러 가지를 지적하는 것은 매우 쉽다. 당신은 상대방의 표정도 볼 수 없고, 그 사람의 목소리의 톤도 들을 수 없다. 당신이 가지고 있는 것은 텍스트뿐이다. 그러나 정보가 적다고 해서 반드시 나쁜 것은 아니다. 연구에 따르면 수줍음이 많은 사람들은 온라인에서 가까운 친구를 만들어 친해지고 사랑하는 사람이 생길 가능성이 더 높다. 그리고 지금 나눈 게이머들의 이야기는 현재 수준에서 한 걸음 더 나아가게 한다. 온라인 환경은 게이머들이 누군가를 더 쉽게 알게 해 주기만 한 것이 아니다. 이는 게이머들이 현실 세계에서 데이트하는 것이 불가능하다고 생각되는 누군가와 진정한 관계를 발전시킬 수 있도록 해 주었다. 이들이 현실에서 직접 만났다면 그 관계는 아마 생겨나지 않았을 것이다. 이들의 경우, 적은 것이 실제로 더 큰 효과가 있다.[8]

게이머들은 이러한 관계가 대면 상황에서는 일어나지 않았을 또 다른 이유를 언급하기도 했다. 우리가 온라인 게임에서 엘프와 노움의 외양을 보면 온라인 관계를 쉽게 현실적이지 않은 것으로 생각하게 된다. 어떻게 현실 세계에 존재하지 않는 것과 관계를 가질 수 있을까? 하지만 우리는 물리적인 세계에서도 사람들이 피상적이라는 것을 까먹는다. 단지 방식이 다른 것인데 말이다. 사실, 이것이 바로 많은 게이머들이 그들이 현실에서 처음 만났더라면 관계가 시작되었을 것이라고 생각하지 않았던 바로 그 이유였다. 그들은 신체적 특징 때문에 다른 사람을 즉시 목록에서 지웠을 것이다. 현실에서 만난 사람은 너무 어리고, 너무 키도 크고 말랐으며, 너무 육체노동자처럼 보이거나, 그냥 단순히 자신이 원하는 외적인 이상형이 아니었을 것이다.

> 저는 아마도 현실의 삶에서는 이 관계를 발전시키지 않았을 것입니다. 그녀는 나의 전형적인 이상형은 아니지만, 감정적으로 그녀를 먼저 알게 되었기 때문에, 그녀가 나와 완벽하게 어울린다는 것을 알 수 있었습니다.
>
> 〈에버퀘스트 II〉 사용자, 32세 남성.

> 아이러니하게도, 우리가 파티 같은 데서 처음 만났더라면 우리 관계는 이루어지지 못했을 거예요. 우리 둘 다 서로 상대방의 이상형이 아니었고, 서로에게 장벽이 되었을 나이 차이도 많이 났기 때문이죠.
>
> 〈월드 오브 워크래프트〉 사용자, 59세 여성.

> 현실의 삶이었다면 저는 이 사람과 데이트하지 않았을 것입니다. 우린 완전히 다른 세상에 살고 있었죠. 저는 대학원생이고 그 사람은 서비스업에 종사합니다. 우리의 길은 서로 겹치지 않았을 것입니다. 심지어 우리는 다른 나라에서 살았죠. 이런데도 우리가 사귀게 된 것을 보니 참 대단한 관계네요. 외면적으로는 우리가 완전히 반대인 것처럼 보입니다. 하지만 우리는 내면적으로는 아주 잘 통합니다. 저는 그것이 내면의 만남으로부터 우러나오는 결과라고 생각해요.
>
> 〈월드 오브 워크래프트〉 사용자, 25세 여성.

> 우리가 실제로 만났더라면 이렇게 잘 되었을지 의심스럽습니다. 언뜻 보면, 그는 분명히 제 타입이 아니었거든요. 너무 착하고, 너무 순응적이고, 모험심도 없죠. 저는 그에게 기회조차 주지 않고 잊어버렸겠죠.
>
> 〈월드 오브 워크래프트〉 사용자, 25세 여성.

다시 말하지만, 대부분의 사람들은 온라인 커뮤니케이션이 얼굴을 마주 보고 말하는 것보다 부족하다고 쉽게 생각할 수 있지만, 우리가 계속해서 살펴봤듯이, 적은 것이 더 효과적일 수 있다. 당신이 누군가의 모습을 볼 수 없으면 단순히 외모로 그 사람을 판단할 수 없다. 외적인 조건을 볼 수 없었기 때문에 온라인 게이머들은 외모를 가지고 빠른 판단을 내리는 대신 실제로 상대방에 대해 배울 수밖에 없었다. 이 온라인 게임 환경은 게이머들이 상대방의 눈에 보이는 부분보다는 그 사람이 누구인지에 초점을 맞추도록 만들었다.

앞서 나온 25세 여성 〈월드 오브 워크래프트〉 사용자의 "내면의 만남으로부터 우러나오는 결과"라는 표현이 특히 인상 깊다. 대면 관계에서 우리는 먼저 사람들의 외모와 옷차림을 보고 그들의 이름을 알게 된다. 그리고 시간이 지남에 따라, 우리는 그들의 열정, 두려움, 개인적인 고민에 대해 알게 된다. 온라인 게임에서는 이 과정이 거꾸로 작동하는 경향이 있다. 어떤 사람이 다른 사람을 어떻게 대하거나 위기 상황에서 어떻게 반응하는지가 우리의 관심을 끈다. 이렇게 그 사람을 알게 된 후에, 그 사람이 어디에서 살고, 직업이 뭐고, 이름이 무엇인지를 알게 된다. 그리고 많은 상호작용이 있은 후에야 비로소 사진을 교환하고 마침내 상대방이 어떻게 생겼는지 알게 된다.

> 게임을 함께 하면, 현실에서의 관계를 복잡하게 만드는 섹스와 욕망으로 흐리멍덩해지지 않은 채, 사람들의 기벽, 정치적 견해, 기질, 종교적 신념을 알 수 있습니다. 당신은 서로 친구가 먼저 되어 관계를 발전시킨 후에 실제로 만나면, 그건 그냥 뭐 게임이 끝난 거죠.
>
> 〈에버퀘스트 II〉 사용자, 47세 여성.

그 게임이 바로 우리가 사랑에 빠진 이유였어요. 모든 모험과 퀘스트를 함께 겪으면서 우리의 진정한 관계가 만들어졌죠. 우리는 상대방이 화가 났을 때, 피곤했을 때, 슬펐을 때, 행복했을 때, 신이 났을 때, 짜증이 났을 때, 어떤 사람이 되는지를 다 보았죠. 우리는 육체적인 관계없이 서로를 알게 되었고 그것이 우리의 감정적인 연결을 훨씬 더 강하게 만들었다고 생각합니다.

<시티 오브 빌런즈> 사용자, 25세 여성.

온라인 관계는 오프라인 관계와 확실히 다르게 발전하지만, 다르다고 해서 반드시 더 나쁜 것은 아니다. 가상 세계는 대면 관계의 피상적인 측면 중 일부를 개선할 수 있다.

현대판 동화

1998년 어느 화창한 일요일, 클라크 록펠러Clark Rockefeller는 일곱 살 난 딸을 어깨에 목말을 태워 보스턴 거리로 내려갔다. 그는 47세로 자신이 퍼시 록펠러Percy Rockefeller 가문의 후손이라고 주장했고, 최근 세계적인 경영 컨설팅 회사인 맥킨지 앤 컴퍼니의 선임 파트너인 아내와 이혼했다. 그의 아내가 딸의 양육권을 얻었고, 이번에 딸을 만난 것이 매년 3번의 제한된 방문 기회 중 한 번이었다. 엎친 데 덮친 격으로, 사회복지사의 감독하에서만 딸을 만나는 것이 가능했다.

그들이 그의 리무진에 다가갔을 때, 클라크는 사회복지사를 밀어내고 딸과 함께 빠르게 달아났다. 이 유괴 사건으로 인해 클라크의 인생의 비밀이 탄로 났다. "클라크 록펠러"는 그가 30년 동안 만들어낸 3개의 가명 중 하나였다. 그가 클라크 록펠러가 되기 전에 그는 코네티컷에 사는 영화 제작자인 클라크 크로우Clark Crowe였고, 그 전에는 산마리노에 사는 영국 왕실의 후손인 크리스토퍼 치체스터Christopher Chichester였다. 본명이 크리스토퍼 게르하

르트 리터Christopher Gerharts Reiter라는 독일에서 온 이민자인 이 남자는 1978
년에 미국에 도착했다. 비록 그는 대학을 마치지 못했고 저축한 돈도 얼마
없었지만, 속임수를 통해 사회적인 신분 상승에 성공했다. 그는 보안 관련
경험이 전혀 없음에도 1987년 월가의 닛코 보안 업체 미국사무소장으로 채
용됐다. 그는 월스트리트의 많은 개인 남성 사교 클럽의 회원이 되었고, 하
버드에서 경영학 석사 학위를 받은 여성과 결혼했다. 그가 많은 사람들을 속
였다고 말하는 것은 이 상황에 대한 아주 절제된 표현일 것이다.⁹

정교하게 조작된 캐릭터를 만들기 위해서 가상 세계가 필수적인 것은 아
니다. 온라인에서의 부정직함을 지적하는 것에 대한 우리의 집착은 오프라
인에서 일어나는 속임수와 피상성을 무시하게 만든다. 그리고 가상 세계의
첫 번째 근본적인 진실은 단순하다. 바로 온라인에서 만나는 사람들이 현실
세계에 살고 있다는 것이다. "백설 공주"나 "신데렐라"와 같은 동화에서, 모
든 선한 대모들과 사악한 계모들은 단지 인간의 의도를 일차원적으로 그린
것이 아니다. 이러한 서사적 장치는 아이들에게 강력한 기능을 제공한다. 아
동 심리학자 브루노 베텔하임Bruno Bettelheim은 이러한 인물들이 아이들이 화
가 나거나 무서워질 때 자신의 어머니를 상대할 수 있는 대처 기제를 형성하
는 데 필요하다고 주장한다. 아이들은 자신을 그렇게 사랑하는 사람이 어떻
게 갑자기 그렇게 무서워질 수 있는지 이해하는 데 어려움을 겪기 때문에,
동화 속의 선한 대모와 악한 계모를 분리하는 기제는 아이들이 친절한 엄마
를 무서운 엄마로부터 분리할 수 있도록 돕는다.¹⁰

우리는 간단히 말해 진실과 거짓, 이 두 세계가 철저히 분리된 현대판 동
화를 우리 스스로에게 이야기해준다. 너무 자주, 인터넷에 관한 언론의 기사
는 진실과 정직은 물리적 세계에, 판타지와 속임수는 온라인 세계에 있다는

신화를 중심으로 전개된다. 이것은 사람들이 온라인에서 사랑을 찾는 선정적인 이야기의 밑바탕이 되는 암묵적인 논리이다. 이 드라마는 사람들이 어떻게 거짓의 세계에서 진정한 사랑을 찾을 수 있는지에 대한 무언의 의심에서 비롯된다. 이러한 이분법에 따라 우리는 정직과 속임수가 물리적 세계와 가상 세계 모두의 일부라는 사실을 무시한다. 우리가 보았듯이, 사람들은 현실 세계에서도 속마음을 숨기고 피상적일 수 있다. 우리는 종종 판타지 아바타가 진실을 숨긴다고 가정하지만, 판타지 아바타는 실제로 진실을 더 드러낼 수도 있다. 어떤 사람들에게는, 환상의 세계가 그들이 물리적 세계에서 시작할 수 없었던 보석 같은 관계를 형성하도록 허용하기도 한다.

사람들이 온라인 게임에서 어떻게 사랑에 빠지는지에 대한 이러한 발견들은 또한 관계에 대한 중요한 측면을 드러낸다. 온라인 만남 웹사이트들은 종종 그들의 과학적 중매 방법을 홍보하는데, 그들 중 많은 것들은 성격 특징과 태도에 대한 오랜 조사를 바탕으로 한다. 기본 전제는 두 사람의 특징이 서로 유사하거나 보완적인가를 확인하는 광범위한 체크리스트를 통해 관계의 지속성을 예측할 수 있다는 것이다. 이 주장에서 우리는 동화 같은 판타지를 엿볼 수 있다. 바로 당신이 열심히 찾아보면 완벽한 왕자나 공주가 당신을 기다리고 있다는 것이다. 불행히도, 이러한 매칭 방법을 뒷받침하는 경험적 증거는 없다. 이 주제에 대한 최근 심리학 개관 연구는 연인 사이의 성격 특성의 유사성이 그들의 관계 만족도를 대략 5% 정도밖에 설명하지 못한다는 것을 보여준다. 상호보완성이 행복한 관계로 이어진다는 증거는 훨씬 더 적다. 인간관계는 단순한 대조표 이상이라는 것이 밝혀졌다. 연인 매칭을 위한 정교한 도구라기보다는, 온라인 만남 사이트는 단순히 짝을 소개받을 의향이 있는 독신인 사람들의 명단을 제공하기 때문에 사람들이 이용할 수도 있는 것이다.

이 장에서 소개했던 게이머들의 이야기는 관계가 어떻게 작용하는지에 대한 조금 색다른 관점을 제공한다. 이들은 함께 모험을 하고 실망과 성취를 나눈 후에 관계를 발전시켰다. 관계는 온라인이든 오프라인이든 점검표의 결과가 어떻게 나왔든 상관없이 두 사람이 기꺼이 함께 인생의 부침을 헤쳐 나가려는 의지가 있을 때 만들어진다. 지속적인 관계는 찾는 것이 아니라 만들어지는 것이다. 그리고 인간관계를 지속하기 위해서는 많은 일을 해야 한다는 것은 분명한 진실이다. 이것이 온라인 만남 사이트가 그렇게 유혹적인 이유이다. 그들은 서로 대등한 관계를 마법의 데이터베이스로 찾아낼 수 있기 때문에 당신이 실제 할 일이 없다는 속설을 팔고 있다. 좋든 나쁘든, 온라인 게임에서는 많은 일을 해야 한다는 것은 알려져 있다. 그리고 온라인 게임의 플레이를 통해 종종 사람들은 서로 신뢰를 쌓고 함께 일을 해야 하기 때문에 연인 관계가 만들어진다. 사람들은 온라인 게임을 통해 이 담금질에 시동을 건다.[11]

8

설득과 통제의 도구

8 설득과 통제의 도구

지난 5개의 장에 걸쳐, 우리는 인종이나 성별과 같은 오프라인의 범주가 이러한 것들의 부정적 영향이 없다고 가정된 유토피아적 가상 세계를 어떠한 방식으로 오염시키는지를 살펴보았다. 하지만 프로테우스의 역설이 흥미로운 것은 우리가 가상 세계에 들어갔을 때 우리의 오프라인의 범주적 갈등이 어떻게 변하지 않고 유지되는가에 관한 것 때문만은 아니다. 어떻게 우리가 통제할 수 없는 것들이 우리의 생각과 행동을 변화시키는지에 관한 것이기 때문에 흥미로운 것이다. 이 장부터 마지막 장까지는 가상 세계가 어떻게 우리를 제어하기 위한 탁월한 도구를 제공하는지에 대해 자세히 설명할 것이다.

우리는 모두 거짓말쟁이다. 우리는 서로를 즉시 용서할 수 있게 하기 위해서 매우 구체적인 방법으로 서로에게 거짓말하는 것을 훈련받았다. 그리고 슈퍼마켓과 약국의 통로[1]에는 우리가 얻을 수 있는 많은 속임수의 도구들로 가득하다. 치아를 하얗게 만드는 치약과 페리옥사이드 원료의 제품들,

흰 머리를 가릴 수 있는 헤어 컬러 제품, 피부 결을 매끄럽게 해주는 로션과 파우더 등이 있다. 그리고 푸시업 브래지어와 압박 셔츠가 있어 외모를 돋보이게 해준다. 한 사회의 구성원으로서 우리는 이러한 심하지 않고 일시적인 자기 변신은 괜찮다고 생각할 뿐만 아니라 격려하기까지 한다. 당신의 치아가 약간 더 하얘졌다고 해서 아무도 당신에게 화를 내지 않을 것이다. 이렇게 이상적인 외모에 가까워짐으로써, 우리는 우리가 만나고 교류하는 사람들에게 좋은 인상을 심어준다. 우리는 이것을 "인상에 남을 옷차림" 또는 "가장 좋은 것을 남에게 보여주기" 등으로 부른다. 하지만 마우스 버튼 클릭 한 번으로 얼굴을 바꿀 수 있는 가상 세계에서 당신의 가장 좋은 것을 보여준다는 것은 무엇을 의미할까? 〈세컨드 라이프Second Life〉와 같은 가상 세계는 극단적인 형태의 사용자 주문형 게임이라는 특징을 가진다. 이 회사의 제품 자료 시트에 따르면 "150개 이상의 고유한 선택지를 이용하여 발 크기부터 눈 색깔, 셔츠 끝단까지 모든 것을 바꿀 수 있다."고 말한다. 얼굴 재건 성형 수술이 비싸지도 고통스럽지도 않으면서 값싸고 즉각적으로 가능한 세상에 산다는 것의 결과는 무엇일까?[1]

얼굴 훔치기

1900 × 1200 픽셀 해상도의 화면에서 비디오 게임을 할 때, 당신의 눈은 매 초 2백만 픽셀 이상을 입력받는다. 놀랍게도, 우리의 뇌는 그 정보를 어려움

---

[1] 옮긴이 주 : 미국은 약국도 대형 마트처럼 운영하는 경우가 많아서 약뿐만 아니라 미용 관련 제품이나 식품 등을 약국에서 구매할 수 있다.

없이 처리할 뿐만 아니라, 게이머들은 그 자극에 대해 번개처럼 빠른 반사작용으로 반응할 수 있다. 이러한 반응을 잘 하기 위해, 우리의 뇌는 관심이 있는 패턴이나 지점을 강조하여 우선적으로 처리한다. 얼굴이야말로 우선적으로 처리되는 패턴의 좋은 예이다. 심지어 태어난 지 10분밖에 안 된 아기들도 눈, 코, 입의 위치가 뒤죽박죽인 얼굴 이미지보다 얼굴을 닮은 이미지에 더 많은 관심을 보인다. 아이들의 뇌는 2개의 눈, 코, 그리고 적절하게 배치된 입이 있는 타원형처럼 보이는 시각적 패턴을 빠르게 찾아낸다.[2]

우리의 뇌는 일상생활에서 넘쳐나는 정보를 거의 즉각적으로 분류해 낼 수 있는 많은 종류의 어림법heuristics을 사용한다. 우리가 이 시각적 정보의 흐름에서 얼굴을 찾아낸 후에, 다음에 어떻게 그 얼굴에, 얼굴과 연결된 신체 부위들에, 그리고 손이 만들어내는 몸짓에 반응할 것인지를 결정해야 한다. 우리가 친목 모임에서 낯선 사람을 만났을 때, 우리는 이 사람이 내가 만나고 싶은 사람인지 결정하기 위해, 모든 입력 정보를 의식적으로 잘 처리하거나 하던 대화를 잠시라도 멈출 필요가 없다. 대신에, 직감을 통해 이 낯선 사람과의 상호작용 여부를 판단한다. 이러한 신속한 판단을 위해 우리의 뇌가 사용하는 하나의 단서는 그 사람이 나와 얼마나 유사한가이다. 우리는 나와 공유하는 것이 거의 없는 사람들보다는 나와 비슷하게 생겼거나 내가 하는 것과 같은 일을 하는 사람들을 더 매력적으로, 설득력 있는 사람으로 지각한다.[3]

우리의 뇌는 이러한 결정을 내릴 시간이 많지 않다. 그래서 타인과 심지어 완전히 자의적인 유사점만 있어도 그 사람을 더 좋아하게 된다는 것이 밝혀졌다. 심리학자인 제리 버거Jerry Burger와 그의 동료들이 수행한 연구에서, 대학생 실험 참가자들은 연구에 참여하는 다른 학생, 실제로는 참가자로 가장한 연구 보조원을 만났다. 이 연구를 하는 동안, 실제 참가자들 중 절반에게는 연구 보조원과 "우연히도" 생일이 같다는 것을 알려 주었다. 나머지 절반의 참가자는 보조원들과 생일이 같지 않았다. 연구가 일단 끝난 후, 연구 보조원은 각 학생들에게 수업 과제의 일환으로 8페이지짜리 에세이를 읽고 하루 안에 한 페이지짜리 비평문을 써 줄 수 있겠냐고 물었다. 생일이 같다고 알고 있는 연구 보조원과 함께 실험한 학생들은 그렇지 않은 학생들에 비해 이 부담스러운 부탁을 들어주겠노라고 대답한 비율이 거의 2배에 달했다. 같은 실험 논리를 이용해서 수행한 추가 연구에서 연구진은 참가자가 연구 보조원과 이름이 같거나, 지문이 비슷하기만 해도 동일한 효과가 나타날 수 있다는 것을 발견하였다.[4]

만약 얼굴이 우리의 두뇌에 의해 먼저 처리되고, 유사성이 매력과 협력으로 이어진다면, 우리는 새로운 얼굴을 만들기 위해서가 아니라 우리와 닮은 낯선 사람들을 만들기 위해 가상 세계의 극단적인 사용자 주문형 옵션을 활용하게 될까? 당신의 생일이나 이름을 훔치는 대신, 이 가상 세계의 낯선 사람들은 말 그대로 당신의 얼굴을 훔칠 수 있다. 물론, 이러한 일은 물리적 현실 세계에서는 불가능하다. 우리가 머리를 염색하거나 컬러 콘택트렌즈를 착용할 수는 있지만, 다른 사람의 얼굴에 맞게 자신의 얼굴 뼈 구조를 바꾸는 것은 절대로 쉽지 않다. 그러나 디지털 가상 세계에서는 이는 식은 죽 먹기이다. 상용 소프트웨어를 가지고 당신은 눈의 끝단이나 머리카락 윤곽 등의 참조점을 지정함으로써 두 개의 디지털 사진을 쉽게 합칠 수 있다. 이러한 기술을 이용하면 당신의 얼굴과 정확하게 20% 혹은 40%를 공유하는 가상의 낯선 얼굴을 만들어내는 것이 가능하다.

2004년 조지 W. 부시George W. Bush와 존 케리John Kerry가 대결한 대통령

선거 전날, 내 지도교수인 제러미 베일렌슨은 정치학을 전공한 언론정보학부의 다른 교수인 샨토 아이엔가르Shanto Iyengar와 얼굴 합성 기술에 대해 이야기를 나누고 있었다. 앞서 이야기한 대로, 사람들은 자신과 비슷하게 생긴 사람에게 더 끌리고 그를 도울 가능성이 더 높다. 그렇다면 정당의 잘 알려진 후보자들의 얼굴과 자신의 얼굴을 섞어서 후보자들을 그 사람들의 얼굴과 더 비슷하게 보이게 한다면 과연 선거에서 투표에 어떤 영향을 줄 수 있을까? 간단히 말해서, 만약 어떤 대통령 후보가 당신과 조금 더 닮았다면, 당신은 그 사람에게 투표할 가능성이 더 클까? 또 다른 대학원생인 네이선 콜린스Nathan Collins와 함께 나는 이 프로젝트를 수행했다. 과거의 연구들이 유사성이 매력과 설득력을 증가시킨다는 것을 제안하긴 하였지만, 사람들이 후보들에 대해 강한 호불호를 가지고 있는 대선과 같은 중대한 상황에서도 유사성이 중요할지는 분명하지 않았다. 그리고 사람들이 얼마나 자주 두 후보자의 포스터와 텔레비전 광고를 보았는지를 고려할 때, 우리가 사람들이 즉시 눈치채지 못하게 후보자들의 얼굴을 조작할 수 있을지 또한 분명하지 않았다.

우리는 확실한 가설을 만들기보다는 조금 탐색적으로 접근하기로 결정했다. 우리는 연구 참여자의 절반에는 보수적인 20% 얼굴 합성 이미지를 사용하고 나머지 절반에는 더 높은 위험도의 40% 이미지를 사용했다. 160명의 연구 참가자들은 온라인 설문조사에 정기적으로 참여하는 대가로 무료 웹TV를 제공하는 회사인 날리지 네트웍스Knowledge Networks에 의해 모집되었는데, 이들은 투표 가능 연령의 미국 시민이었고, 미국 전역에서 모집하였다. 참가자들은 먼저 합성된 후보의 얼굴 이미지를 만들 수 있도록 자신의 디지털 사진을 제공해야 했다. 그 후, 대통령 선거 일주일 전, 그리고 겉으로 보기엔 완전히 별개의 연구로서, 자신의 사진을 제공했던 동일한 참가자들에게 부시와 케리의 사진을 보여주었고, 후보들에 대한 그들의 의견 및 누구에게 투표할 것 같은지에 대해 물었다. 각 참가자는 자신의 얼굴과 합성한 후보의 이미지뿐만 아니라 디지털 합성에 의해 생길 수 있는 혼입 효과를 통제하기 위해 다른 누군가의 얼굴과 합성한 다른 후보의 이미지도 역시 보았다. 연구 결과에 따르면, 한 후보를 강하게 지지하는 사람들은 얼굴 합성의 효과가 나타나지 않았지만, 특정 후보의 지지 정도가 약하거나 지지자가 없는 참가자의 경우에는 합성의 효과가 나타난다는 것을 발견했다. 예를 들어 케리 후보와 자신의 얼굴을 합성한 참가자들은 케리에게 투표하겠다는 사람이 더 많았다.[5]

이 연구는 우리 연구진이 얼굴 합성을 이용하여 수행한 4가지 연구 중 하나였다. 모두 합쳐서, 600명 이상의 참가자들이 20%에서 40%로 자신의 얼굴과 정치 후보들의 얼굴을 합성한 디지털 이미지를 보았다. 각 연구에서 모든 참가자들은 실험의 목표가 무엇이었는지 추측하도록 요청받았다. 약 3%의 참가자들은 누군가가 후보의 얼굴 이미지를 조작했다고 보고했다. 4가지 연구에 걸쳐 어느 참가자도 자신의 사진이 정치 후보의 사진과 합성되었을 것이라고는 생각하지 않았다. 가상 세계에서는 설득의 도구가 강력하지만 잘 탐지되지는 않는 것 같다.[6]

현실 깨뜨리기

내가 스탠퍼드 대학원에 입학한 2004년, 나는 이 낯설고 새로운 얼굴 합성의 세계에 입문했다. 그 후 4년 동안, 지도교수이신 제러미 베일런슨 교수님과 함께 가상 현실의 인간 상호작용 연구실에서 수십 가지의 연구를 하며 다음의 한 가지 질문에 대한 답을 찾고자 했다. "만약 당신이 현실을 깨부술 수 있다면?" 이 질문은 가상 세계의 독특한 특징에 뿌리를 두고 있다. 가상 세계는 공유 현실의 환상을 만들어내는 일을 아주 잘해서 컴퓨터 시스템이 사용자들 사이의 모든 상호작용을 중재한다는 것을 기억해내려면 한 걸음 뒤로 물러나 신중하게 생각해봐야 한다. 두 사람이 서로에게 하는 모든 말은 우선 이 디지털 중개자를 통해서만 서로에게 전달된다. 두 사람이 서로 직접 접촉하지 않는 이 가상 세상에서는 전달자가 왕이다. 그리고 만약 당신이 가상 세계를 통제하고 있다면, 전달자는 당신을 위해 일하고 있고, 당신이 왕이 된다.

그 시스템의 영향은 광범위하다. 가장 단순한 시나리오에서 시스템이 기본적인 문장의 문법 성분과 의미 분석을 수행하여 입력된 문장의 모든 요청에 'please'라는 단어, 또는 '웃는 얼굴' 이모티콘을 포함하는지 확인한다고 상상해 보자. 만약 문장 안에 이런 표지가 없을 경우, 시스템은 단순히 이 단어나 이모티콘을 추가한다. 플레이어 A는 시스템이 자동으로 정보를 추가한 것에 대해 알지 못하며, 플레이어 B는 긍정적으로 피드백을 하게 되며 심지어 플레이어 A보다 더 긍정적으로 반응한다. 다시 말하면 이 초능력이 바로 왕의 특권이 되는 것이다. 왕은 필요에 따라 일상적인 환담을 플레이어들의 대화에 주입하는 십수 명의 자동 도우미를 둘 수도 있고, 항상 웃으면서, "감사합니다."라고 말하며, 당신의 배우자, 아이들, 그리고 가장 좋아하는 스포츠 팀의 이름까지도 항상 기억한다.

하지만 왕의 권력은 그 이상이다. 눈 맞춤에 대해 생각해보자. 우리는 선생님이 더 많은 관심을 기울여 주면 학생들이 더 몰입하고 더 잘 배울 수 있다는 것을 안다. 가상 교실에서 각 학생은 자신의 개별 디스플레이 장치를 통해서만 가상 세계의 공유된 현실을 본다. 이것은 이렇게 많은 공유 현실의 조각들이 서로 시간에 맞춰 줄을 설 필요가 없다는 것을 의미한다. 따라서 가상 교실에서 선생님은 모든 학생들과 동시에 눈을 마주칠 수 있으며, 각각의 학생들은 자신이 선생님의 집중적인 관심을 받고 있다고 느낄 것이다. 사실, 가상 교실에서는 공간 자체를 변형할 수도 있다. 실제의 교실에서는 오직 한 학생만이 교실 앞 중앙에 앉을 수 있지만, 가상 교실에서는 모든 학생들이 교실 앞 중앙에 앉지 못할 이유가 없다. 각 학생은 자신이 중앙에 있고, 다른 학생들이 자기 주위에 동적으로 재배치되는 것을 인식한다.

우리는 또한 제멋대로인 학생이 교실에서 다른 학생들의 주의를 산만하게 할 수 있다는 것을 알고 있다. 가상 교실에서 왕은 제멋대로인 학생의 행동을 자동적으로 검열하여 삭제한 뒤, 대신 조금 전에 기록된 좋은 행동의 영상을 편집한 뒤, 다른 학생들에게는 이 편집된 화면을 보여줄 수 있다. 학생들을 완벽하게 집중하는 학생들로 가득 찬 방에 배치함으로써, 각 학생들이 그 모범적인 행동을 따를 가능성을 높일 수 있다. 이 엄청난 기술들은 완벽한 가상 교실을 만들기 위해 결합될 수 있다. 실제로 스탠퍼드 대학에서 나는 동료들과 함께 이런 가상 교실을 만들고, 학생들을 여기에 배치했을 때, 학생들의 학습 능률이 향상된다는 것을 발견했다.[7]

이러한 변형된 현실도 얼굴 변형의 진정한 힘을 드러낸다. 가상 세계에서 발표자의 아바타는 각 청중과 개별적으로 혼합될 수 있다. 청중들은 각자 자신만의 현실을 보는데, 이때 발표자 아바타의 얼굴은 미묘하게 자신과 닮아 있다. 가상 세계에서 정치 후보들은 말 그대로 천의 얼굴을 가질 수 있다. 그리고 물론, 얼굴 변형은 아마도 많은 변형 방식 중 단지 한 예일 뿐이다. 자애로운 왕은 완벽한 교실을 만들 수 있지만, 술책을 쓰는 왕은 각각의 대상에 맞춘 설득의 방을 만들 수 있다. 이 사악한 왕은 당신의 얼굴 일부를 가져다가 쓰며, 당신을 정중앙에 앉힌 후 당신과 눈을 마주칠 것이다. 물론 자신의 치아 역시 현실에서는 볼 수 없는 눈부시게 새하얀 색조를 띠고 말이다.

프로테우스 효과

1966년, 심리학자인 스튜어트 발린스Stuart Valins는 실험실에서 남자 대학생들에게 〈플레이보이〉 잡지의 모델들을 살펴보라고 요청했는데, 이때 이 참가자들은 자신의 증폭된 심장 박동 소리를 들을 수 있게 해주는 기계에 연결되었다. 참가자들은 이 실험이 시각 자극에 대한 생리학적 반응에 대한 연구라고 들었다. 물론, 이것은 심리적인 측면을 보려는 목적이 있었기 때문에, 그 기계는 실제로 그들의 심장 박동을 증폭시키지 않았고, 박동 소리를 녹음조차 하지 않았다. 대신, 심장 박동 소리가 미리 녹음되어 기계에 의해 재생되고 있었다. 학생들이 몇몇 모델들을 보고 있을 때, 그들은 그들의 "심장 박동"이 눈에 띄게 증가하는 것을 들을 수 있었다. 연구가 끝날 때 학생들은 각 모델의 매력도를 평가하도록 요청받았다. 학생 참가자들은 심장 박동이 증가했을 때 본 모델을 더 매력적이라고 평가했는데, 실제 심장 박동과 모델은 무작위로 짝지어 졌었다.

하지만 왜 가짜 심장박동이 참가자들이 모델을 평가하는 방식에 영향을 주어야만 했을까? 학생들은 왜 사진만으로 각각의 모델에 대한 인상을 형성하지 않았을까? 우리 자신의 감정과 태도를 해독하는 것은 간단하지 않다.

우리는 우리가 마주칠 수 있는 모든 사람, 상황 또는 사회적 문제에 대한 우리의 태도를 어떻게 결정할지에 대한 최신 참조 목록을 유지하지 않는다. 많은 경우에, 우리 자신의 생각은 심지어 우리 자신에게도 숨겨져 있는 블랙박스이다. 우리는 의식적인 생각 없이 자기 해독을 한다. 왜냐하면 이것이 우리가 다른 사람들을 이해하는 방법이기 때문이다. 우리는 다른 사람들의 내면에 직접적으로 접근할 수 없고 그들이 어떻게 행동하는지를 바탕으로 그들의 태도를 유추해야 한다. 샘Sam이 집에 올 때마다, 그가 가장 먼저 하는 일은 TV 앞에 앉아서 비디오 게임을 하는 것이다. 그는 아마 비디오 게임을 좋아할 것이다. 미술 수업이 시작될 때마다 레이첼Rachel은 의자에 털썩 앉아 얼굴을 찡그린다. 그녀는 아마 미술 수업을 좋아하지 않을 것이다. 우리가 다른 사람들의 태도를 유추하기 위해 행동을 관찰하는 것과 같은 방식으로, 우리는 자신의 블랙박스에도 같은 일을 한다. 우리는 무언가에 대해 어떻게 느끼는지 이해하기 위해 무의식적으로 그리고 자동적으로 우리 자신의 행동을 관찰한다. 그러므로 발린스의 연구에서, 참가자들은 자신의 심장 박동이 빨라지는 것을 알아차리고, 그 방 안의 유일한 자극이 〈플레이보이〉 지의 모델이기 때문에, 그것이 각성의 원인임에 틀림없다고 추론했던 것이다. 그리고 만약 그들이 각성되어있다면, 그 모델은 매우 매력적임에 틀림없는 것이다. 이 자기 인식 이론은 우리의 뇌가 어떻게 작용하는지에 대한 우리의 직관적인 이해와는 상반된다. 우리의 행동은 우리의 태도에 의해 지시되는 것이 아니다. 거꾸로다. 우리의 태도야말로 행동에 의해서 결정된다.[8]

물론, 실제 삶은 심리학 실험실처럼 완벽히 통제된 환경이 아니다. 우리가 특정 순간에 흥분하거나 슬퍼하는 것의 원인은 모호하고 특정하기 어려운데, 특히 전형적으로 우리의 뇌가 받는 데이터의 홍수를 감안하면 말이다.

이것은 여러 가지 흥미로운 생각으로 이어진다. 카필라노 현수교Capilano Suspension Bridge는 브리티시 콜롬비아British Columbia주 노스 밴쿠버North Vancouver에 있는 카필라노 강을 가로지르는 가로 150cm, 세로 135m 길이의 보행자용 다리이다. 난간이 낮고 다리를 건널 때 기울고 흔들림이 심해서 보행자들은 다리를 건너는 내내 곧 떨어질 것만 같은 느낌을 받게 된다. 1974년에 심리학자 도널드 더튼Donald Dutton과 아서 아론Arthur Aron은 이 다리가 "각성을 유발하는 특징"을 가진다는 것을 이용해서 이 다리에 대한 연구를 수행했다. 상류에 위치한 견고한 나무다리를 통제 조건으로 사용했다. 두 다리 각각에서 여성 연구 보조원이 남성 관광객들이 다리 중간지점에 가까워지자 접근해 자신의 심리학 수업을 위한 설문지를 좀 작성해 줄 수 있는지 요청했다. 관광객들이 설문지 작성을 완료했을 때, 연구 보조원은 남성 참가자들에게 자신의 전화번호를 알려주고, 방금 작성한 설문조사 연구에 대해 더 알고 싶다면 나중에 이 번호로 전화하라고 말했다. 출렁거리는 현수교에서 여성 연구 보조원을 만난 남성 관광객들은 통제 조건의 튼튼한 다리에서 만난 관광객들보다 나중에 여성에게 전화를 걸 가능성이 더 높았다. 발린스의 가짜 심장 박동 연구에서 학생 참가자들은 그들의 각성을 사진 탓으로 돌린 것처럼, 지금 이 다리 연구에서는 흔들리는 다리를 건널 때 일어나는 각성을 여성 보조원 때문이라고 잘못 추론한 것 같다. 이로 인해 남성들은 여성 연구 보조원에게 더 끌리게 되었고, 따라서 나중에 그녀에게 전화를 걸 가능성이 더 높아진 것이다.[9]

우리는 우리가 하는 행동뿐만 아니라 입는 것에 근거하여 우리 자신의 태도를 해독하기도 한다. 1980년대 중반, 심리학자 마크 프랭크Mark Frank와 토마스 길로비치Thomas Gilovich는 내셔널 풋볼 리그와 내셔널 하키 리그의 과거

기록을 표로 만들어 정리하였다. 그들은 검은색 유니폼을 입은 팀들이 다른 색깔의 유니폼을 입은 팀들보다 더 많은 불이익을 받는다는 것을 발견했다. 팀들이 어디서 경기하느냐에 따라 유니폼 색깔이 바뀌기 때문에 프랭크와 길로비치는 같은 팀이 검은색 유니폼을 입었을 때가 다른 색을 입었을 때에 비해 더 많은 벌칙을 받는다는 것을 보여줄 수 있었다. 그들은 또한 사람들이 검은색 유니폼을 입은 선수들이 경기장에서 더 공격적인 것으로 인식한다는 것을 발견했다. 이러한 발견은 정말로 선수들이 검은색 유니폼을 입었을 때 자기 인식을 통해 더 공격적이 되는가라는 질문을 하도록 만들었다. 심판의 편향 가능성을 배제하기 위해 이 연구진은 실험실 연구를 수행하였다. 그들은 학생들을 3인 1조로 실험실로 데려왔고, 각 그룹을 무작위로 검정색 또는 흰색 유니폼을 입도록 배정했으며, 학생들이 다른 방에서 준비하는 다른 학생들과 경쟁할 것이라고 믿도록 했다. 각 조는 12개의 경기 목록을 보고 상대팀과 경쟁하고 싶은 5개의 경기를 선택하였다. 프랭크와 길로비치는 연구 참가자들이 검은색 유니폼을 입었을 때가 흰색 유니폼을 입었을 때보다 더 공격적인 게임을 선택하는 것을 발견했다. 그들의 말을 직접 옮기자면, "관찰자들이 검은색 유니폼을 입은 사람들을 거칠고, 비열하고, 공격적이라고 보는 것처럼, 그 유니폼을 입은 자신 또한 그렇게 생각한다."[10]

나는 2005년까지 2년 동안 베일런슨과 함께 어떻게 가상 세계의 변형이 엄청난 사회적 능력을 부여하는지, 디지털 변형이 사람들의 상호작용에 어떻게 영향을 미치는지 연구했다. 나는 그 질문의 이면에는 어떤 것이 있는지 궁금해지기 시작했다. 가상 세계나 온라인 게임에서 당신의 아바타는 슈퍼 유니폼과 같다. 그것은 검은색 유니폼보다 훨씬 더 유동적이고 포괄적이다. 당신의 나이, 성별 그리고 신체 비율은 모두 가상 세계에서 쉽게 수정될 수 있는 것들이다. 그리고 만약 단순한 검정색 유니폼도 실험실에서 누군가를 더 공격적으로 만들 수 있다면, 디지털 아바타의 모습을 한 당신에게는 무슨 일이 일어날까?

　일상적인 인간 심리의 많은 측면들이 잘 연구되어 알려지고 있다. 불행하게도, 몇몇 연구 결과는 정말로 우울하다. 한 가지 예는 매력이 주는 불공평한 이로움이다. "제 눈의 안경이다Beauty is in the eye of the beholder."와 "내면의 아름다움이 진짜 중요하다Beauty is skin deep."와 같은 유명한 격언은 위안이 되긴 하지만, 실제 경험적으로는 둘 다 거짓이다. 매력에 대한 1천8백 개의 연구를 메타분석한 결과, 주디스 랑글로이스Judith Langlois와 그녀의 동료들은 동일한 문화에서나 문화 전반에 걸쳐 사람들이 누가 매력적이고 매력적이지 않은지에 대해 일관된 기준을 가지고 있는 것을 발견했다. 게다가 매력적인 사람들은 그들의 일에 더 유능하고, 사회적 상황에 더 유능하며, 적응력이 더 높고, 더 재미있게 대화할 수 있는 것으로 인식된다. 그들은 또한 더 많은 관심을 받고, 더 나은 보상을 받으며, 일반적으로 사회적 상호작용에서 더 호의적인 대우를 받는다. 오래도록 기록되어왔듯이, 이러한 평생의 긍정적인 편견은 분명한 이점을 가지고 있다. 매력적인 사람들은 직장에서 일을 더 잘하고, 더 많은 사람들과 사귀고, 더 많은 사람들과 성관계를 가졌으며, 더 자신감 있고, 더 외향적이며, 신체적, 정신적 건강이 덜 매력적인 사람들보다 더 좋다. 많은 유사한 논문들 중 하나의 구체적인 예로서, 한 연구는 매력적인 범죄 용의자들이 덜 매력적인 사람들보다 더 가벼운 형을 받았다는 것을 발견했다.[11]

　만약 미식축구와 하키 선수들이 검은 유니폼을 입었을 때 더 공격적으로 된다면, 베일런슨과 나는 사람들에게 매력적인 아바타를 주는 것이 그들을 더 외향적으로 만들게 될 것인지 궁금했다. 화면 속 일련의 픽셀과 같은 실재하지 않는 순간적인 무언가에 의해 평생의 기질이 바뀔 수 있을까? 스탠퍼드 실험실에는 이러한 가능성을 높여줄 만한 비밀 무기가 있었다. 그것은 바로 일반적인 데스크톱 컴퓨터 기반의 가상 세계가 아니라 몰입형 가상 현실 실험실이었다. 사용자들은 작은 고해상도 화면이 달려 있는 머리 장착 디스플레이를 착용했고, 따라서 세상을 3차원으로 볼 수 있었다. 이 장치는 공간의 사방 모서리에 하나씩 있는 4대의 카메라에 의해 연속적으로 추적되는 작은 적외선 조명을 가지고 있었다. 아이폰과 닌텐도 위Wii 리모컨에서 볼 수 있는 것과 같은 내장된 가속도계가 사용자의 회전을 추적했다. 따라서 사용자가 앞으로 이동하면 카메라는 사용자가 발산하는 적외선을 추적하고 그에 따라 가상 세계를 업데이트한다. 사용자가 고개를 돌리면 가속도계가 이를 추적하여 가상 세계에서는 사용자의 관점이 변한다. 이 시스템은 60Hz의 주사율을 가지고 있어서 사용자가 지연 없이 매끄럽고 몰입할 수 있는 경험을 하도록 만들었다. 더 중요한 것은 이 가상 환경을 탐색하는 데 키보드나 마우스가 필요하지 않았다는 것이다. 가상 세계에서 앞으로 걸어가기 위해, 당신은 그저 물리적 세계에서 앞으로 걸어가기만 하면 된다. 가상 세계를 보려면 실제 세계를 보면 되었다. 따라서 누군가가 우리 연구실에 와서 고글을 쓰게 되면 즉시 유럽의 도시, 고등학교 교실, 또는 열대 우림 정글에서 걸어다니는 자신을 발견할 수 있었다.

사람들이 고글을 착용했을 때 얼마나 빨리 자신의 물리적 환경을 잊어버리는지를 설명하기는 어렵다. 우리가 가지고 있는 한 유명한 시범 실험 중 하나는 가상의 방 한가운데에 있는 3미터 깊이의 가상 구덩이 위에 나무 널빤지가 놓여 있었는데, 어떤 사람들은 선택지가 주어졌을 때 그 널빤지 위를 걷지 않기로 선택했다. 널빤지 위를 걷던 사람들도 눈에 띄게 긴장하고 초조해 하는 모습이 역력했다. 이 시범 실험을 할 때마다, 우리는 그 사람이 넘어지려 할 때 그 사람을 잡을 연구 보조원을 할당해야 했다. 사람들의 몸은 가상이긴 하지만 추락하는 것에 자동적으로 반응했고, 웅크리고 균형을 잃기 시작했다. 베일런슨이 내가 사람들이 쓰러지기 전에 잡는 것에 서툴다는 것을 알아차렸고, 나는 곧 이 임무에서 벗어날 수 있었다.

이 연구를 위해 우리는 실제 실험실 방을 그대로 복제한 가상 세계를 제작하였다. 이것은 좀 이상하게 들릴는지 모르지만, 실제적인 문제를 해결해 주었다. 가상 세계에 명확하게 표시된 경계가 없으면, 사람들은 실험을 하다가 실제 실험실의 벽에 부딪혀서 다칠 수 있다. 비록 창의적이진 않더라도 이러한 사고를 방지할 수 있는 가장 쉬운 방법은 이 벽조차도 그대로 복제하여 가상 세계를 만드는 것이다. 본 연구에서 우리는 학생들에게 매력적이거나 매력적이지 않은 아바타를 무작위로 배정했다. 몰입형 가상 환경이 1인칭 시점을 제공했기 때문에, 우리는 참가자들이 자신의 가상 아바타의 모습을 볼 수 있게 하기 위해 가상 거울을 제작했다. 가상의 방 반대편에는 낯선 사람이 있었고, 이 사람은 연구 보조원이 조종하였다. 이 가상의 낯선 사람은 실험 참가자에게 인사를 하고 참가자에게 더 가까이 오라고 요청했다. 그런 다음, 낯선 사람은 참가자에게 "자신에 대해 조금 말해보세요."라고 말하며 자신을 소개하도록 요청했다. 우리는 본인의 아바타로 매력적인 아바타를 받은 사람들이 매력적이지 않은 아바타를 받은 사람들보다 이 낯선 사람에게 거의 1미터 더 가까이 다가간다는 것을 발견했다. 매력적인 아바타를 배정받은 참가자들은 또한 낯선 사람과 더 많은 개인정보를 공유했다. 이 연구 결과는 자기 지각 효과와 일치했다. 사람들은 아바타의 외모에 대한 기대에 부응했다. 매력적인 아바타에 대한 짧은 노출은 참가자들이 가상의 낯선 사람과 더 사교적으로 상호작용하도록 만들었다.[12]

우리는 대안적인 설명을 배제하기 위해 몇 가지 추가 실험을 더 수행했다. 예를 들어 사람들은 매력적인 사람들을 더 긍정적으로 대한다고 알려져 있다. 이것은 매력적인 아바타의 효과가 실제로 자기 인식 효과가 아닌 그 낯선 사람을 통제하던 연구 보조원의 반응 때문에 나타날 수 있다는 것을 의미한다. 이를 방지하기 위해, 우리는 연구 보조원이 참가자의 아바타를 항상 하나의 저장된 얼굴로만 보이도록 가상 세계를 프로그래밍했다. 즉, 연구 참가자만이 자신의 아바타의 "진짜" 얼굴을 보았다. 또 다른 대안적 설명은 얼굴의 (비)매력도가 너무 노골적이어서 참가자들이 의식적으로 사회적 고정관념에 맞추어 반응하거나 무의식적으로 연구자들의 기대에 맞추어 반응했다는 것이다. 이를 검증하기 위해 우리는 참가자들에게 본 실험의 목적이 무엇인지 아냐고 물었다. 거의 대부분의 참가자들은 이 실험이 몰입형 가상 현실과 면대면 혹은 데크스톱 컴퓨터 기반 가상 현실의 상호작용을 비교하는 연구라고 대답했다. 매력도에 관한 연구라고 대답하거나, 본 연구에서 매력도를 조작했으리라 생각했던 참가자는 1명도 없었다.

비록 베일런슨과 내가 아바타의 매력에 대한 미묘한 조작이 가상 세계에서 사람들이 어떻게 행동하는지에 있어서 눈에 띄는 차이를 가져온다는 것을 발견했지만, 우리는 이것이 매력에 관한 독특한 결과인지 아니면 가상 환경의 상호작용이라는 일반적 특성 때문인지 궁금했다. 그래서 우리는 다른 변인을 하나 더 검증해보기로 했다. 매력이 현실에서 불공평한 장점으로 작용하는 것처럼, 신장 역시 많이 연구됐고, 매력과 마찬가지로 우울감을 주는 심리적 변수이다. 우리는 키가 큰 사람들이 더 유능하고, 더 자신감 있고, 리더가 되기에 더 적합하다고 생각한다. 실제로 키의 차이는 소득의 실제적인 차이로 연결된다는 연구도 보고되었다. 2004년에 경영대학원 교수인 티모시 저지Timothy Judge와 대니얼 케이블Daniel Cable은 4개의 노동 통계 자료에서 8천 명 이상의 사람들로부터 자료를 수집했고, 키가 약 2.5cm 증가할 때마다 연간 수입이 약 8백 달러 증가할 것으로 예상된다는 것을 발견했다. 키가 약 180cm인 사람은 성별, 체중, 나이를 통제한 후에도 163cm인 사람보다 매년 약 5,525달러를 더 벌 수 있다는 이야기다.13

실험실에서 우리는 누군가에게 더 키가 큰 아바타를 주는 것이 그들을 더 자신감 있게 만들 수 있는지 궁금했다. 우리는 참가자들을 물리 실험실을 모델로 한 가상 환경에 다시 배치하고 낯선 사람과 상호작용하게 했다. 그러나 이 실험에서는 연구 보조원이 먼저 정해진 대사를 하지 않고, 연구 참가자들에게 이 연구 보조원들과 협상 게임을 하도록 했다.[2] 우리는 참가자와 연구 보조원에 100달러의 가상의 자금을 공유해 달라고 요청했다. 한 명은 분할을 제안할 것이고, 다른 한 명은 그 분할을 받아들이거나 거부할 것이다. 만약 두 사람이 분할 비율을 받아들인다면, 그에 따라 돈을 나누게 될 것이다. 만약 누군가가 상대방이 나눈 비율을 거부한다면, 둘 다 돈을 받지 못할 것이다. 이 게임은 4라운드로 진행되었다. 참가자는 첫 라운드에서 분할을 했고, 연구 보조원은 매번 이 분할을 받아들이도록 실험을 설계했다. 두 번째 라운드에서, 연구 보조원은 50대 50의 같은 비율로 분할하여 참가자에게 제안하였다. 3라운드에서는 참가자가 다시 분할했다. 그러나 최종 라운드에

---

[2]   옮긴이 주: 이 실험에 참여한 사람들은 이 연구 보조원들도 역시 자신과 같이 실험에 참여한 사람들이라고 알고 있다.

서, 연구 보조원은 자신에게 유리한 75대 25의 불공평한 분할을 하도록 했다. 이 협상 게임을 통해 우리는 두 가지 문제에 대한 답을 찾기 원했다. 참가자는 얼마나 적극적으로 흥정을 하는가? 그리고 불공정한 제안이 이루어졌을 때 참가자는 무엇을 하는가?

이 연구의 참가자들은 연구 보조원의 아바타와 같은 키를 갖거나, 그 아바타보다 10cm 더 크거나, 10cm 더 작은 아바타를 받았다. 모든 참가자가 1라운드에서 거의 고른 분할을 제시했고, 이는 키 조건에 따라 다르지 않았다. 그러나 세 번째 라운드에는 키가 큰 아바타를 받은 사람들은 키가 작은 아바타를 받은 사람들보다 평균 10달러 가까이 자신이 더 많이 갖도록 분할 비율을 설정하여 제시했다. 그리고 연구 보조원이 마지막 라운드에서 불공평한 제안을 했을 때, 더 큰 아바타를 받은 사람들은 더 작은 아바타를 받은 사람들보다 제안 수락 비율이 반 정도밖에 되지 않았다. 매력 연구에서와 마찬가지로, 우리는 연구 보조원이 참가자 아바타의 키를 보지 못하도록 (삼각법의 도움을 조금 받아서) 가상 세계를 프로그래밍했다. 그리고 이 연구의 목적을 추측해 보라는 질문을 받았을 때, 어떤 참가자도 아바타의 키가 조작되었다는 것을 언급하지 않았다.[14]

종합해보면, 이 두 연구는 아바타 외모의 미묘한 조작이 사람들이 가상 세계에서 서로 어떻게 상호작용하는지에 극적인 영향을 미친다는 것을 보여준다. 그리고 이러한 효과는 새로운 디지털 몸에 들어간 지 1분도 채 되지 않아 빠르게 나타난다. 우리는 아바타를 끝없이 모양을 만들어 낼 수 있는 디지털 점토라고 생각한다. 하지만 아바타 제작은 사실 양방향 과정이다. 바로 우리가 만든 아바타가 이제 우리를 변화시킨다는 것이다. 서론에서 논의된 바와 같이, 베일런슨과 나는 이 현상을 자기 모습을 변형시켜 많은 외양을 가질 수 있었던 그리스 신화의 해신의 이름을 따서 프로테우스 효과라고 명명했다.

이 두 연구는 또한 우리가 가상 세계에서 매주 평균 20시간을 보내는 온라인 게이머들에 대해 생각하게 했다. 연구실 연구는 아바타가 가상 세계 안에서 어떻게 행동을 변화시키는지 보여주었지만, 사람들이 물리적인 세계로 다시 발을 돌리면 어떤 일이 일어날까? 프로테우스 효과는 사용자가 로그아웃하면 즉시 사라질까? 아니면 가상 세계 바깥에서도 계속해서 타인과의 상호작용에 영향을 미칠까? 우리는 매력도 연구를 한 번 비틀어 다시 진행하기로 했다. 몰입형 가상 환경에서 나온 후, 학생들은 대학생들 사이의 온라인 데이트에 관한 별도의 연구에 참여했다. 이 연구는 일반적인 데스크톱 컴퓨터 앞에서 이루어졌는데, 학생들은 대학생들을 위한 모의 온라인 만남 웹사이트에 자신의 프로필(아바타)을 만들었다. 프로필을 만들고 몇 가지 기본적인 성격에 관한 질문에 답한 후, 그들은 격자 형태로 제시된 (다른 대학의) 학생들의 사진 9장을 보고 그들이 가장 만나고 싶어 하는 두 사람을 골랐다. 우리는 가상 환경에서 매력적인 아바타를 가졌던 연구 참가자들이 그 후 데스크톱을 이용해 이루어진 연구에서도 만남을 위해 더 매력적인 사람들을 선택한다는 것을 발견했다. 심지어 학생들이 더 이상 가상 세계에 있지 않고 완전히 다른 기술을 사용하여 타인과 상호작용하고 있을 때도, 그들의 아바타의 모습은 여전히 중요했다.[15]

디지털 도플갱어

2008년 맥킨지 글로벌 연구소는 1945년에서 1955년 사이에 태어난 베이비붐 세대의 3분의 2가 은퇴 후에도 그들의 현재 생활수준을 유지할 만큼 충분한 돈을 저축하지 않았다고 추정했다. 2012년 은퇴 신뢰도 조사에 따르면 현재 직장인의 절반 이상이 은퇴를 위해 얼마나 많은 돈을 저축해야 할지 계산하지 않았던 것으로 나타났다. 손에 잡히지 않을 정도로 엄청나게 먼 30~40년 후 미래에 대비하기 위해 현재의 즉각적인 만족을 미루기는 쉽지 않다. 현재 이 순간의 욕망과 보상은 언제나 구체적이고 잘 알려진 것이다. 더 큰 TV, 매일 아침 마시는 스타벅스 카페라테, 더 고급스러운 자동차 등이다. 여러분의 미래, 은퇴한 자신의 욕망은 있다 하더라도 막연하고 추상적인데, 특히 첫 직장을 시작하는 젊은 사회 초년생들에게는 더욱 그렇다. 이것이 은퇴를 위한 저축을 어렵게 만드는 이유이다. 정의되지도 않고 알려지지도 않은 수십 년 후에 받을 보상 때문에 즉각적이고 잘 알려져 있으며 구체적인 보상을 연기하기 위해서는 분명 훈련이 필요하다.[16]

　　뉴욕대학교 스턴 경영대학원의 할 허쉬필드Hal Hershfield 교수는 미래를 앞당겨보기 위해 아바타를 사용했다. 참가자들을 다른 사람의 아바타에 넣는 대신, 허쉬필드는 대학생들을 자신의 얼굴 사진을 본떠서 만든 아바타에 넣었다. 이 셀프 아바타의 절반은 얼굴을 바꾸지 않았고, 나머지 반은 하얀 머리, 주름, 처진 피부를 더해서 참자가의 노화된 얼굴을 디지털로 제작했다. 매력도 연구에서와 같이, 학생들은 가상의 거울을 통해 자신의 아바타의 얼굴을 보았다. 그 후 학생들은 1천 달러의 돈이 우연히 생겼다고 상상해야만 했다. 그들의 과제는 특별한 사람을 위한 선물을 사는 것, 은퇴 기금에 투자하는 것, 사치스러운 행사를 계획하는 것, 그리고 그 돈을 현재 본인의 은행 계좌에 넣는 것 등 네 가지 선택지에 받은 1천 달러의 돈을 할당하는 것이었다. 70대 자신의 아바타를 받은 학생들은 현재 자신 모습의 아바타를 받은 학생들에 비해 2배의 돈을 은퇴 기금 계좌에 넣었다. 허쉬필드는 현존하지 않는, 나이 든 자아를 만들어서 그것을 대학생들에게 눈에 띄고 두드러지도록 했고, 이를 통해 미래를 앞당겨 볼 수 있었다.[17]

가상 세계를 사용하여 사람들을 판타지의 몸에 넣는 대신, 허쉬필드의 연구에서는 누군가의 몸과 얼굴을 장악하기 위해 가상 세계를 사용하는 것의 유용성을 잘 보여주었다. 이 고통 없는 가상 성형수술을 통해 우리는 자기 자신과 자신의 미래에 대해 생각하는 방법을 바꿀 수 있다. 오하이오 주립대학의 언론정보학과 교수인 제시 폭스Jesse Fox는 이 아이디어를 다른 방향으로 적용했다. 가상 세계는 우리가 아바타의 외모뿐만 아니라 아바타의 행동도 바꿀 수 있게 해준다. 가상 세계에서는 당신의 몸을 복제하여 디지털 애니메이션을 만들어 우리가 원하는 모든 것을 할 수 있다. 실제 세계에서는 절대로 하지 않았던 것들을 포함해서 말이다. 하지만 왜 우리는 이러한 디지털 도플갱어를 만들고 싶어 할까?

인간이 배우는 중요한 방법의 하나는 다른 사람들을 관찰하는 것이다. 우리는 다른 사람들을 관찰함으로써 새로운 행동을 배울 뿐만 아니라, 행동의 예상 결과도 배운다. 결국, 만약 우리가 모두 각각 전기 콘센트에 손가락을 찔러 넣어서 그것이 좋지 않은 생각이라는 것을 알게 된다면, 이는 우리 종의 생존을 현저히 감소시킬 것이다. 그러므로 피터라는 아이가 피아노를 잘 친다고 칭찬받는 것을 볼 때, 우리는 피아노를 치는 것이 보상받는 한 가지 방법이라는 것을 배운다. 이것은 결국 우리가 피아노를 배우러 갈 가능성을 높인다. 하지만 다른 사람을 관찰하는 것만으로는 충분하지 않다. 우리가 이 사람과 동일시할 수 있느냐가 중요하다. 이 사람이 우리와 비슷할수록 더 일치된 결과를 얻을 것이 확실하다. 따라서 만약 피터가 12살 때부터 교향곡을 작곡해 온 어린 피아노 신동인 것으로 밝혀진다면, 사람들 대부분은 아마도 피아노를 배우려고 서두르지 않을 것이다. 하지만 피터가 우리와 비슷한 사회적 배경을 가진 또래이고, 피아노를 배운 지 겨우 한 달 만에 이렇게 잘 연주하는 것이라면, 우리는 피아노 교습을 받는 것에 큰 흥미를 느낄지도 모른다. 물론 특정인을 위한 완벽한 모델을 만드는 것은 어렵다. 기껏해야 우리는 같은 성별의 비슷한 연령대를 가진 영감을 주는 인물을 보고 배울 뿐이다.

이와는 대조적으로, 가상 세계에서는 어떤 사람의 아바타를 그의 완벽한 모델로 만들 수 있다. 폭스의 연구에서, 그녀는 학생들을 몰입형 가상 환경으로 데려왔고, 그들은 자신의 디지털 도플갱어가 러닝머신에서 뛰거나 가상 실험실에서 멍하니 서 있는 것을 보았다. 다시 말해서, 폭스는 학생들이 통제할 수 없는 그들의 디지털 아바타를 만들었다. 연구 결과, 자신의 도플갱어가 러닝머신에서 뛰는 것을 본 학생들이 다음 24시간 동안 운동할 가능성이 더 크다는 것을 발견했다. 가상 세계에서 디지털 도플갱어는 실제 세계에서 행동하는 방식을 바꿀 수 있다.[18]

두뇌마저 납치하려는 사람들

우리는 미신에 관해서 이야기한 제3장에서 우리의 뇌가 디지털 미디어와 인간 동료들을 구별하지 않기 때문에 사람들이 컴퓨터를 예의 바르게 대한다는 것을 보았다. 우리는 기술이 인간의 진화의 속도보다 더 빠르게 발전하기 때문에 컴퓨터를 사람처럼 대우한다. 그리고 미신은 스키너의 비둘기가 미신 행동을 학습하는 것과 같은 방식으로 온라인 게이머들 사이에서 촉발된다. 이 장에서 소개한 가상 환경 연구의 발판이 되는 논리 역시 이와 동일하다. 우리의 두뇌는 끊임없이 들어오는 정보에 에워싸여 고통스럽고 과로에 시달린다. 우리의 뇌가 일상생활에서 의사 결정에 대처하기 위해 사용하는 자동화된 규칙은 우리가 사용하는 매체가 무엇인지와는 관계가 없다. 우리의 뇌는 가상 세계의 사람들을 이해하기 위해 현실의 사람들을 이해하는 데 사용하는 것과 같은 규칙을 사용한다. 우리가 현실이든 가상 세계에서든 어떤 사람이 우리와 비슷하게 생겼을 때, 우리는 자동적으로 그 사람을 더 좋아한다.

물론 차이점은 가상 세계는 물리적 세계와는 다른 방식으로 무한히 유연하다는 것이다. 현실 세계에서는 다른 사람처럼 보이기 위해 내가 할 수 있는 일은 거의 없지만, 가상 세계에서는 이것은 정말 쉬운 일이다. 본인의 얼굴의 20% 아니면 30%만 사용해서 얼굴을 변형하기 원하는가? 가상 세계에서의 이러한 유연성은 우리의 인지적 어림법을 무자비하게 장악해 버린다. 그것이 얼굴 변형이든 아바타 외관의 조작이든 간에, 이러한 감지되지 않은 변화는 가상 세계 안팎에서 극적인 행동 변화를 불러일으킨다. 심지어 가상 세계에서 우리가 만든 사물, 우리의 아바타조차도 행동을 수정하는 도구가 될 수 있다. 현실로부터의 탈출을 가능케 하는 판타지의 세계는 아이러니하게도 우리의 행동과 태도를 나도 모르게 수정하는 강력한 심리적 도구로 사용된다.

이 장에서는 우리의 생각과 행동을 수정할 수 있는 가상 세계의 다양한 도구에 대해 설명했지만, 그렇다고 해서 이러한 도구가 가상 환경에서만 작동할 수 있는 것은 아니다. 물론, 이러한 조작은 가상 세계에서 이루어지기 더 쉽지만, 현실에서도 가능하다. 예를 들어 은행이나 투자 회사가 비교적 선명한 당신의 사진을 손에 넣을 수 있다면 디지털 기술로 당신의 나이든 모습을 사진으로 제작하여 맞춤형 엽서 광고를 만들 수 있다. 그리고 요즘에는 특히 소셜 네트워킹 사이트와 구글을 통해, 누군가의 이미지를 찾는 것은 매우 간단한 일이다. 즉, 얼굴 변형 및 도플갱어 기술이 메일로 전송된 인쇄물 광고나 웹 사이트를 검색할 때 나타나는 배너 광고에 사용될 수도 있다. 베일런슨과 나는 이러한 연구를 수행하면서 여러 관련 기술들을 조사했는데, 사람들이 이러한 설득 방법으로부터 스스로를 보호하는 법을 배울 수 있는지 궁금해졌다. 일종의 심리적 접종 훈련처럼 말이다. 그러나 나는 이에 관해 비관적인데, 다음의 두 이유 때문이다. 첫째, 내가 수행했던 많은 연구에서 참가자들은 미묘한 조작을 탐지할 수 없었다. 쉽게 탐지되지 않는 것을 경계하기란 쉬운 일이 아니다. 그리고 둘째, 사람들 대부분은 이미 현대 광고에 사용되고 있는 과도한 심리적 속임수를 인식하거나 경계하지 않는다. 성 고정관념에 관한 장에서, 나는 여성을 대상으로 한 일부 제품의 광고가 여성의 죄책감을 완화시켜주는 면죄부의 개념을 이용한다고 언급했었다. 아마도 가장 좋은 예는 값싸고 흔한 원석을 값비싼 약혼 예물인 다이아몬드 반지로 바꾼 매우 성공적인 마케팅 전략일 것이다. 다른 사람들이 당신에 대해 더 많이 알수록, 그들의 조작은 더 잘 조정되고 표적화될 수 있다. 그들은 당신과 외모가 닮았을 뿐만 아니라 성격까지 비슷한 도플갱어를 만들어낼 수 있다. 사실, 누군가의 성격을 추론하는 데 가상 세계가 사용될 수 있다. 다음 장에서는 어떻게 이것이 가능한가를 설명할 것이다.

9

내성적인 엘프,
양심적인 노움
그리고 빅데이터를 위한
퀘스트

9 내성적인 엘프, 양심적인 노움 그리고 빅데이터를 위한 퀘스트

길드에서든 레이드에서든, 온라인 게이머들은 계속해서 갑작스럽고 스트레스가 많은 결정을 내린다. 그리고 그들이 내리는 결정은 성격을 딱 드러내는 것처럼 보일 것이다. 그러나 이러한 게임 내 정보에 접근하는 것은 별개의 문제이다. 2004년 〈월드 오브 워크래프트〉가 출시되었을 때, 게임의 개발사인 블리자드는 플레이어와 제3의 개발자들이 스크립트 언어를 통해 인터페이스 요소를 수정할 수 있도록 허용했다. 물론 플레이어는 캐릭터를 파괴할 수 없게 만들거나 닿기만 해도 모든 것을 죽일 수 있는 검을 만들 수는 없었지만, 이러한 추가 기능들을 통해 게임 인터페이스가 흥미롭고 중요한 방식으로 수정될 수 있었다. 추가 기능 중에는 플레이어의 화면에 새로운 버튼과 차트를 추가할 수 있었고, 백그라운드에서 조용히 작업할 수도 있었다. 독살당한 플레이어들을 자동으로 지정해서 치료하는 힐링 도우미들도 있었고, 각 팀원의 평균 피해 산출량을 추적하는 전투 관련 추가 기능도 있었다.

또한 현재 퀘스트를 완료할 수 있는 가장 효율적인 경로를 계획하는 퀘스트 도우미도 생겨났다. 그리고 경매장에서 당신을 위해 괜찮은 거래를 찾아내고 낙찰 받을 수 있게 돕는 경매 도우미들도 있었다. 이러한 추가 기능들은 게임의 규칙이나 메커니즘을 바꾸지는 않았지만, 게임에 의해 추적되는 수많은 변수를 한눈에 보기 쉽게 만들어주기도 하였다. 이 추가 기능들이 작동하기 위해서는 블리자드의 서버 측 데이터에 접근해야 했다. 이렇게 해서 데이터 접근성의 균형이 바뀌기 시작했다. 처음으로 게임 회사가 서버 측 게임 데이터에 대한 일반인들의 접근을 허용한 것이었다.

그러나 연구자들이 접근할 수 있는 데이터에는 제한이 무척 많았다. 예를 들어 전투 도우미는 자신의 그룹에 속하는 플레이어들의 데이터만을 추적할 수 있었다. 또한 캐릭터가 게임에 로그인한 경우에만 이러한 추가 기능을 이용하여 데이터에 접근할 수 있었다. 그리고 추가 기능으로는 캐릭터가 속한 서버 외부의 데이터에는 접근할 수 없었다. 그래서 이론적으로는 모든 사람의 전투 데이터에 접근할 수 있었지만, 실제로는 추가 기능을 사용한다 해도 전체 데이터의 극히 일부에만 접근할 수 있었다.

2005년, 팔로알토 연구센터의 세 명의 과학자인 니콜라스 두체넛Nicolas Ducheneaut, 밥 무어Bob Moore 그리고 에릭 니켈Eric Nickell은 플레이온PlayOn이라는 연구 그룹을 결성하여 온라인 게임에서의 사회적 상호작용과 공동체를 연구하였다. 그들은 〈월드 오브 워크래프트〉를 위한 설문조사 기능을 가진 도구를 만들었다. 이 도구는 게임에서 "/누구who" 명령을 사용하여 특정 검색 변수에 맞는 캐릭터 목록을 보여주었다. 게임 내 명령을 사용하여 플레이어는 이름, 이름의 일부, 캐릭터 클래스 또는 캐릭터 레벨 등의 정보를 사용하여 현재 서버에서 활성화된 캐릭터를 검색할 수 있었다. 무엇보다도, 그 기능을 통해 게이머들은 근처에서 활동하는 동료들을 찾을 수 있었다. 이 연구 그룹에서 개발한 플레이어 검색 도구는 특정 캐릭터를 검색하는 대신 서버의 모든 활성 캐릭터 목록을 보여주었다. 검색에 사용할 수 있는 키워드는 검색 결과에 포함된 정보이기도 하다. 따라서 이 도구는 현재 접속되어 있는 모든 캐릭터로부터 이름, 레벨, 클래스, 인종, 지리적 영역, 길드 이름(있는 경우) 그리고 캐릭터가 현재 다른 플레이어와 그룹화 되어 있는지 여부 등 7가지 변수를 수집하여 제공했다. 연구팀은 15분 간격으로, 쉬지 않고 5개의 개별 서버에서 데이터를 수집했다. 그 결과 이 도구를 이용해서 20만 개의 개별 캐릭터와 연관된 데이터를 얻었다.

2005년 봄에 이 연구 그룹이 약 3개월의 데이터를 축적한 후, 그들은 여름 동안 데이터 분석을 도와줄 인턴을 찾기 시작했다. 그 일은 나에게 딱 맞는 일이었다. 나는 〈월드 오브 워크래프트〉가 출시된 이후로 이 게임을 계속 해왔고, 온라인 게이머들의 대용량 데이터 세트를 분석한 몇 년의 경험을 가지고 있었으며, 연구소에서 8분 거리에 살고 있었다. 그 당시 우리 네 사람은 이 데이터 세트가 완벽한 여름 인턴십 프로젝트를 만들 것이라고 생각했다. 수집된 데이터 집합이 방대했지만 변수는 7개에 불과했다. 그 여름 우리는 대략 데이터 세트에서 흥미로운 결과를 (내 인턴십 기간인) 3개월 이내 전부 찾아내서 학회에 제출할 논문까지 쓸 충분한 시간이 있을 것이라고 짐작했었다.

하지만 이 연구는 2년 동안 수행되었고 4편의 논문이 나온 후, 더 이상 흥미로운 것을 찾을 수 없었다. 나는 여름 인턴십을 마치고 연구소에서 연구 보조원으로 2년을 더 일했다.

우리는 처음에 증가하는 데이터 세트에서 귀중한 여덟 번째 변수인 시간도 추적되고 있다는 사실을 깨닫지 못했다. "누구who" 명령에 의해 산출된 7

개 변수의 간단한 데이터가 있을 뿐만 아니라 서버를 지속적으로 추적했기 때문에 시간 변수를 고려한 개별 게이머의 종단 프로파일을 재구성할 수 있었다. 예를 들어 게이머가 레벨을 올리는 속도를 계산할 수 있었다. 이러한 정보를 통해 우리는 그룹이나 길드에 대한 선호가 캐릭터의 성장 속도에 영향을 미치는지 조사할 수 있었다.

또한 시간 변수를 분석하여 길드의 소셜 네트워크 분석 결과를 얻을 수 있었다. 예를 들어 우리는 (물론 주요 도시 밖) 같은 구역에서 같은 길드의 두 캐릭터가 동시에 있다면 그들이 함께 일하고 있다고 추정했고, 그들의 연결 강도가 1만큼 올라간다. 30일에 걸쳐 수집한 데이터를 사용하여 길드의 네트워크 그래프, 즉 해당 길드의 구성원 간의 상호작용 빈도를 그려 볼 수 있었다. 이 그래프를 통해 각 길드에서 가장 잘 연결된 캐릭터를 식별할 수 있을 뿐만 아니라 서로 다른 집단을 연결하는 정보 중개인이 누구인지, 길드가 얼마나 응집력이 있거나 미분화 되어 있는지를 정량화할 수 있었다. 우리가 발표한 논문 중 하나에서 현재 길드의 측정 정보를 바탕으로 6개월 후 길드의 생존을 예측할 수 있는지 여부를 조사했다. 우리는 몇몇 상위 예측 변수들이 다양성과 관련이 있다는 것을 발견했다. 물론 큰 길드는 작은 길드보다 살아남을 가능성이 더 크지만, 또한 중요한 것은 다양한 레벨을 가진 길드 구성원으로 길드를 조직하는 것이다. 플레이어들은 끊임없이 게임에 싫증을 내고 금방 그만두기 때문에, 길드의 성공의 열쇠는 그 빈자리를 빠르게 채울 수 있는지의 여부이다. 높은 레벨의 선수들만 있는 길드는 이러한 들고남에 대처하는 데 어려움을 겪는 반면, 구성원들이 여러 레벨을 가지고 함께 성장한다면 장기적인 길드의 안정성이 보장된다. 빈자리는 이미 길드의 문화와 리더에 익숙한 사람으로 채워질 수 있다.[1]

마술 상자

〈월드 오브 워크래프트〉를 이용한 초기 연구는 단지 8개의 변수를 가지고도 가상 세계가 사회과학 연구에 얼마나 특별한지 깨닫게 해주었다. 이 게임은 당신이 하는 모든 말, 당신이 하는 모든 일, 그리고 당신이 가상 세계에서 어디에 있든 당신이 대화하고 상호작용한 모든 것을 기록할 수 있다. 현실 세계에서는 이 정도 수준의 감시에 근접한 것이 없다.

그러나 더 중요하고 미묘한 측면은 많은 행동들이 이미 가상 세계에서 도구화되어 있다는 것이다. 비록 우리가 현실 세계에서 비디오카메라로 모든 사람을 추적하면서 그 행동을 기록할 수 있다고 해도, 우리는 여전히 기록된 행동을 해석하기 위한 추가적인 알고리즘을 적용하거나 수동으로 코딩을 해야 한다. 온라인 게임에서는 이러한 해석의 어려움이 줄어든다. 예를 들어 온라인 게임에서는 공격하거나 치유하려면 특정 명령과 버튼이 필요하다. 현실 세계에서는 누군가는 행동을 수동으로 해석해야 한다. 이 행동이 친한 사람들끼리 하는 레슬링이었을까 아니면 악랄한 공격이었을까?

그리고 이 모든 추적은 플레이어가 가상 세계에 로그인할 때마다 지속적으로 발생한다. 우리가 실험실에서 실험을 하거나 사람들의 성격에 관한 설문조사를 하도록 요청하면, 우리는 간단한 데이터를 얻는다. 그들이 어떻게 행동했는지 또는 그들이 그 순간에 무엇을 생각했을지와 같은 정보 말이다. 하지만 가상 세계에서는 몇 주 또는 몇 달에 걸쳐 사람들이 어떻게 행동하는지에 대한 풍부한 종단 프로파일을 생성할 수 있다. 가상 세계와 실험 및 조사와 같은 현실 세계의 연구 방법 사이에는 2가지 중요한 차이점이 있다. 첫째, 가상 세계에서는 사람들이 특정 상황에서 어떻게 행동할 것인가를 묻지

프로테우스의 역설: 가상 세계와 온라인 게임의 심리학

도 않고, 그들의 선호도에 관한 자기 보고식 설문조사를 하지도 않는다. 그들의 설명을 있는 그대로 받아들이는 것 대신 그들의 행위를 직접적으로 추적할 수 있다. 둘째, 현실 세계의 실험실 연구나 조사 연구와는 달리 가상 세계 연구에서는 참가자의 모든 행동을 면밀히 조사하는 연구자가 없다. 게이머 대부분은 눈에 띄지 않는 추적 시스템을 신경 쓰지 않는다. 왜냐하면 이러한 추적은 조용하게 무대 뒤에서 일어나기 때문이다.

인간의 행동에 대한 데이터를 수집하는 가상 세계의 능력에 견줄 수 있는 심리학의 표준 도구는 전혀 없다. 수십 명의 학부생들을 (강제적으로든 보상을 통해서든) 실제 실험실로 데려와야 한다는 제약 없이, 우리는 이제 가상 세계에서 활동하는 수십만 명의 사람들로부터 종단 행동 데이터를 얻을 수 있다. 그리고 비록 온라인 게이머들이 일반 대중을 완전히 대표하지는 않지만, 그들은 심리학 입문 수업을 듣는 학부생들보다 훨씬 더 다양한 특성을 가지고 있다.

그러나 2006년 팔로알토 연구센터의 플레이온 연구팀에서 모은 데이터를 통해 4개의 논문이 발표되었음에도 불구하고, 이 데이터 세트는 여전히 우리가 가졌던 비전과는 거리가 멀었다. 플레이온이 제작한 추가 기능은 서버 측 데이터만 수집할 수 있기 때문에 플레이어가 아닌 캐릭터에 대한 정보만 얻을 수 있었다. 우리는 캐릭터 뒤에 있는 플레이어들의 성별, 나이, 성격에 대해 아무것도 알지 못했다. 대부분의 플레이어가 여러 개의 캐릭터를 가지고 있다는 것을 알면서도 서버 측 데이터만으로는 어떤 플레이어가 어떤 캐릭터들을 가지고 있는지 알 수 있는 방법은 없었다. 또한 우리는 플레이어들의 연락처가 없기 때문에 추적 중이던 이들을 조사할 수 있는 쉬운 방법도 없었고, 게임에서 개별적으로 이들에게 접근하기에는 시간이 너무 많이 걸리고 의심을 살 만한 행동이기도 했다. 우리는 가까이 오긴 했지만, 아직 한참 멀었다.

성격 나누기

비록 우리가 TV나 영화에서 심리학자들을 묘사하는 것을 자주 볼 수 있지만, 그 배우들이 스크린에서 보여주는 모습은 심리학자들의 실제 연구에서 하는 일과 유사한 점이 많지 않다. 심리학자들에 대한 묘사는 편안한 소파에 사람들을 앉혀 놓고 이야기하거나 정신적인 문제를 해결하기 위해 약을 조제하는 모습 등의 임상심리학과 정신 의학에 초점을 맞추는 경향이 있다. 각종 잡지와 페이스북이나 인스타그램 같은 사회 연결망 서비스 애플리케이션은 성격 테스트에 초점을 맞춘다. 그러한 묘사는 심리학이 마치 점술의 과학이라는 것을 암시한다. TV 속 심리학자는 여자 주인공에게 그녀의 하루를 물어보고, 그녀가 평생 동안 입양된 오빠를 몰래 사랑해왔다는 것을 마법처럼 알아낸다. 그리고 앱이나 잡지에 나온 성격검사는 단지 몇 분 동안 몇 가지 악의 없는 질문에 대답하면 잡지가 당신 자신보다 당신을 더 잘 알게 해준다고 떠벌린다.

내가 대학 2학년 심리학 수업을 들었을 때, 교수님은 성격심리학이 우리가 가장 심리학 하면 떠오르는 것들을 가르쳐 준다고 생각하지만, 그것은 잘못된 생각일 수도 있다고 말씀하셨다. 성격심리학자들은 분명히 많은 연구와 통계 분석을 수행하지만, 이들이 하는 연구의 핵심은 우리가 성격을 어떻게 정의하고 잘 측정하느냐 하는 문제인데, 이는 시간이 지나도 안정적으로 유지되는 흥미로운 개인차에 관한 연구이다. 자연을 나누는 것은 항상 논쟁의 대상이다. 어떻게 우리는 인구 조사를 통해 인종을 범주화할 수 있을까? 자신의 성적 지향을 가장 잘 나타내는 선택지는 무엇일까? 성격도 마찬가지다. 심리학자들 사이에서도 특정한 성격 평가 도구에 대한 선호도가 서로 다른 것을 쉽게 볼 수 있다. 이들이 특정 성격 검사 개발에 어떤 역할을 해서 선호할 수도 있고, 그들의 지도교수가 다른 검사들보다 한 검사를 선호했기 때문일 수도 있다. 물론 연구자들은 많은 경험을 통해 한 검사를 선호하게 되었을 수 있다. 그러나 모든 연구자들이 그 이유들에 동의하지는 않을 것이다. 그리고 어떤 성격 척도가 더 좋은 것인가에 대해 말해주는 위대한 결정자가 있는 것도 아니다. 그래서 수십 년 동안 심리학자들은 자신이 고안한 성격 척도를 자유롭게 개발하고 출판했다.

전문가들이 성격 검사를 더 쉽게 사용할 수 있도록 이질적인 척도를 조합한 책들도 등장했다. 많은 심리학 연구자들이 책꽂이에 가지고 있는 유명한 모음집 하나는 『성격과 사회 심리적 태도의 측정Measures of Personality and Social Psychological Attitudes』이라는 책인데 1991년부터 편찬되었다. 책 내용의 일부를 보면 자존감 측정을 위한 척도가 11가지, 수줍음과 불안감을 측정하는 척도가 10가지, 우울과 외로움을 검사하는 척도가 21가지, 그리고 소외감을 나타내는 척도가 29가지 들어있다. 캘리포니아 심리 검사California Psychological Inventory는 성격을 33가지 요인으로 나누었고, 성격 요인 검사Personality Factor Questionnaire는 16가지로 나누었으며, 잭슨 성격 검사Jackson Personality Inventory는 15가지로 나누었다. 캘리포니아 주립대학 버클리 캠퍼스의 올리버 존Oliver John과 오리건 대학의 성격심리학자인 산제이 스리바스타바Sanjay Srivastava는 각각 초기 성격심리학의 시대를 "개념과 척도의 혼란"

이라고 묘사했는데, 이 시대에는 연구자들이 "사용법에 대한 전문적인 안내도 거의 없고 전반적인 논리도 없이 어찌 할 바를 모를 정도로 다양한 성격 검사가 출판되는 것을 바라보아야 했다."고 말했다.[2]

1980년대 중반 성격심리학 분야를 통일하기 시작한 해법이 등장했다. 좀 더 정확히 말하면, 1930년대의 연구가 패러다임 전환 후에 다시 유행하면서 이 접근법이 다시 등장했다. 이 접근은 일상 언어가 이미 가장 두드러진 성격 특성을 포착한다는 가정에 기반한 어휘 가설에서 해답을 찾고자 하였다. 사회적으로 관련된 어떤 성격 특성이라도 그 언어를 사용하는 사람들의 어휘에서 그 모습을 찾을 수 있다는 것이다. 따라서 심리학자들은 수백 개의 성격 관련 단어를 추출하기 위해 사전과 책으로 눈을 돌려 많은 양의 데이터를 축적했고 수천 명의 연구 참가자들은 각각의 성격 특성과 이 단어들의 의미가 얼마나 잘 연결되는지 평가하였다. 심리학자들의 임무는 이 어휘들을 어떻게 범주화할 것인지를 통계적인 방법을 사용해서 이해하는 것이었다. 1990년대 초까지, 많은 연구들은 이 많은 성격을 나타내는 형용사와 어구들이 5가지 요인으로 분명하게 나뉠 수 있다는 것을 확인했다. 이러한 요인들에 대해 신뢰할 수 있는 검사가 개발되었으며, 추가적인 연구들은 이 검사가 문화보편적으로 사용해도 괜찮다는 것을 보여주었다. 이러한 성격 요인은 빅 파이브(성격 5요인)라고 알려져 있으며, 이 검사가 현재 성격심리학 연구의 최적의 표준이다.[3]

이 5가지 성격 요인은 OCEAN이라는 약자로 표현될 수 있다. **경험에 대한 개방성**Openness to Experience은 사람의 지적 호기심, 예술에 대한 감상, 창의성, 그리고 새로움에 대한 선호도를 측정한다. 개방성에서 높은 점수를 받은 사람들은 박물관에 가고 철학적인 문제에 관한 토론을 즐겨하고 파격적인 생각과 신념을 가질 가능성이 더 높다. 개방성에서 낮은 점수를 받은 사람들은 더 실용적이고 현실적이며 전통적이고 관습적일 가능성이 더 높다. **성실성**Conscientiousness은 자기 규율, 조직화, 기획, 의무감 등을 측정한다. 성실성 점수가 높은 사람들은 보통 준비성이 철저하고, 어떤 일에 미리 계획을 잘 세우고, 세부 사항에 잘 집중한다. 성실성 점수가 낮은 사람들은 즉흥적인 성향으로, 자신의 삶이 조금 정돈되지 않는 것에 대해 신경 쓰지 않는 편이며, 다른 사람들에게는 체계적이지 못한 사람으로 보일 수도 있다. **외향성**Extraversion은 활동 수준과 사회적 환경에서 자극을 찾고자 하는 욕구를 측정한다. 외향성 요인에서 높은 점수를 받은 사람들은 많은 군중 속에서 관심의 중심이 되는 것을 좋아하고, 낯선 사람들과 대화를 시작하는 데 아무런 문제가 없다. 반면 낮은 점수를 받은 사람들은 사회적 상황을 피하고, 조용하고, 내성적이며, 일반적으로 앞에 나서지 않고 뒤에 남는다. **동의성**Agreeableness은 동정심과 협동심을 측정한다. 동의성 요인에서 높은 점수를 받은 사람들은 다른 사람들의 감정에 공감하고, 다른 사람들을 돕는 시간을 가지며, 다른 사람들의 문제에 관심을 갖는다. 이 요인에서 낮은 점수를 받은 사람들은 더 이기적이고, 경쟁적이며, 심지어 적대적이며, 일반적으로 다른 사람들을 의심하고 신뢰하지 않는 경향이 있다. **신경증**Neuroticism은 정서적 안정과 부정적인 감정을 경험하는 경향을 측정한다. 이 요인의 점수가 높은 사람들은 스트레스, 불안, 그리고 우울증에 취약하다. 그들은 쉽게 속상해한다. 이 요인의 점수가 낮은 사람들은 차분하고, 정서적으로 안정적이며, 여유가 있는 경향이 있다.

성격의 5요인 이론이 등장하고 표준화된 이후, 많은 연구자들은 이러한 성격 특성들이 일상생활에서 어떻게 표현되는지를 탐구해 왔다. 완전히 낮선 사람과의 짧은 상호작용이긴 하여도 이렇게 전혀 모르는 사람에 의한 성격 평가가 꽤나 정확한 것으로 나타났다. 게다가 사람들은 성격 특성을 추론하기 위해 같은 단서를 사용하는 경향이 있다. 예를 들어 낯선 사람들이 서로 친해지는 과정을 비디오로 찍은 연구에서, 연구자들은 외향성 요인이 높은 사람들은 더 크고 더 열정적으로 말하고 그들의 몸짓에 더 표현력이 있다는 것을 발견했다. 또 다른 예로, 높은 성실성 점수를 가진 사람들은 정장을 더 즐겨 입으며, 몸동작을 빨리하지 않는 경향이 있었다. 대면상호작용을 통한 이러한 연구들은 다른 연구자들로 하여금 우리가 살고 있는 공간으로부터 성격을 추론할 수 있는지 궁금해하도록 만들었다. 텍사스 대학의 성격심리학자인 샘 고슬링Sam Gosling과 그의 동료들은 사람들의 침실과 사무실에서 성격이 어떻게 표현되는지를 조사했다. 그들은 높은 성실성을 가진 사람들의 침실은 조명이 밝고, 깔끔하며, 잘 정돈되어 있다는 것을 발견했다. 그리고 경험에 대한 개방성이 높은 사람들은 더 다양한 책과 잡지를 가지고 있었다.[4]

이러한 발견은 온라인 상호작용으로도 확장된다. 비교적 정확한 성격에 대한 인상은 개인의 웹사이트, 페이스북 프로필, 이메일 메시지, 블로그 게시물 그리고 심지어 이메일 주소를 기반으로 형성될 수 있는데, 이것은 온라인에서 자신의 정체성을 표현할 수 있는 가능한 가장 작은 수단이다. 예를 들어 한 개인의 블로그 게시물을 보면, 동의성이 높은 사람들은 가족 및 행복한 감정과 관련된 단어(예: 행복, 기쁨)를 더 많이 사용했다. 그리고 성실성이 높은 사람들은 성취와 관련된 단어들을 더 많이 사용했다. 따라서 성격의 5요인 이론은 단지 성격에 관한 이론적인 틀이 아니다. 이러한 성격적 특성들은 우리가 다른 사람들과 우리 주변의 세계와 상호작용할 때 또한 쉽게 표현된다. 이것은 우리가 남기는 행동 흔적, 즉 우리가 쓰는 블로그 게시물, 우리가 말하는 방식, 또는 얼마나 자주 제스처를 취하는지 등이 우리의 성격을 추론하는 데 사용될 수 있는 단서라는 것을 의미한다.[5]

그렇다면 과연 성격은 가상 세계에서도 표현될까? 평균적인 온라인 게이머들이 자신의 모든 행동이 추적되는 가상 세계에서 일주일에 20시간 이상을 보낸다는 것을 고려할 때, 성격을 추론하는 데 사용될 수 있는 디지털 행동 단서들은 풍부하게 있을 것이다. 반면에 가상 세계에서는 플레이어가 자신을 드러내지 않아도 아무런 문제가 없고 오히려 권장된다는 점에서 일상생활과 분명히 다른 점이 있다. 사람들이 직장이나 친구들에게 이메일을 쓸때, 그들의 말과 정체성은 서로 공유하고 있는 물리적 현실에 뿌리를 두고 있기 때문에, 자신의 성격이 표현되는 것이 당연하다. 현실의 당신은 나이트 엘프 종족의 그림자 사제shadow priest가 아닌 당신 자신으로 이메일을 쓰고 있는 것이다. 하지만 우리가 판타지 세계에 있을 때 인간의 몸을 가지지 않은 사람들이 인간이 하지 않는 일을 하고 있다면 여기서는 실제 그 사람의 성격이 전혀 표현되지 않는 것일까? 당신이 마법의 광선을 이용하여 죽은 자를 부활시키는 노움 종족의 사제가 될 수 있는 세상이라면, 이러한 환상이 성격과 행동의 연결을 깨뜨릴까?

판도라의 상자라는 혼란에서 발견하는 질서

2007년에는 데이터 액세스와 관련하여 게임 회사와 제3자 간의 균형이 다시 바뀌었다. 블리자드는 게임을 하는 모든 활성 캐릭터를 검색할 수 있는 〈월드 오브 워크래프트〉를 위한 아모리Armory라는 웹사이트를 열었다. 이 사이트에서는 각 캐릭터에 대해 수천 개의 통계와 성과를 목록화하여 제시한다. 그리고 이 목록은 몇 년 동안 업데이트를 계속해서 점차 자료가 증가되었다. 현재 이 사이트는 각 활성 캐릭터에 관한 3천5백 개 이상의 변수에 대해 메일 업데이트된 정보를 제공한다. 이러한 변수들은 모두 공개적으로 이용 가능하며, 여기에는 〈월드 오브 워크래프트〉를 하는 동안 나타나는 광범위한 행동에 대한 정보도 포함되어 있다. 예를 들어 높은 레벨의 던전을 통한 전진, 전투 기술 전문화, 가지고 있는 애완동물의 수, 사망의 빈도 및 특성(예: 익사 또는 높은 곳에서의 추락 등), 심지어 캐릭터들끼리 가상 포옹을 몇 번이나 했는지까지 말이다. 이 사이트는 그야말로 데이터의 보물창고이다.

확실히 서버 측 데이터에는 상업적 가치가 있었지만, 추가 기능을 개발하기 위해 이런저런 노력을 기울였던 게이머들은 게임 등을 취미로 수정하는 목적을 가진 커뮤니티를 만들어 활발하게 활동했고, 개발된 도구들은 보통 무료로 공개되었다. 수백 개의 추가 기능이 개발되었으며, 그중 많은 것이 각 게임별로 부지런히 업데이트되었다. 이 커뮤니티는 게이머들이 게임 인터페이스를 자신의 특정 플레이 스타일에 맞게 조정할 수 있도록 함으로써 이들의 참여를 강화했다. 추가 기능의 다운로드 수를 관찰한 뒤 블리자드도 플레이어 커뮤니티가 필요하다는 게이머들의 요구를 이해할 수 있었다. 블리자드는 기존에 추가 기능으로만 이용 가능했던 게임 기능을 한 번 이상 본 게임에 추가했다. 블리자드가 게임 데이터를 공유해서 잃어버린 것이 있다 하더라도, 이 공유의 효과는 더 이상 플레이어 커뮤니티가 무임 노동력을 들일 필요가 없다거나 마케팅 연구에 활용될 수 있다는 것 이상이었다. 아모리 사이트가 이 철학을 확장한 것처럼 보였다. 이 웹사이트는 새로운 플레이어들로 하여금 능숙한 플레이어들이 자신의 장비와 능력을 어떻게 최적화하고 있는지 배울 수 있도록 하고, 길드에 가입하려는 신청자의 이력서를 빠르게 확인할 수도 있으며, 캐릭터의 현재 장비에 대해 어떤 업그레이드가 가능한지 알기 쉽게 함으로써 플레이어의 게임 몰입을 향상시킨다. 다른 웹사이트들은 아모리의 데이터를 이용하여 상세한 인구 통계 보고서, 플레이어 대 플레이어 모드 순위에서 특정 직업이나 전문화의 분포, 그리고 최상위 콘텐츠에서 엘리트 길드의 진행 상황 등의 정보를 제공한다. 데이터 공유는 게임 자체에 대한 참여도를 높일 뿐만 아니라 게임과 관련된 플레이어 커뮤니티가 왕성한 활동을 할 수 있도록 만들었다.

아모리 사이트는 또한 〈월드 오브 워크래프트〉에서 데이터를 수집하는 방법을 극적으로 변화시켰다. 이제 캐릭터가 어떤 서버에 있고 현재 온라인 상태인지 여부에 관계없이 캐릭터로부터 데이터를 수집할 수 있다. 7개의 변수가 아닌 3천5백 개 이상의 변수에 접근할 수 있게 되었다. 이 사이트는 또한 게임 내 데이터와 인구 통계 및 성격에 대한 설문조사 데이터를 연결하는 문제도 해결했다. 이전에는 전체 서버에서 인구 통계 데이터를 추적할 수 있었지만, 이후에 특정 플레이어를 조사할 수 있는 쉬운 방법은 없었다. 이 정보를 얻기 위해 다른 방법을 사용하는 것도 큰 효과가 없었을 것이다. 우리가 플레이어들과 그들의 활성 캐릭터에 대해 설문조사를 했다고 가정해보자. 우리가 이전의 사용자 통계를 얻기 위한 추가 기능을 사용했을 때는 임의의 캐릭터 집합을 추적하기 위한 쉬운 방법이 없었다. 왜냐하면 캐릭터 집합은 2백 개 이상의 사용 가능한 〈월드 오브 워크래프트〉 서버에 분산되어 있었기 때문이다. 모든 서버의 정보를 전부 읽고 다시 새로운 정보를 읽어들이기 위한 사이클링 시간이 너무 길어서 플레이어가 많이 몰리는 시간에는 많은 캐릭터가 누락될 수 있었다. 아모리 사이트를 사용하면 캐릭터가 어떤 서버에 있든지 상관없이 임의의 캐릭터 집합으로부터 데이터를 얻는 것이 간단했다. 이것은 우리가 먼저 플레이어들로부터 설문조사 자료를 수집한 다음 아모리 사이트로 가서 이들의 캐릭터에 대한 정보도 쉽게 얻을 수 있다는 것을 의미했다.

2009년, 이것이 바로 팔로알토 연구센터에서 전임 연구원으로 일하게 되었던 내가 동료들과 정부 보조금을 지원받아서 하려고 했던 일이었다. 우리 팀은 먼저 아모리 사이트에서 데이터를 자동 수집하기 위한 도구를 만들었다. 기반 시설을 갖추고 나서 우리는 1천 명 이상의 〈월드 오브 워크래프트〉 플레이어들로부터 설문 데이터를 수집했다. 인구통계학적 정보 및 성격 정보와 별개로, 우리는 플레이어들에게 그들의 활동 캐릭터 목록을 달라고 요청했다. 그런 다음 아모리 사이트에서 6개월 동안 게임 내 데이터를 축적했다.

그 6개월 내 어느 시점에서 우리 팀은 곧 데이터 홍수에 압도될 것이라는 것을 분명히 알게 되었다. 초기 플레이온^{PlayOn} 연구에서 변수가 7개에 불과했을 때도 데이터를 분석하는 데 2년이 걸렸다. 새로운 연구에서, 우리는 평균 3개의 활성 캐릭터를 가진 1천40명의 플레이어가 각각 6개월 동안 하루에 3천5백 개 이상의 변수를 생성한 플레이어의 데이터 세트를 가지고 있었다. 데이터 마이닝 분야에서 잘 알려진 격언 중 하나는 "쓸데없는 것이 입력되면, 쓸데없는 것만 출력된다."이다. 연구자들은 매력적인 그래프와 차트를 만들기 위해 몇 개의 버튼만 누르면 되는 많은 도구를 가지고 있지만, 의미 있는 데이터가 제공되지 않으면, 멋진 그래프들은 소용이 없다. 2012년, 온라인 게임 제작사 인노바^{Innova}의 분석 책임자인 드미트리 노즈닌^{Dmitry} ^{Nozhnin}은 온라인 게임 〈아이온^{Aion}〉의 데이터를 분석한 자신의 경험을 설명했다. 그는 일부 플레이어들이 왜 일찍 게임을 떠났는지 이해하고 싶었다. 복잡한 모델을 구축하기 위해 분석 도구를 사용하여 그는 플레이어가 게임을 그만둘지 여부를 예측할 수 있었지만, 노즈닌은 "선수가 언제 떠날지 매우 정확하게 알면서도 나는 여전히 그들이 왜 떠날지 알 수 없었다."며 한탄했다.[6]

우리 연구팀은 아모리에서 들어오는 엄청난 데이터를 들여다보면서 해석할 수 없는 지표의 나락으로 떨어질 위험을 인식했다. 외향성 성격 요인이 특정 검을 소유하거나 특정 구역을 방문하는 것과 상관관계가 있다면, 그 사실이 도대체 무엇을 의미할까? 서로 다른 변수들 사이의 통계적 연관성은 그것들이 왜 연결되어 있는지에 대한 설명을 제공하지 않는다. 이것이 바로 노즈닌이 당면했던 문제이다. 또한 두 변수 사이에 상관관계가 있다고 해서 이두 변수가 인과관계가 있다는 것을 의미하지는 않는다. 사실, 상관관계는 측정되거나 설명되지 않은 세 번째 변수에 의해 발생할 수도 있다. 예를 들어 발이 큰 사람들은 더 큰 뇌를 가지고 있지만, 발이 크기 때문에 더 큰 뇌를 갖게 된 것이 아니다. 아이들이 성장함에 따라 발과 뇌가 같이 커지는 것이다. 발 크기와 뇌 크기 사이의 연관성은 그저 우연의 일치이다.

게임 변수에는 더 큰 문제가 있었다. 그것은 바로 수많은 변수들이 게임 플레이의 빈도와 캐릭터 레벨과 혼입되어 있다는 것이다. 프랭크와 내가 둘다 〈월드 오브 워크래프트〉를 한다고 상상해 보자. 나는 레벨 80, 즉 매우 높은 레벨의 캐릭터를 가지고 있고, 프랭크는 레벨 80과 레벨 1인 두 개의 캐릭터를 가지고 있다. 플레이어별로 모든 변수의 평균을 계산하면 프랭크는 레벨 1 캐릭터를 가지고 있다는 이유로 부당하게 불이익을 받는다. 그의 레벨 1 캐릭터의 전투력과 성취도 지표는 그의 전체 평균을 끌어내린다. 비록 우리 둘 다 한 명의 캐릭터만 가지고 있다 하더라도, 예를 들어 나는 레벨 40이고 프랭크는 레벨 80이라도 여전히 문제가 있다. 〈월드 오브 워크래프트〉의 지표는 선형적으로 진행되지 않는다. 게임에서 특정 레벨에서 갑작스럽고 불균일하며 급격한 이득을 얻을 수 있어서 다른 레벨의 플레이어 간 비교가 어렵다. 만약 프랭크가 레벨 80에서 8백 명의 플레이어를 죽였고 내가 레벨 40에서 10명의 플레이어를 죽였다면, 프랭크는 정말로 나보다 더 공격적이라는 뜻일까, 아니면 레벨 80의 캐릭터가 더 쉽게 많은 플레이어를 죽일 수 있었다는 것을 의미할까?

우리는 데이터로 가득 찬 늪에서 의미 있는 변수를 찾아내기 위한 전략을 개발하기 시작했다. 하나는 개념적으로 의미 있는 복합 변수를 만드는 것이었다. 어떤 특정 지역에 발을 들여놓는 것이 무엇을 의미하는지 해석하는 것은 불가능하지만, 그 플레이어가 방문한 모든 지역의 비율은 탐험이라는 심리적으로 의미 있는 개념과 연결해 볼 수 있다. 간단히 말해서, 설명할 수 있는 변수를 만들기 위해 최대한 노력했다. 혼입 변수의 문제를 해결하기 위해서는 다중 정규화 전략을 사용했다. 게임에서 플레이어의 총 치유량은 캐릭터 레벨과 게임 빈도 변수와 필연적으로 혼입될 수밖에 없지만, 전체 손상의 양에 대한 치유량의 비율을 계산하면 힐링에 대한 선호도 지표를 산출할 수 있었다.

우리는 데이터에서 의미 있는 변수를 선정하기 위한 십여 개의 전략을 개발했다. 그리고 우리가 플레이어의 현실 성격과 게임 내 행동 사이의 연관성을 조사했을 때, 성격이 〈월드 오브 워크래프트〉에서 정말로 표현된다는 것을 발견했다. 더 중요한 것은 이러한 게임 내 행동이 앞에서 설명한 성격의 5요인 이론의 성격 특성을 통해 설명될 수 있다는 점이다.

외향성 점수가 높은 플레이어는 그룹 활동을 선호하며 대형 던전 레이드에 참여할 가능성이 크다. 반면 이 점수가 낮은 플레이어는 요리, 낚시, 퀘스트 진행과 같은 단독 활동을 선호한다. 동의성이 높은 플레이어는 동료들에게 가상 포옹, 환호, 인사 등을 더 많이 하며 탐험, 크래프팅 등 비전투적인 활동을 선호한다. 그러나 동의성이 낮은 플레이어는 게임의 전투나 적대적인 요소를 선호한다. 그들은 다른 선수들을 죽이는 것을 즐겨하고, 더 자주 죽으며, 결투와 원형 경기장 싸움에 더 많이 참여한다. 성실성이 높은 플레이어는 게임 내에서 애완동물들이나 여행용 마운트(예: 말, 그리폰)를 수집하는 것을 좋아한다. 이들은 또한 요리와 낚시 일을 잘하는 데 필요한 자기 훈련을 잘한다. 반면 성실성이 낮은 플레이어들은 높은 곳에서 떨어져 사망할 확률이 높다. 개방성 점수가 높은 플레이어는 활동적인 캐릭터를 더 많이 가지고 있고, 여러 서버에 캐릭터를 가지고 있을 가능성이 크며, 게임 세계를 탐험하는 데 더 많은 시간을 소비한다. 반면 개방성 점수가 낮은 플레이어는 던전과 레이드에 초점을 맞춘 게임의 전통적인 전투 요소를 선호한다.

신경증은 게임 내 행동과 명확한 대응관계가 없는 유일한 특성이었다. 그럼에도 불구하고, 실제 성격과 게임 내 행동 사이의 대응이 뚜렷하게 나타나는 것을 보면 놀랍다. 우리 자신을 재창조하라는 분명하고 끊임없는 판타지 세계의 초대도 우리의 성격을 지워버릴 수 없다. 심지어 우리가 가상 신체를 갖는다 해도, 우리의 성격은 온라인 게임에서 표현된다.[7]

디지털 파놉티콘

우리는 또한 게임 내 행동을 기반으로 누군가의 인구통계학적 속성을 예측할 수 있는 간단한 규칙을 추출할 수 있는지 알아보기 위해 기계 학습 도구를 사용했다. 성별을 예측하는 규칙은 놀라울 정도로 정확도가 높았다. 만약 당신이 총 게임 시간의 61% 이상 동안 남자 캐릭터를 사용하여 게임을 한다면, 실제로 남자일 가능성은 94%이다. 그리고 만약 당신이 남자 캐릭터가 없고 게임 내에서 89번 이상의 가상 포옹을 했다면, 여러분이 실제로 여자일 확률은 93%이다. 찰스 듀히그Charles Duhigg가 자신의 책 『습관의 힘 The Power of Habit』에서 이야기했듯이, 미국의 소매 체인점 타깃Target[1]은 유사한 예측 도구를 사용하여 여성 쇼핑객들의 쇼핑 행동을 바탕으로 이들의 임신 여부를 추론했다. 이러한 방법을 통해 타깃은 아기가 태어나기 전에 (공식적으로 출생 신고를 하는 순간부터 시작될 여러 상점들의 엄청난 광고의 홍수를 만나기 전에), 여성이 임신이라는 중요한 사건 때문에 자신의 일상과 습관이 바뀌는 바로 그 순간을 이용할 수 있었던 것이다. 이 중요한 시기에 광고를 보내면서, 타깃은 이 여성들이 새로운 쇼핑 습관을 만들기를 기대했다. 타깃의 알고리즘은 매우 성공적이어서 10대 소녀가 부모에게 말하기 전에 먼저 이들이 임신했다는 것을 알아냈다. 부모들은 타깃에서 그들의 임신한 자녀에게 아기 옷과 아기 침대를 할인 가격에 살 수 있는 축하 쿠폰을 보냈다는 것을 알아내고서야 비로소 이 사실을 알게 되었다. 프로테우스의 역설은 가상 세계에서 더욱 효과적으로 작용하는 심리적 도구를 드러낸다. 가상 세계는 심리적 통제를 위한

---

[1] 옮긴이 주: 한국의 대형 마트와 비슷한 규모의 크기를 가진 소매상점이다.

프로테우스의 역설: 가상 세계와 온라인 게임의 심리학

새로운 방법을 제공할 뿐만 아니라 개인의 태도, 인구 통계적 특성, 속성 및 성격에 기초하여 그러한 통제를 완벽하게 조정할 수 있는 수단을 제공한다.[8]

1993년, 뉴요커에 실린 피터 스타이너Peter Steiner의 만화는 인터넷이 한 때 제공했던 자유와 익명성의 약속을 멋지게 그려냈다. "인터넷에서는 아무도 당신이 개라는 것을 알지 못한다." 그러나 빅데이터의 시대는 특히 더 많은 데이터가 아주 높은 해상도로 캡처되기 때문에 이 전제는 더 이상 옳지 않다. 온라인이나 가상 세계에서, 그리고 스마트 모바일 장치를 사용할 때 우리의 행동을 통해 다른 사람들이 우리가 누구이고 무엇을 좋아하는지에 대해 정확한 추론을 할 수 있다. 이제는 인터넷에서 모든 사람이 당신이 개라는 것을 안다. 그리고 마케터들과 광고주들이 이 증가하는 데이터의 홍수를 놓고 경쟁함에 따라, 그들이 사람들 각각에 대해 알게 되는 사실들 때문에 우리는 점점 더 불안해질 것이다. 임신은 축하받는 경우일 수 있지만, 당뇨병 발병도 그럴까? 곧 이혼한다든지 실직을 한다는 소식은 어떤가? 이러한 소매업체는 사용자의 데이터뿐만 아니라 그들의 친구, 자녀, 배우자나 고용주의 데이터도 가지고 있다. 대형 상점에서 당신의 배우자가 당신과 헤어질 계획이라는 것을 당신보다 먼저 알게 되면 무슨 일이 일어날까? 그런데 진짜 위험한 일은 이러한 예측이 틀렸을 때 발생할 수 있다. 당신이 임신했다고 예측했다면 쇼핑 쿠폰을 보낼 수 있지만, 만약 당신이 범죄를 저지르고 있다고 예측한다면 법 집행 기관은 어떻게 할까? 2012년 4월의 어느 아침, 캔자스의 한 가족은 공격용 소총으로 무장한 경찰 분대가 그들의 집을 습격했다는 것을 알게 되었다. 이 가족들은 자신들이 실내에서 식물을 기르기 위해 수경재배 용품을 구입했기 때문에 경찰의 표적이 된 것으로 보고 있다. 경찰은 마약 탐지견까지 동원하였지만, 마리화나를 발견하지 못했다. 찾은 것

이라고는 지하실에서 토마토 3개, 멜론 1개, 호박 2개 등 6개의 식물이 전부였다.[9]

우리는 디지털 도피주의자의 판타지와 감시 국가가 같은 것을 가리키는 세상에 살고 있다. 미디어 학자 마크 안드레예비치Mark Andrejevic는 "디지털 인클로저"라는 개념을 창안했는데, 이는 사용자들이 지메일, 페이스북, 가상 세계 등 디지털 네트워크나 커뮤니티에 접근하기 위해 감시 강화에 자유로이 굴복하는 경우가 빠르게 증가하는 현상을 말한다. 가상 세계는 전례 없는 감시 기능뿐만 아니라 전례 없는 통제 권한도 가지고 있다. 2005년 1월, 많은 〈월드 오브 워크래프트〉 플레이어들이 전사 직업의 변경에 대해 불만을 표시했다. 관련 인터넷 포럼에서 불평하는 것 외에도, 게임 내 시위까지 벌였다. 이 불만을 품은 플레이어는 선더로드 서버에 레벨 1의 노움 종족 전사를 만든 뒤, 허리띠를 제외하고 모든 옷을 벗은 채, 드워프 도시 아이언포지의 다리에서 시위를 벌였다. 얼마 지나지 않아 많은 플레이어는 자신의 게임 계정이 닫힌 것을 발견했는데, 자신의 로그인 화면에 다음과 같은 메시지를 표시되어 있었다. "〈월드 오브 워크래프트〉 계정이 일시 중단되었습니다. 자세한 내용은 이 계정의 등록된 이메일 주소를 확인하십시오." 가상 캐릭터를 만들어 자신의 마음에 맞게 만드는 일은 쉽다. 이 캐릭터를 삭제하는 것도 마찬가지로 쉽다. 우리의 디지털 몸은 썩지도 않으며 정교한 폐기 방법이 필요하지도 않다. 존재는 버튼 클릭 한 번으로 왔다가 사라진다.[10]

10

규칙 바꾸기

10 규칙 바꾸기

사이버 공간은 그 자체가 자유를 보장하지 않지만, 그 대신에 통제라는 관점에서
는 엄청난 잠재력을 지니고 있다. ... 건축설계는 일종의 법이다. 그것은 사람들
이 할 수 있는 것과 할 수 없는 것을 결정한다.

로렌스 레시그Lawrence Lessig, 『코드Code』

만약 당신이 뉴욕에서 지갑을 잃어버렸다면, 누군가가 지갑 안의 현금까지
그대로 놔둔 채 돌려줄 가능성은 얼마나 되는가? 한 사회 실험에서 미시간
대학의 법학 교수인 마크 웨스트Mark West는 각각 20달러와 전화번호 1개가
적힌 신분증이 든 20개의 지갑을 맨해튼 미드타운에 떨어뜨렸다. 떨어뜨린
지갑 20개 중 6개는 현금이 온전한 상태로, 또 다른 2개는 현금이 없는 상태
로 돌아왔다. 웨스트는 도쿄의 비즈니스와 쇼핑의 중심인 신주쿠에서도 같
은 실험을 했다. 떨어뜨린 지갑 20개 중 17개가 돌아왔고, 모두 현금이 그대

로 있었다. 웨스트는 또한 비슷한 실험에서 수백 개의 휴대전화를 떨어뜨렸는데, 미국과 일본에서의 결과의 차이는 지갑 실험과 비슷하게 나왔다. 2011년 엄청난 쓰나미 이후, 일본 시민들은 잔해 속 지갑이나 종이봉투에서 발견된 4천8백만 달러의 현금을 지방 자치 단체에 가져다주었다. 당국은 또한 수거된 금고에서 3천만 달러를 추가로 회수했다.[1]

일본에 대해 전혀 아는 것이 없다면, 미국과 같은 개인주의 문화는 발견한 사람이 곧 주인이라는 식의 생각이 자리 잡은 반면, 집단주의적인 아시아 문화권의 시민들은 더 큰 정직과 이타심을 가지고 있다고 가정하기 쉬울 것이다. 그러나 웨스트가 실험 참가자들을 인터뷰했을 때, 그는 이러한 가정과 반대의 결과가 나타나는 것을 발견했다. 지갑과 휴대폰을 돌려준 뉴욕 시민들 중 91%는 이타주의나 정직함 등의 이유를 대며 자기 행동을 설명했다. 한 인터뷰 참가자는 "자신이 정직한 사람"이라고 강조했고, 또 다른 사람은 "남의 돈을 주어서 갖는 나 자신을 견딜 수 없다."고 말했지만, 일본에서는 지갑을 돌려준 사람들 중 18%만이 이타주의나 정직함을 이유로 내세웠다. 반면 84%는 "주인이 청구하지 않으면 그 돈을 가질 권리는 나에게 있다."고 하거나 "포상금을 받고 싶다." 등의 답변을 내놓으며 주은 사람이 임자라는 사고 방식을 가지고 있었다.

일본은 분실물 반환에 대해 매우 효과적이고 널리 이해되는 법적 체계를 가지고 있다. 습득한 물건은 뭐든지 일본 전역에 있는 작은 동네 경찰서인 코반에 가져다줄 수 있다. 당근 2개와 회초리 1개가 이러한 행동을 장려한다. 첫 번째 당근은 소유주가 잃어버린 물건을 찾아가고자 하면 물건의 가치의 일정 비율을 찾아 준 사람에게 지불해야 한다는 것이다. 이 비율은 재산의 종류와 상황에 따라 5~25% 사이이다. 두 번째 당근은 6개월이 지난 후에도 아무도 그 물건을 찾지 않으면 찾은 사람이 그 물건을 가지게 된다는 것이다. 또한 1개의 회초리도 있는데, 물건을 찾은 사람이 그 물건을 부적절하게 사용하는 것은 횡령죄에 해당하여, 1천2백 달러의 벌금과 1년 이하의 징역에 처할 수 있다.

규칙은 사회적 행동에 강력한 영향을 미칠 수 있다. 뉴욕과 도쿄의 회수율 차이에서 가장 놀라운 것은 순수한 이타주의와 정직에 따른 회수율은 좋은 규칙에 따른 회수율에 비해 3분의 1 정도밖에 되지 않는다는 점이다.

물리적 세계에는 중력, 열역학, 전자기학 등의 우리가 통제할 수 없는 수많은 불변의 자연법칙이 있다. 이러한 자연법칙은 어떤 조명 조건에서 볼 수 있는지, 우리가 속삭이거나 소리칠 때 그 목소리가 얼마나 멀리 이동하는지, 얼마나 많은 사람이 방 하나에 들어갈 수 있는지, 그리고 우리가 죽으면 어떤 일이 일어나는지와 같은 우리 일상생활의 모든 측면에 영향을 미친다.

가상 세계에서는 프로그래머가 모든 자연법칙을 정의해야 한다. 〈다크 에이지 오브 카멜롯〉이 처음 출시되었을 당시에는 도시 구역 안에 있을 때만 메시지를 외칠 수 있었다. 〈에버퀘스트〉 출시 당시에도 다른 플레이어의 아바타를 통과해 지나갈 수 없었지만 〈월드 오브 워크래프트〉에서는 그렇게 할 수 있었다. 〈스타워즈 갤럭시〉에서는 플레이어가 한 위치에서 다른 위치로 순간 이동할 수 없으며, 항상 수동으로 이동해야 했다. 하지만 〈월드 오브 워크래프트〉에서는 기술과 마법의 물체를 통해 순간이동 기능을 사용할 수 있었다. 그리고 이러한 규칙들은 사람들이 상호작용하는 방식을 변화시킨다. 종종 의도하지 않은 방식으로 말이다. 다른 아바타를 통과해서 갈 수 없었던 오리지널 〈에버퀘스트〉에서는 한 쌍이나 일군의 플레이어가 특정 영역의 입구를 막고, 여기를 필사적으로 빠져나오려는 구경꾼들을 학살하는 몬스터의 행렬을 지켜볼 수 있었다. 〈스타워즈 갤럭시〉에서는 악의적인 가게 주인들이 문 앞에 가구를 배치함으로써 부주의한 고객들을 함정에 빠뜨릴 수 있었다.

프로그래머들은 게임플레이의 기능적 측면을 위해 이러한 게임 역학을 설계하지만, 게임 역학은 우리가 서로 관계를 맺고 상호작용하는 방식을 의도치 않게 바꿀 수 있는 규칙이 되기도 한다. 이런 의미에서, 가상 세계는 지금까지 존재했던 가장 위대한 사회적 실험의 현장이다. 가상 세계 안이든, 규칙에서든, 플레이어들이 서로 상호작용하는 방식에서든 어떤 변수라도 무한히 조정될 수 있다. 예를 들어 사람들이 죽었을 때마다 항상 다시 살아난다면 그 사회는 현실의 사회와 어떻게 다르게 조직될 수 있을까?

불멸의 값, 죽음의 가치

온라인 게임에서는 전투로 인한 피해, 천천히 작용하는 독극물, 높은 곳에서의 추락 등으로 체력이 0으로 떨어지면 캐릭터가 죽는다. 죽음의 결과는 당신이 어떤 게임을 하고 있는지에 달려 있다. 많은 게임에서 캐릭터의 몸(즉, 시체)은 죽음의 장소에 남아있고 플레이어(영적인 형태)는 캐릭터를 부활시키기 위해 시체가 있는 곳으로 돌아가야 한다. 〈월드 오브 워크래프트〉와 같은 일부 게임에서는 죽을 때 무기와 갑옷이 약간 손상되어 게임 화폐를 사용하여 그 손상을 복구해야 한다. 다른 게임들은 캐릭터가 한 번 죽을 때마다 경험치에서 페널티를 적용한다. 예를 들어 〈에버퀘스트 II〉와 〈영웅들의 도시〉에서는 얻은 경험치의 일정 비율을 차감한 뒤 경험치를 갖게 된다. 예를 들어 캐릭터가 죽은 후 다음 1천 포인트의 경험치에 대해서는 그 절반만 획득하게 된다. 〈에버퀘스트〉 첫 출시 버전에서는 캐릭터가 죽으면 경험치를 잃었고, 레벨까지 떨어질 수 있었다. 가장 극단적인 경우, 죽음은 실제로 죽음을 의미해서 게임에서 캐릭터가 없어져 버린다. 이러한 규칙은 〈스타워즈 갤럭시〉와 〈에버퀘스트〉의 아주 특이한 시나리오에 존재했다.

추상적인 수준에서, 캐릭터의 죽음에 대한 벌칙은 (완전히 삭제되거나 영구히 사망하는 경우를 제외하고) 모두 시간상 벌칙의 변형이다. 즉 죽음 때문에 떨어진 경험치나 레벨을 원래 수준으로 회복하기 위해 추가적인 시간을 써야 한다는 것을 의미하지만, 영원히 없어지는 것은 아니다. 물론 누적된 경험치를 잃는 것은 일시적으로 더 느리게 경험치를 쌓는 것보다 주관적으로 더 고통스럽다. 지난 10년간 온라인 게임에서 가장 두드러진 경향 중 하나는 죽음에 대한 벌칙의 완화였다. 예를 들어 초기 〈에버퀘스트〉에서는, 당신은 벌거벗은 채로 당신의 시체가 있는 곳으로 달려가야 했다. 모든 장비가 시체와 함께 있기 때문이다. 그리고 여기에는 시간 제한까지 있었다. 제시간에 시체를 살려내지 못하면 장비가 썩어 없어지고 말았다. 일반적으로 캐릭터는 위험한 장소에서 사망할 가능성이 크기 때문에, 아무 보호 장구도 없이 벌거벗은 채로 시신을 수습하는 것은 2배로 위험하고 다시 죽게 될 수도 있다. 초기 온라인 게임에서의 죽음은 값비싼 사고였다.

6시간 동안 게임을 통해 쌓아 놓은 것도 2번 죽으면 순식간에 모든 걸 잃을 수도 있습니다. 로그인 해서 얼마 게임을 하지도 못하고 바로 로그오프 해야 할 수도 있는 것이죠.

〈월드 오브 워크래프트〉 사용자,
자신의 〈에버퀘스트〉에서의 경험을 이야기하는 25세 여성.

프로테우스의 역설: 가상 세계와 온라인 게임의 심리학

이와는 대조적으로, 요즘의 온라인 게임에서는 죽음은 그저 가벼운 사건일 뿐이다.

> 저는 〈에버퀘스트〉를 처음 시작한 이후로 〈다크 에이지 오브 카멜롯〉, 〈에버퀘스트 II〉, 그리고 〈반지의 제왕 온라인Lord of The Rings Online〉까지 온라인 게임을 하며 상당한 시간을 보냈습니다. 그런데 요즘 나오는 게임들에서는 죽는다는 것이 전혀 중요하지 않다는 것을 알게 되었죠. 실제로 수리 비용 조금과 약간의 두려움, 혹은 짧은 시간 동안의 경험치 감소에 대해 누가 신경이나 쓸까요? 던전에서 벌거벗고 시체를 뒤쫓아 다니길 하나요? 시체가 썩어서 장비를 다 잃어버리는 것도 아니고, 레벨이 떨어지는 것도 아니잖아요? 이런 게 진짜 벌칙이었어요.
>
> 〈반지의 제왕 온라인〉 사용자, 31세 남성.

초기 온라인 게임에서 죽음에 대한 가혹한 벌칙은 가상 세계에 만연한 위험 의식을 만들어냈다. 노라스Norrath의 〈에버퀘스트〉 세계는 그저 뛰어다니기에 안전한 곳이 아니었다. 생존하는 것은 지속적인 관심사였다. 그에 비해 요즘 〈월드 오브 워크래프트〉의 아제로스Azeroth는 고무 패드가 깔린 놀이터와 같다.

> 〈에버퀘스트〉 첫 버전을 할 때 저는 레벨 5로 가기 위해 2주 동안 게임을 했던 기억이 납니다. 저는 어렵게 용기를 내어 켈레틴Kelethin에 있는 경비병들로부터 수백 미터 떨어진 곳을 돌아다니다가 안개 속에서 금방 길을 잃어버렸고, 곧 레벨 8의 폭도들에게 공격받아 죽었죠. 저는 제 시체를 정신없이 찾았는데, 지금까지 경험해 본 적이 없는 두려움과 걱정이 몰려왔죠. 요즘엔 〈월드 오브 워크래프트〉를 하고 있는데, 게임 대부분에 아주 만족해요. 하지만 저 대신 게임이 90%를 해주기 때문에 다른 플레이어에게 도움을 요청할 필요가 없어요. 어떤 면에서는 이런 것이 좋지만, 때때로 저는 누군가가 〈에버퀘스트〉를 거의 5년 가까이 하게

했던 원래의 열정을 되찾을 방법을 가르쳐줬으면 합니다.

<월드 오브 워크래프트> 사용자,
자신의 <에버퀘스트>에서의 경험을 이야기하는 39세 남성.

플레이어들이 서로를 도우려는 의지가 더 높은 것은 널리 퍼진 죽음의 망령에 대한 이해를 공유하고 있기 때문이다. 노라스는 근본적으로 혼자서는 살아남을 수 없는 세상이었다. 플레이어들은 언젠가 자신이 도움을 요청하는 사람이 되리라는 것을 알았기 때문에 서로를 도왔다. 사회적 지원 네트워크를 구축하는 것은 <에버퀘스트>에서 한 사람의 생존을 위한 열쇠였다.

죽음에 대한 벌칙이 강할 때는 함께 일하는 것이 확실히 더 중요했습니다. 자기 시체를 부활시키거나 소환할 수 있는 사람을 찾는 것, 혹은 시체를 되찾는 것을 도와줄 사람을 찾는 것이 핵심이었죠. 사람들은 나중에 자기 자신이 아마도 비슷한 도움이 필요하리라는 것을 알았기 때문에 다른 사람들을 도왔습니다.

<월드 오브 워크래프트> 사용자,
자신의 <에버퀘스트>에서의 경험을 이야기하는 21세 여성.

길드들, 심지어 적의 길드들도 자신이 도움이 필요할 때가 있다는 것을 알았기 때문에 서로가 몬스터에게 죽임을 당하는 것으로부터 회복하도록 도울 것입니다. 이것은 때때로 다른 플레이어들과 함께 일해야 할 수도 있다는 것을 의미하기 때문에 타인을 화나게 하는 행동을 줄이는 데 도움이 되었죠.

<뱅가드Vanguard> 사용자,
자신의 <에버퀘스트>에서의 경험을 이야기하는 42세 남성.

2000년에 내가 실시했던 <에버퀘스트> 플레이어들을 대상으로 한 초기 설문조사에서 나는 그 게임에서 가장 기억에 남는 경험을 설명해 달라고 부탁했다. 많은 이들의 이야기가 이타주의적 경험을 중심으로 전개되었다. 다음

플레이어의 경험은 이러한 예시를 보여준다.

저의 본 캐릭터는 성직자입니다. 어느 날 한 번은 제 길드가 던전 구역에서 레이드를 뛰고 있었는데 우연히 한 플레이어의 시체를 발견했죠. 이것은 우리가 던전의 굉장히 깊숙이까지 들어와 있었던 것을 고려하면 이례적인 일이었죠. 저는 이 사람에게 부활이 필요한지 메시지를 보냈습니다. 이 사람은 대답하며 제가 자신을 치료할 수 있는 위치에 있다는 것에 매우 흥분했던 것 같아요. 그녀가 장비를 챙긴 후 저에게 플래티넘 조각을 주려고 했지만, 제가 그녀를 돕기 위해 여기까지 온 것은 아니기 때문에 거절했죠.… 전 그냥 거기 있었던 것이거든요. 한 달 후, 제 길드가 또 레이드에 나섰는데 예상치 못한 나쁜 녀석들 때문에 전멸했습니다.… 그런데 제가 예전에 부활을 도와준 사람이 우연히 우리가 전멸한 던전의 시작점 근처에 있는 그룹에 있었고, 어느새 그녀의 길드 구성원 대부분이 던전을 치우고 우리의 시체를 되찾는 것을 돕기 위해 그곳에 와 있었습니다. 제가 한 달 전에 자기 길드의 구성원 중 한 명을 도왔다는 이유만으로 약 30명의 플레이어가 일부러 와서 제 친구들을 도와줬습니다. 현실에서 이런 일을 할 사람은 아마도 없을 것 같아요.… 제가 할 수 있는 말은 뭐 이것밖에 없습니다.… 고마워요, 오스타라!

〈에버퀘스트〉 사용자, 32세 남성.

죽음은 〈에버퀘스트〉에서 확실히 고통스럽다. 그러나 이상하게도, 사람들을 하나로 묶은 것은 바로 죽음이었다. 위기의식과 후유증을 함께 경험하는 것은 관련된 모든 사람에게 두드러진 기억을 만들어냈다. 죽음은 〈에버퀘스트〉라는 사회적 구조 속에서 고유의 가치를 지니는 붉은 실이었다.

저는 예전 〈에버퀘스트〉에서 시체로 뛰어가는 것을 싫어했었습니다. 그런데 제 길드 구성원들과 레이드에서 전멸당한 후 제 시체를 소환하기 위해 피로니아 비 Fironia Vie에서 관을 들고 차독Chardok까지 벌거벗고 함께 달려야 했던 것은 유대감을 느끼게 하는 경험이었습니다.

〈월드 오브 워크래프트〉 사용자,
자신의 〈에버퀘스트〉에서의 경험을 이야기하는 20세 남성.

〈에버퀘스트〉에서 죽음에 대한 벌칙이 없어져 기쁘긴 하지만, 그것이 제 캐릭터
가 친구들과 유대감을 형성하는 데 도움이 되었다고 생각합니다. 저는 여전히
8년 전에 만났던 사람들과 게임을 하고 있고, 우리는 함께 겪었던 끔찍한 시체
회수 경험에 대해 자주 이야기합니다. 특히 차독에서의 몇 시간 동안 지속된 경
험에 대해서 말이죠.

〈에버퀘스트〉 사용자, 61세 여성.

누군가를 돕겠다고 말하는 것과 실제로 실행하는 것은 별개의 일이다. 〈에
버퀘스트〉에서 플레이어들은 직접 실행하는 것을 보여줌으로써 자신을 스
스로 신뢰할 수 있다는 것을 증명했다. 친구가 시체를 찾는 것을 돕기 위해
기꺼이 한 시간을 보내는 것은 그런 척만 해서 될 수 있는 것이 아니다.

〈에버퀘스트〉에서 성공하기 위해서는 믿을 수 있는 사람들과 관계를 형성해야
합니다. 그 게임은 이런 상황에서 사람들이 서로 관계를 만들도록 하는 것에는
최고입니다. 기술의 발전으로 우리가 다른 사람들에게 거의 의존하지 않기 때문
에 실제 삶에서는 이런 기회를 거의 얻을 수 없죠.

〈에버퀘스트〉 사용자, 29세 남성.

이 초기 온라인 게임들에서, 모든 사람이 죽음을 피하려고 노력했던 만큼,
죽음은 사실 연대의 경험이었다. 죽음은 채무를 만들어냈지만, 그 빚은 시간
이 지남에 따라 갚을 수 있었다. 죽음이 우리에게 준 긍정적인 선물은 상호
신뢰를 바탕으로 한 깊은 유대감이었다.

사회 구조 짜기

〈에버퀘스트〉와 같은 오래된 온라인 게임에서는 전투가 빙하의 움직임처럼 느린 속도로 진행되었다. 몬스터를 죽이기 위해서도 몇 분 이상이 걸렸고, 플레이어들은 전투 중간중간 서로 대화할 시간도 있었다. 그러나 현대의 온라인 게임 디자이너들은 게임 중간 한가한 시간을 최소화하기 위해 속도를 높였다. 동작이 활발하고 일정하다. 그러나 예전 게임의 이러한 한가한 시간은 중요한 사회적 기능을 수행했다. 이 시간은 플레이어들이 서로 대화할 수 있는 기회였다. 반면 속도가 최적화된 게임에서는 채팅을 전투의 속도를 늦추는 것으로 본다. 〈에버퀘스트〉에서는 이렇게 한가한 시간에 채팅을 하지 않으면 딱히 다른 할 일이 없었다.

> 관계는 다른 무엇보다도 항상 게임의 진행 속도에 달려 있는 것 같았습니다. 〈에버퀘스트〉는 아주 느리고, 한가한 시간이 너무 많았기 때문에 우리는 수다를 떨고, 싸움을 하는 사람들을 돕고, 지나가는 사람들이 전투에 끼어들어 도와주고, 질문에 대답할 충분한 시간이 있었죠. 〈월드 오브 워크래프트〉에서는 누군가가 도움이 필요한지 알아보기 위해 멈칫했다가는 모든 것이 너무 느려질 것이 뻔해서 그렇게 하는 사람들이 없었습니다.
>
> 〈월드 오브 워크래프트〉 사용자, 38세 남성.

> 다음 상대와 싸우기 전에 함께 긴장을 풀고 휴식을 취할 수 있는 시간이 전반적으로 부족해서 사람들과 의미 있는 상호작용을 할 수 있는 기회가 줄어든다고 생각합니다. 그러한 연결고리가 없다면, 사람들 대부분은 서로에 대해 질문을 하거나 공통점을 발견하지 못하겠죠.
>
> 〈에버퀘스트〉 사용자, 35세 남성.

바로 앞 첫 번째 이야기를 한 플레이어는 〈에버퀘스트〉에서의 느린 전투 속도로 인해 무작위로 지나가는 사람이 전투에 뛰어들어 도움을 줄 수도 있다고 말했다. 〈월드 오브 워크래프트〉와 같은 게임에서는, 반응하고, 도움을 요청하고, 도움을 제공할 수 있는 시간이 훨씬 더 짧다.

시간이 지남에 따라 크게 변화한 또 다른 온라인 게임의 요소는 캐릭터 독립성이다. 〈에버퀘스트〉 오리지널 버전에서는 중요하거나 유용한 많은 능력이 한두 개 캐릭터의 직업으로만 제한되었다. 바인딩[1]은 이러한 능력 중 하나인데, 〈에버퀘스트〉에서 캐릭터가 죽으면 다시 바인딩 위치로 순간이동 된다. 바인딩 위치를 변경하려면 마법을 걸 수 있는 캐릭터에게 바인딩 주문을 걸도록 요청해야 한다. 시체로 뛰어가는 것의 번거로움 때문에 플레이어들이 게임을 할 때 자주 자신을 다시 바인드하곤 했다. 따라서 마법이 없는 플레이어들은 새로운 영역에 도달했을 때 종종 바인딩이 필요해서 다른 캐릭터들에게 도움을 요청했다. 이동 속도를 획기적으로 높이거나 마력을 회복하게 하는 샤먼의 늑대의 영혼 주문과 주술사의 클래러티[2] 주문도 마찬가지다. 그리고 마법사 직업만이 집단 순간이동 주문을 걸 수 있었다. 〈에버퀘스트〉에서는 이런 주문을 다른 플레이어에게 부탁하는 것만이 많은 일을 제시간에 끝낼 수 있는 유일한 방법이었다.

이것을 캐릭터 독립성을 강조하는 경향이 있는 최근의 온라인 게임들과 비교해보자. 〈월드 오브 워크래프트〉에서 플레이어는 어떠한 도움도 받지 않고 어떤 술집에서도 바인드가 가능하다. 그리고 이동 시간을 줄이기 위해

---

[1] 옮긴이 주: 용어 해설의 바인드에 관한 설명(p.300) 참조.
[2] 옮긴이 주: 크랙이라고도 한다.

누구나 이용할 수 있는 비행경로와 탈 것이 있다. 그룹 구성원들을 순간이동 시키는 여러 가지 방법들도 있다. 〈에버퀘스트〉에서 나타나는 다른 플레이어들에 대한 의존은 2가지 중요한 방식으로 사회적 상호작용을 장려했다. 첫째, 누군가에게, 종종 낯선 사람에게 다가가서 말할 수 있는 기회를 많이 제공했다. 그리고 두 번째 절묘한 점은 바로 더 많은 사람과 상호작용할 기회를 얻을수록, 당신의 사회적 관계망은 더 커진다는 것이다. 아무에게도 말을 걸지 않으면 친구를 사귈 수 없다.

> 〈에버퀘스트〉를 하던 그 예전에는 사람들이 서로 도울 수밖에 없었는데, 이는 이 방법 외에는 자신도 달리 도움을 얻을 방도가 없었기 때문입니다.
>
> 〈월드 오브 워크래프트〉 사용자, 32세 남성.

이것은 낯선 사람들에게 도움을 주고받는 문화적 규범을 만들었다. 예를 들어 늑대의 영혼 주문은 매우 귀중한 여행 보조 도구였기 때문에, 샤먼은 다른 플레이어로부터 주문을 요청받는 데 익숙했다. 그리고 주술사들은 클래러티 주문을 요청받는 데 익숙했다.

　대부분의 현대 온라인 게임에서는 상황이 반대이다. 취미로 게임을 하는 플레이어를 더 많이 유인하여 그 규모를 유지하기 위해 캐릭터 독립성을 높이는 방향으로 게임의 규칙을 변경하였고, 이는 최대한으로 혼자 게임을 하는 것이 가능하다는 것을 의미한다. 초기의 온라인 게임은 의무적으로 집단을 만들어야 했지만, 이 의무는 시간이 지남에 따라 장려로, 최근에는 단순히 선택으로 바뀌었다. 〈월드 오브 워크래프트〉에서 레벨이 높은 레이드를 깨기 위해서는 플레이어들이 전담 길드를 구성해야 하지만, 게임 콘텐츠의 상당 부분은 단독으로 또는 임시 그룹과 함께도 깰 수 있다.

오늘날의 다중접속역할수행게임에서 주로 하는 솔로 게임은 잠깐만이라도 게임에 접속하여 무언가를 성취하는 것을 더 쉽게 만들지만, 제 경험으로는 이것은 다른 플레이어, 길드, 게임에 대한 몰입과 유대감을 많이 빼앗습니다.

〈에버퀘스트 II〉 사용자, 28세 여성.

일반적으로 〈에버퀘스트〉에서는 서로에 대한 더 많은 의존과 공동체가 필요했다고 생각합니다. 그리고 어떤 일이라도 해내기 위해서는 집단을 만들어야 했죠. 자신의 게임 레벨에 맞는 솔로 콘텐츠는 사실상 없었습니다. 그러나 지금은 〈에버퀘스트 II〉(이 게임의 경우 항상 그렇지는 않았지만)와 〈반지의 제왕 온라인〉(이 게임은 확실히) 두 게임 모두에서 집단을 형성하지 않고도 혼자서 최고 레벨로 올라갈 수 있습니다.

〈반지의 제왕 온라인〉 사용자, 44세 여성.

다른 플레이어들에게 도움을 요청하지 않아도 되고 혼자서 모든 것을 할 수 있는 세상에서, 사회적 관계는 고통을 받는다. 도움을 청하는 것은 나약함과 무능함의 표시가 된다. 개인적인 평판은 더 이상 중요하지 않다.

〈월드 오브 워크래프트〉를 시작했을 때 저는 사람들이 서로에 대한 존경심이 전혀 없다는 것에 놀랐습니다. 알고 보니 이 게임이 너무 쉬워서 다른 사람을 존중하거나 친구를 사귈 필요가 없었습니다. 혼자서도 충분히 최고 레벨까지 올라갈 수도 있고요. 전리품을 약탈한 뒤 서버를 바꾸거나 이름을 바꿀 수도 있죠. 〈에버퀘스트〉에서는 사실 평판이 엄청 중요했습니다. 저는 예전에 한 그룹 내의 구성원 1명을 화나게 한 적이 있는데, 그 후 3일 동안 드레드랜드에서 그라인딩을 할 그룹에 들어갈 수 없었던 사건을 기억합니다.

〈뱅가드〉 사용자, 25세 남성.

저는 힘든 시기를 함께 겪었던 예전 〈에버퀘스트〉 동료들과 지금까지도 연락을 유지하고 있습니다. 특히 〈월드 오브 워크래프트〉나 〈에버퀘스트 II〉와 같은 새로운 게임에서는 어떤 서버에서 게임을 할 것인지에 대해 논의할 필요도 없습니다. 왜냐하면 누가 서버에 들어오는가를 신경 쓸 필요도 없고, 진정한 협력이 필요 없기 때문입니다.

〈뱅가드〉 사용자, 39세 남성.

아담 게탈Adam Guettal의 뮤지컬 '광장의 빛The Light in the Piazza'의 2막 초반에는 멋진 순간이 있는데, 활기찬 이탈리아 가정의 여성 어르신이 뜻밖에도 네 번째 벽을 무너뜨리는 장면이다. 관현악 합주는 갑자기 중단되고, 그녀는 청중들을 향해 "저는 영어를 할 줄 모르지만, 무슨 일이 일어나고 있는지 당신에게 말해야 합니다."라고 말하며 다음과 같이 노래한다.

> 위험이 도처에 있네.
> 위험이 없다면 드라마도 없지.
> 드라마가 없다면 아이유따미*도 없고,
> 도움을 청하지 않는다면,
> 사랑도 없다네! 사랑도 없다네!

*아이유따미aiutami는 "도와주세요!"라는 의미를 가진 이탈리아어이다.

〈에버퀘스트〉의 세계에 만연한 위험은 서로에게 필수적으로 도움을 요청하도록 만들었다. 믿을 수 있는 플레이어를 찾는 것이 생존을 위한 근본적인 전략이었다. 그리고 이러한 끝없는 시련과 고난을 통해 지속적인 관계가 형성되었다.

제9장에서 우리가 성격 특성 연구의 역사적 발전을 설명할 때, 1970년대

와 80년대 초에 이 분야의 연구가 침체기에 있었다고 간략히 언급했었다. 심리학자 월터 미셸Walter Mischel이 이러한 패러다임의 변화를 촉발시켰다. 그는 특성 심리학 분야에서 출판된 연구를 분석하여 특성만으로는 특정 상황에서 사람이 어떻게 행동할지 예측할 수 없다고 지적했다. 대신에 상황이야말로 인간의 행동에 큰 영향을 미치며, 변하지 않는 성격 특성이라는 개념은 신화일 뿐이라고 주장했다. 그러므로 철수는 파티에서는 수다스럽고 사교적이지만 도서관에서는 조용할 수 있다. 그리고 영희는 면접을 볼 때는 긴장하지만 집에서 TV를 볼 때는 느긋하다. 따라서 개인 간의 차이는 상황에 따른 차이로 인해 무색해진다. 미셸의 비평 이후 수십 년이 지나서 특성 이론이 다시 유행한 이후 앨런 버스Allan Buss 같은 연구자들은 특성 이론과 상황적 요구의 이해를 결합한 상호작용적 접근으로 나아갈 것을 요구했지만, 심리학의 한 분야로서의 성격심리학은 특성 측정의 표준화에 초점을 맞추는 경향이 있다.2

미셸의 관점은 〈에버퀘스트〉의 사회적 구조를 해석하기 위한 매력적인 방법을 제공한다. 우리는 이타주의를 성격적 특성으로 생각하는 것에 익숙하지만, 이타주의는 시스템적 특성이 될 수도 있다. 일본에서 상대적으로 더 많은 비율로 지갑을 돌려주는 것이나, 〈에버퀘스트〉에서 나타난 문화적 규범에서 볼 수 있듯이 하나의 공동체는 이타적인 행동을 만들어내는 규칙과 체제로 설계될 수 있다. 〈에버퀘스트〉의 세계에서, 이타주의는 게임에서 살아남기 위해 반드시 보여주어야 할 행동이었다. 가상 세계의 규칙은 보이지 않는 비계飛階[3]를 만드는데, 이는 특정 사회 규범을 만들어내어 플레이어가

---

[3] 옮긴이 주 : 건축공사 때 높은 곳에서 일할 수 있도록 설치하는 임시 구조물.

어떻게 그리고 언제 상호작용해야 하는지를 암묵적으로 강제한다. 이 보이지 않는 비계는 가상 세계의 사회적 구조이다. 이 비계는 게임 내에서 발현되는 공동체의 DNA를 지배하는 기본 규칙이다.

정보에의 접근

게임 개발자들은 보통 게임 내의 사회 구조를 설계하고 통제하지만, 항상 그렇지는 않다. 이것은 게임의 많은 부분이 가상 세계의 외부에 실제로 존재하기 때문이다. 온라인 게임은 규칙이 복잡하고 정보가 넘치기 때문에 플레이어들은 익숙하지 않은 퀘스트, 아이템, 게임 메커니즘을 자주 접하게 된다. 온라인 게이머들은 게임 관련 정보를 찾는 데 매주 평균 3시간 30분을 소비하며, 포럼을 읽거나 글을 게시하는 데 역시 매주 3시간 30분을 쓴다. 그리고 길드에 속한 플레이어는 매주 2시간 42분을 길드의 웹사이트 포럼이나 길드 관련 작업(예약)을 관리하는 데 사용한다. 따라서 평균적인 온라인 게이머는 매주 게임에서 약 22시간을 보내고 그 게임을 하기 위해 추가로 10시간 48분을 더 쓴다.[3]

초기 온라인 게임, 즉 게임 위키가 등장하기 전에는 많은 포럼 활동은 정보 공유를 목적으로 주로 이루어졌지만, 특정 정보를 찾는 것은 번거로웠다. 사람마다 다른 용어와 표현을 사용했고, 플레이어는 본인이 찾는 정확한 정보가 있는 글 타래를 찾은 후에도 최종 정답을 찾기 위해 모든 게시물을 훑어보고 읽어야 했다.

이제 〈월드 오브 워크래프트〉와 같은 게임의 데이터 공유 계획은 게이머들이 자신에게 중요한 정보를 직접 얻는 것을 가능하게 한다. 나와 팔로알토 연구센터의 동료들이 〈월드 오브 워크래프트〉를 연구할 수 있게 해준 바로 그 데이터 때문에 용감한 개발자들이 귀중한 정보를 가진 데이터베이스를 다시 만들 수 있었다. 이러한 노력의 가장 잘 알려진 예로는 데이터베이스 쏘트봇Thottbot이 있다. 쏘트봇은 두 부분으로 나뉘어 있었다. 첫 번째는 플레이어가 〈월드 오브 워크래프트〉 정보를 검색할 수 있는 아주 간단한 웹사이트였다. 두 번째는 코스모스라는 추가 기능으로, 게임 내 여러 가지 유용한 기능을 갖추고 있었다. 특히 코스모스는 플레이어의 게임 사용 데이터를 추적하였다. 당신이 죽인 몬스터, 당신이 찾은 아이템, 그리고 당신이 작업하고 있는 퀘스트는 코스모스에 의해 꼼꼼하게 추적되었다. 코스모스를 설치한 플레이어는 주기적으로 자신의 데이터 로그를 쏘트봇에 업로드할 수 있다.

코스모스가 추적한 것들은 언뜻 보면 특별히 유용해 보이지 않을 수 있지만, 축적된 자료에는 일종의 집단지성의 지혜가 담겨 있었다. 쏘트봇 웹사이트에서 플레이어는 퀘스트의 이름을 입력하고 필요한 아이템이 있는 곳을 보여주는 지도를 볼 수 있다. 만약 그 퀘스트에 몬스터를 죽이는 것이 포함되어 있다면, 지도는 몬스터의 출몰 범위와 나에게 필요한 아이템을 떨어뜨릴 확률을 보여준다. 또는 플레이어가 아이템을 검색하면 그 아이템을 떨어뜨린 모든 몬스터의 정렬된 목록이나 아이템을 제공한 퀘스트를 볼 수 있다. 그리고 각 아이템, 퀘스트, 몬스터에는 논평 페이지가 있어서 까다로운 전략이나 퀘스트의 혼란스러운 부분을 플레이어들이 서로 토론할 수 있게 했다. 이렇게 모인 정보는 〈월드 오브 워크래프트〉의 거의 모든 게임 내 정보에 통합되고, 사용하기 쉬운 하나의 웹사이트에서 검색하거나 정렬시키는 것이 가능했다.

게임 개발자들은 또한 게임 안에서 생산되는 정보에 대한 접근을 허용했고, 이러한 경향은 수년 동안 증가해왔다. 당신은 〈월드 오브 워크래프트〉 도시에서 컴퓨터가 제어하는 경비원들에게 길을 물어볼 수 있다. 그러면 지도에 빨간색 마커로 해당 위치가 표시된다. 많은 게임들은 플레이어가 그 구역에 발을 들여놓으면 자동으로 해당 구역의 지도를 제공한다. 그리고 작은 지도가 항상 사용자 인터페이스의 오른쪽 상단 모서리에 존재하며 주변 환경의 조감도를 보여준다. 이는 〈에버퀘스트〉와 같은 초기 게임들이 플레이어들에게 지도를 제공하지 않았던 것과 극명한 대조를 이룬다.

> 몇 년 전 제가 〈에버퀘스트〉를 하고 있을 때, 게임 정보가 있는 웹사이트들이 있었지만, 전부 불완전했습니다. 요즈음의 〈월드 오브 워크래프트〉와는 달리, 제가 알아야 할 것은 항상 찾을 수 없었습니다. 하지만 이제는 〈월드 오브 워크래프트〉에 대한 어떤 궁금증도 비디오 영상과 모든 것이 완벽하게 기록된 정보를 온라인 어딘가에서 쉽게 찾을 수 있습니다.
>
> 〈월드 오브 워크래프트〉 사용자, 33세 여성.

정보에 접근할 수 있게 만드는 것은 공동체에 이익을 제공할 것으로 기대될 수 있지만, 통일된 정보의 원천을 제공함으로써 쏘트봇과 같은 데이터베이스는 다른 인간 플레이어와 상호작용함으로써 얻는 정보의 원천을 이용할 수 없게 만들었다.

> 개인적으로 저는 오래된 게임들이 공동체를 형성하기에는 더 좋았다고 생각합니다. 예전 게임에서는 모든 답을 얻기 위해 갈 수 있는 장소가 없었고, 반드시 다른 플레이어에게 물어봐야 했습니다. 서로 간에 더 많이 타협해야 했죠.
>
> 〈월드 오브 워크래프트〉 사용자, 29세 남성.

저는 다중접속역할수행게임 초창기 시절이 훨씬 더 좋았습니다. 제가 필요로 했던 모든 정보를 웹사이트에서 구할 수 없었던 때였죠. 따라서 플레이어들이 실제로 함께 일하고, 온라인상에서도 게임과 직접 관련된 것들에 대해 토론하고, 수다를 떨고, 서로 퀘스트를 도와주어야만 했지요.

〈불타는 바다의 해적들Pirates of the Burning Sea〉 사용자, 38세 여성.

초창기 게임에서는 누군가에게 도움을 요청하는 것이 실제로 둘 모두에게 도움이 되었다. 다음의 플레이어의 경험은 도움을 주는 사람이 어떻게 이 도움을 통해 무언가를 얻을 수 있는가를 잘 보여준다.

플레이어들은 서로 돕는 경향이 더 강했는데, 왜냐하면 대부분의 게임 관련 지식들이 어딘가에 기록되기보다는 플레이어들 자신의 머릿속에 있었기 때문이라고 생각합니다. 그래서 누군가의 모호한 질문에 자신이 대답할 수 있다는 것은 다소 자랑스러운 일이었죠. 이를 통해 당신이 노련한 선수라는 것을 증명했고 좋은 사람으로 보이게 할 수 있었습니다.

〈월드 오브 워크래프트〉 사용자가
〈에버퀘스트〉의 경험을 설명하며, 33세 여성.

정보의 가용성과 함께 도움을 요청하는 공식도 바뀌었다. 더 이상 정보를 요구할 필요도 없었고, 정보를 제공할 필요도 없었다. 공개적으로 퀘스트나 장소에 대해 도움을 요청하는 것은 시대착오적이고 무지의 표시가 되었다.

저는 많은 플레이어들이 퀘스트를 해결하기 위해 간단한 방법을 thottbot.com에서 찾아보라는 지시를 받는 것과 동시에 "눕[4]"이라고 모욕당하는 것을 보았습니다.

〈월드 오브 워크래프트〉 사용자, 29세 남성.

온라인상에서 하는 질문에 대한 표준화된 대답은 "찾아보세요." 아니면 "쏘트봇 체크하세요."입니다.

〈월드 오브 워크래프트〉 사용자, 33세 남성.

물론 이것은 게임 공동체의 사회 구조 역시 변화시킨다. 사람들이 서로 덜 말하고 덜 상호작용할수록, 사회적 관계는 잘 형성되지 않는다. 〈월드 오브 워크래프트〉가 쉬워져서 이제는 누구와도 협력, 아니 심지어 말 한마디 하지 않고도 최고 레벨까지 올라갈 수 있다는 것을 상기해보자. 실제로 팔로 알토 연구센터 동료들과 나는 게이머들이 최고 수준에 도달할 때까지 대부분의 시간을 혼자 게임하며 보낸다는 것을 발견했다.[4]

온라인에서 얻을 수 있는 정보는 게임 내에서 형성된 관계의 수에 영향을 미칩니다. 이 정보가 없으면, 도움을 주는 사람이 도움을 받는 사람에게 아마도 무언가를 설명해야 할 것이지만, 지금은 그저 그 정보가 담긴 링크를 보내 주겠지요.

〈타뷸라라사Tabula Rasa〉 사용자, 20세 남성.

만약 사람들이 질문에 더 기꺼이 대답한다면, 그 자체로 훌륭한 대화의 시작이 될 것이고 더 많은 우정이 만들어질 것 같습니다.

〈월드 오브 워크래프트〉 사용자, 26세 여성.

이러한 제3의 데이터베이스와 추가 기능은 게임 외부의 정보에 대한 접근을 가능하게 할 뿐만 아니라 일부 추가 기능은 게임 내 동적 지원까지 제공

---

[4] 옮긴이 주 : 게임을 이제 막 시작한 신규 플레이어를 비하하여 이르는 단어이다. 용어 해설(p.297) 참조.

한다. 퀘스트헬퍼QuestHelper가 좋은 예이다. 이 추가 기능은 플레이어가 가지고 있는 모든 활성 퀘스트를 분석하고 완료 시간을 최소화할 수 있는 가장 효율적인 경로를 계산해 낸다. 또한 퀘스트 관련 아이템과 몬스터가 지도에 표시되어 플레이어를 안내하며, 모든 알려지지 않은 정보들, 부정확한 정보들, 그리고 미스터리들까지 없애준다. 하지만 이러한 정보들 때문에 점점 더 최근의 온라인 게임들에서는 모험적인 요소들이 제거되고 있다.

> 지도, 데이터베이스 등은 게임에서 신비의 영역을 없애 버렸습니다. 물론 시간을 절약하고 좌절감을 최소화할 수 있지만, 저는 그렇게 함으로써 게임을 흥미롭게 만드는 많은 요소들이 사라졌다고 생각합니다. 네, 퀘스트 보상이 무엇인지 알 수 있는 것은 좋지만, 당신도 경험했을지도 모르는 놀라움과 같은 것은 이제 없죠. 모험, 스스로 자신의 것을 찾는 일, 어떤 것을 발견하는 일 등은 게임을 재미있고 흥미롭게 만드는 큰 부분입니다. 게임을 정말로 즐기기 위해서 이용 가능한 모든 팁과 정보를 피하거나 무시하려는 의식적인 노력을 해야 한다는 것이 저를 슬프게 하네요.
>
> 〈반지의 제왕 온라인〉 사용자, 40세 여성.

> 제 생각에 쏘트봇 때문에 게임은 더 과제 지향적인 세계가 되었습니다. 저는 완료해야 할 퀘스트가 있습니다. 어디로 갈지, 무엇을 할지 찾아보고, 완료하고, 다시 새로운 퀘스트가 생겨납니다. 그 결과 게임의 "발견"이라는 측면은 상당히 줄어들었습니다.
>
> 〈월드 오브 워크래프트〉 42세 남성.

플레이어가 모험을 경험하는 판타지 세계 대신, 게임은 할 일로 가득한 세계가 되었다. 그래픽, 액션으로 가득 찬 작업 목록들이 있는데, 문제 해결 능력과 창의성이 덜 필요한 작업들이다. 이 게임은 더 이상 미스터리를 풀거나 탐험하거나 동료 모험가를 만나는 것이 아니라 어떻게 과제를 효율적으로 완수하는 것에 집중한다. 제4장에서 설명한 것처럼 게임은 작업 플랫폼이 된다. 그리고 가능한 한 효율적으로 임무를 완수하기 위한 이 탐색에서 다른 플레이어들은 그냥 상관없는 방해자일 뿐이다.

> 만약 당신이 퀘스트를 하는 동안 중간 레벨 구역에서 누군가를 만났다면, 당신은 그들을 지나쳤을 가능성이 높습니다. 당신이 퀘스트 중이라면 해야 할 일은 그것을 가능한 한 빨리 끝내는 것입니다. 당신이 만났던 사람들도 아마 같은 생각을 하고 있을 것이고 당신은 바로 지나치겠지요. 그들과 얼마나 재미있는 대화를 나눌 수 있었는지 누가 알겠습니까? 같은 퀘스트를 수행하는 누군가를 우연히 만나게 된다면, 아마 잠시 합류해서 몇 명의 몬스터들을 함께 학살하고 헤어지게 되겠죠. 저는 이렇게 무작위로 만나는 사람들 중 약 75%가 한 가지 퀘스트를 완수하고 다음 퀘스트를 깨기 위해 서로 한 마디도 나누지 않은 채 임무에만 열중할 것이라고 단언할 수 있습니다. 퀘스트를 완수하는 것에 관해서라면 믿을 수 없을 정도로 이기적인 행동이 나타나고 그 힘이 다른 어떤 것보다 더 커지게 됩니다.
>
> 〈월드 오브 워크래프트〉 사용자, 20세 남성.

퀘스트에서 몬스터를 처치하기 위해 집단이 필요할 때도 거의 그 집단이 형성되자마자 종료되고 해체된다. 이 게임에서 "친구들"은 그저 대체 가능한 일회용 자원일 뿐이다. 누군가가 거기에 있는 한 그 누군가가 어떤 사람인지는 전혀 중요하지 않다. 이 게임들에 대한 "다중 사용자"라는 설명은 놀랍게도 잘못된 이름이다. 확실히 길드는 사회적 안정을 제공하지만, 플레이어가 더 높은 레벨로 올라가기 원할 때만 길드가 필수 요소이다. 메사추세스 공과대학 MIT의 쉐리 터클은 이와 동일한 패턴이 속도가 빠르고, 기술을 수용하는 일상의 삶에서도 나타나는 것을 보았다. 그녀의 책 『외로워지는 사람들 Alone

Together』에서 그녀는 "우리는 점점 더 서로 연결되어 있지만 이상하게도 더 외롭다. 친밀함 속에 새로운 고독함이 나타난다."라고 말한다. 우리를 돕기 위해 제공되는 기계와 시스템은 몰래 우리로부터 무언가를 빼앗아 간다.[5]

타협

물론 온라인 게임에는 공동체에 영향을 미치고 사회 규범이 형성되는 데 영향을 미칠 수 있는 여러 가지 기제들이 있지만, 우리가 이 장에서 집중적으로 살펴본 3가지 기제는 어떤 특정 게임에 적용된 기법은 여러 다양한 설계 방식 중 하나에 불과하다는 것을 보여준다. 게다가 게임의 플레이 방식은 우리가 게임을 하는 방법뿐만 아니라 우리가 다른 플레이어들을 대하는 방식도 바꾼다. 얼핏 보면 죽음의 규칙, 독립성, 정보의 접근 이 3가지는 이타주의 및 관계 형성과는 무관해야 하는데, 실제로는 큰 영향을 미치는 것으로 보인다. 이러한 게임 기제는 플레이어들이 도움을 요청할 가능성이 어느 정도인지, 그리고 도움이 제공되는지 여부에 영향을 미친다. 또한 우리가 다른 플레이어들을 가치 있는 동맹으로 보는지 아니면 일회용 자원으로 보는지에 영향을 미친다. 우리는 이타주의와 같은 특성을 개인의 특성으로 생각하는 경향이 있지만, 이타주의는 가상 세계의 사회적 구조의 일부가 될 수 있다. 게임 도중에 도시 경비원이 길을 알려주는지 여부가 플레이어들이 서로를 대하는 방식을 바꿀 것이라고 예상하지 못했을 것이다. 얼굴 변형과 도플갱어와 마찬가지로, 프로테우스의 역설에서 변화의 원천은 종종 우리의 직관에 반하며 통제할 수 없는 것이다.

〈에버퀘스트〉에서의 삶은 확실히 캠프파이어에서 쿰바야[5]나 부를 정도로 한가하지 않았다. 죽음에 대한 벌칙은 엄중했고, 만연한 위험은 영웅과 겁쟁이 둘 다를 생겨나도록 만들었다. 항상 당신을 기꺼이 돕는 낯선 사람들이 있었지만, 당신을 이용할 기회만 엿보는 사람들도 있었다.

우리는 놀Gnoll 던전 중 하나에 5명이 집단을 만들어 게임을 했습니다. 한 플레이어가 (마법사였던 것 같은데) 우리 그룹에 함께 할 수 있냐고 물었죠. 우리는 그때 이미 구성원이 다 찼고, 그는 우리보다 레벨이 10정도 더 높았기 때문에 우리는 정중히 거절했습니다. 그 후 그는 잠시 불평을 하더니 사라져버렸죠. 우리는 그를 잊고 싸움을 시작했습니다. 우리는 결국 팀원을 많이 추가했지만 대부분은 거의 죽을 뻔했기 때문에 지역 경계를 벗어나기 위해 도망가고 있었습니다. 제가 그 경계선까지 딱 두 걸음 남았을 때, 아까 그 마법사는 지역 효과 주문을 걸어 우리 모두를 죽이기로 결정했습니다. 그를 우리 집단에 넣어 주지 않았다는 이유 때문에 그렇게 하는 것은 매우 무례하고 유치한 행동이었다고 생각합니다.

〈에버퀘스트〉 사용자, 27세 여성.

분명히 〈에버퀘스트〉를 하는 모든 플레이어들이 도움이 되지는 않았다. 그것보다는 〈에버퀘스트〉가 보장한 것은 감정적인 롤러코스터였다. 잊을 수 없는 정점들과 내장을 뒤흔드는 골짜기들이 있었다. 반면에 〈월드 오브 워크래프트〉와 같은 더 최근의 온라인 게임들은 안정적이고 약간 가볍게 기분을 들뜨게 하는 정도이다. 만약 〈에버퀘스트〉가 긴장감 넘치는 종말 이후의 생존 공포 영화라고 한다면, 〈월드 오브 워크래프트〉는 결말이 뻔한 로맨틱 코미디라 할 수 있을 것이다. 하지만 〈에버퀘스트〉는 당신이 만난 모든 사람

[5] 옮긴이 주: 원래 이 흑인영가는 1920년대 미국의 아프리카계 미국인들이 주로 불렀던 노래였지만, 후에는 캠프파이어에서 일체감을 북돋기 위해 함께 부르기도 하였다.

들이 친절할 것이라고는 약속하지 않았지만, 모든 사람들이 기억에 남는 이야기를 가지고 떠날 것이고 많은 사람들이 게임 그 자체보다 더 오래 지속될 우정을 찾을 것이라고 약속했다.

물론 아무리 생각해봐도 〈에버퀘스트〉의 이러한 특성 중 어느 것도 〈월드 오브 워크래프트〉를 나쁜 게임으로 만들지는 않는다. 〈월드 오브 워크래프트〉는 〈에버퀘스트〉보다 20배 이상 더 많이 팔렸고, 플레이어 수가 가장 많을 때는 1천2백만 명에 달했는데, 〈에버퀘스트〉 전성기 때의 45만 명과는 비교가 되지 않는다. 〈월드 오브 워크래프트〉는 독자적으로 게임을 할 수 있고 취미로 게임을 하는 플레이어들이 선호하는 게임 기제를 구현함으로써 이러한 장르의 시장 규모를 극적으로 증가시켰다. 하지만 이 장에서 설명한 바와 같이, 이러한 게임 기제는 형성된 공동체와 사회 규범을 극적으로 변화시켰을 가능성이 크다. 게임에 더 쉽게 참여할 수 있다는 것은 더 쉽게 떠날 수 있다는 뜻도 된다. 얻는 것이 있으면 잃는 것도 있게 마련이다.

나는 종종 내 온라인 게임 경험에 대해 생각해보곤 한다. 내가 가지고 있는 두드러진 기억은 이전의 게임들, 예를 들어 〈에버퀘스트〉에서 대륙횡단을 하거나 〈스타워즈 갤럭시〉에서 제약 용품을 팔았던 경험으로부터 오는 경향이 있는 반면, 더 최근의 게임들에서 오는 기억은 흐릿한 것 같다. 향수에 젖은 장밋빛 옛 기억으로 고통받는 것은 확실하지만, 그 고통만큼이나 이전의 온라인 게임들의 위험한 세계에 대한 사랑스러웠던 기억도 역시 존재한다. 하지만 예전의 게임들을 지금도 참아낼 수 있을지 의문이다. 왜냐하면 과거에는 게임에서의 지루함은 충분히 받아들여질 만한 것이었지만, 개인의 취미로 독립성을 강조한 더 최근의 온라인 게임을 경험한 플레이어들에게 이러한 지루함은 고문처럼 느껴질 것이기 때문이다. 그리고 게이머들이 일단 고무 패딩에 익숙해지면, 이를 떼어내기란 여간 어려운 일이 아니다. 램프 속을 나온 지니를 다시 넣을 수는 없다. 이런 의미에서 우리가 해온 게임들은 앞으로 만들 수 있는 게임을 제한한다. 이것은 아이들에게 아이스크림을 먹이고 나서 그 아이들이 당근을 원하기를 바라는 것과 같다. 그러나 게임을 좀 더 편하게 할 수 있도록 하는 경쟁은 각 온라인 게임이 갖는 개성이 사라지는 결과를 낳았다. 온라인 게임에서는 죽음이 무의미하면 삶도 무의미해진다. 나는 가상 세계가 혹독한 지루함으로 가득 차기를 바란다고 말하는 것이 아니다. 하지만 외로운 적대감이 과연 우리가 원하는 것인가도 확신할 수 없다. 문제는 게이머들이 편하게 할 수 있는 온라인 게임에 너무 익숙해져서 지루함과 외로움 사이의 절충안을 찾지 못한다는 것이다.

11

아바타의 숨겨진 논리

11 아바타의 숨겨진 논리

제8장에서 우리는 아바타가 우리의 생각과 행동을 예기치 않게 바꿀 수 있는 많은 방법들을 살펴보았다. 하지만 아바타의 영향은 사실 훨씬 더 근본적인 수준에서 시작된다. 프로테우스의 역설 마지막 예로서, 이 장에서는 아바타가 가상 세계와 우리가 결국 창조해내는 세계에 대한 우리의 생각을 어떻게 변화시키는지 살펴보도록 하자.

언론과 대중문화에서 '가상 세계'와 '가상 현실'이라는 문구는 번갈아 사용되기도 하지만, 컴퓨터 과학 분야에서 '가상 현실'은 특정한 의미가 있다. 가상 현실에 관한 연구는 우리가 실제로 다른 물리적 장소에 있는 것처럼 느끼게 할 만큼 충분히 사실적인 몰입형 디지털 환경을 만드는 것이다. 키보드와 마우스가 있는 컴퓨터 화면뿐만 아니라 실제로 걸어 다니며 상호작용할 수 있는 디지털 세상, 예를 들어 스타 트렉의 홀로덱이 현실이 되는 것이다. 위치 추적 기능이 있는 헬멧, 작은 디스플레이 화면이 있는 고글 및 촉각 피드백 기능이 있는 장갑은 이 연구 분야의 혁신적 성과들이다. 이반 서덜랜드

Ivan Sutherland는 1960년대에 최초의 가상 현실 시스템을 개발하였고, 이러한 도구들은 1980년대 중반에 (대량 생산을 하기에는 엄청나게 비싸긴 했어도) 상업적으로 이용할 수 있게 되었다. 이 시기에 제론 레이니어Jaron Lanier가 VPL Research라는 가상 현실 관련 장치롤 판매하는 회사를 설립하였다.1

전자 프런티어 재단Electronic Frontier Foundation의 창립 멤버 중 한 명인 존 페리 발로우John Perry Barlow는 레이니어의 초기 가상 현실 시스템 중 하나를 사용해 본 자신의 첫 경험을 다음과 같이 기록했다. "갑자기 제 몸이 제 몸이 아닌 것처럼 느껴졌어요. 제 경험에서 가상 현실과 가장 비슷한 경험을 생각 해보면 환각에 빠진 상태 정도일까요? 사실 사이버 공간에는 이미 기쁨에 찬 약물 중독자들로 가득 차 있죠. 사이버 공간의 경험보다 더 육체와 분리되거나 무감각한 경험은 없을 것입니다. 마치 당신의 모든 것을 절단한 것과 같은 경험이죠." 발로우는 이 기사의 제목을 "무無 속에 존재하기"라고 지었다. 히피와 가상 현실은 직관적으로 큰 연관이 없어 보이지만, 반문화 운동은 가상 현실과 같은 기술을 통해, 비체화적이면서 공유적인 의식의 몰입 경험을 만드는 것에 매료되었다. 이것은 엘에스디LSD와 같은 환각제, 점멸 조명등, 형광 페인트, 초기 가상 현실 시스템이 공유하는 반문화적 특징의 공통분모이다. 발로우에게 있어서 사이버 공간만이 주는 독특하고 현저한 특징은 몸을 가질 필요가 없다는 것이었다.2

하지만 가상 세계도 가상 현실도 이 길을 택하지 않았다. 오히려 현재 가상 현실 분야의 많은 연구는 물리적 세계를 가능한 한 충실하게 복제하는 경험을 만드는 데 초점을 맞추고 있다. 성우의 목소리와 고해상도 그래픽을 이용해 물리적 공간에서 물리적 신체를 시뮬레이션하려고 한다. 예를 들어 창의 기술 연구소Institute of Creative Technologies는 몰입형 군사훈련 시뮬레이션을 만든다. 이러한 훈련 중 하나에서, 한 훈련생이 자신의 험비Humvee 지프 트럭으로 한 어린 소년을 우연히 다치게 한 보스니아 거리를 모사한 3차원 가상 환경에 몰입하고 있다. 그 소년의 엄마는 화가 난 채로 훈련생에게 맞서고 있다. 이 훈련은 다른 문화 간의 상호작용을 위해 군인들을 훈련시키는 것을 목표로 하고 있다. 그리고 물론, 실제로 온라인 훈련을 수행하기 전에 먼저 자신만의 아바타를 만들어야 한다. 그리고 여기서도 사람들은 가상의 신체에 집착한다. 제8장에서 언급했듯이, 〈세컨드 라이프〉 게임에서도 당신의 아바타를 개인 맞춤형으로 만들기 위해 150가지 이상의 선택지가 있다는 것을 기억할 것이다.[3]

2003년 바이런 리브스와 라이튼 리드Leighton Read는 각자의 딸이 참가한 수영대회에서 만나 수다를 떨었다. 리브스는 스탠퍼드 대학교 커뮤니케이션학과 교수였고, 리드는 팔로알토 벤처 캐피털 회사의 임원이었다. 수영장 옆에서 진행된 토론은 금세 동료들과 흥미로운 브레인스토밍을 하는 것으로 이어졌다. 결국, 작은 집단이 게임과 일에 관한 회의를 하게 될 융합 프로젝트를 고안했다. 이 논의로부터 이들은 세리오시티Seriosity라는 이름의 스타트업을 만들었다. 간단히 말해서, 그들의 임무는 기업의 업무를 더 재미있게 만들기 위해 게임의 매력을 활용하는 방법을 알아내는 것이었다. 이것은 게이미피케이션Gamification이라는 용어가 대중화되기 몇 년 전의 일이었다. 지금은 진지한 업무에서 게임 디자인을 응용하는 것을 가리키기 위해 이 용어를 사용하는 것이 대중화되었다.[4]

2004년 초에, 나는 그 회사에서 게임 컨설턴트로 일하게 되었고, 우리는 빨리 스탠퍼드 대학에서 게임을 하는 학생들을 고용해서 이 회사의 프로젝트에 참여시켰다. 우리는 가능성을 타진하기 위해 많은 팀 프로젝트를 운영했다. 게임을 하는 학생들은 〈월드 오브 워크래프트〉에서 어떻게 레이드가 이루어지는지 보여주었고, 리브스와 리드는 사업 사례 발표회를 열었고, 〈세컨드 라이프〉에서 몇몇 아이디어를 실험했다. 그중 특히 비참하고 기억에 남는 한 프로젝트가 있었는데, 먼저 우리는 〈세컨드 라이프〉에서 사업 관련 회의를 열었다. 〈세컨드 라이프〉는 일반적인 온라인 게임과 달리 게임 목표가 없는 가상 공간이다. 여기서 모든 사용자는 새로운 콘텐츠를 만들 수 있다. 예를 들어 스크립트로 작성된 가상 로봇이 손님을 맞이하는 맞춤형 설계의 가상 저택을 만드는 것이다.

우리는 〈세컨드 라이프〉 개발자에게 돈을 지불하고 우리를 위해 개발한 가상의 회의실에 들어갔다. 가상 화면 앞에 있는 가상 책상 주위에 가상 의자가 있었고, 여기서 우리는 이중 가상 파워포인트 슬라이드를 띄워 놓고 회의를 했다. 우리가 의자 쪽으로 가서 앉았을 때, 우리들 중 일부는 우리 앞에 있는 아바타 머리가 화면을 가로막고 있다는 것을 알아차렸다. 현실과 달리 고개를 약간만 움직이는 쉬운 방법이 없었다. 그리고 가상 의자가 지상의 특정 장소에 볼트로 고정되어 있었기 때문에, 일단 자리에 앉으면 움직일 방법도 없었다. 지금의 〈세컨드 라이프〉는 아바타의 위치와는 무관하게 카메라를 제어할 수 있게 해주지만, 〈세컨드 라이프〉를 처음 사용하는 사람들에게는 너무 혼란스러웠다. 그래서 우리는 약 15분 동안 물리적 세계에서는 즉시 해결할 수 있는 이 쉬운 문제를 가상 세계에서 해결하려고 노력했지만 결국 성공하지 못했다. 일부 팀원들은 결국 가상 의자를 사용하지 않았고 슬라이드 발표 내내 아바타를 방 한쪽에 세워두었다. 나는 내 가상의 의자에 앉아 묵묵히 방 안의 코끼리를 곰곰이 생각했던 것을 기억한다. 우리의 가상 신체는 일어서 있어도 지치지 않을 텐데, 왜 애초에 가상 의자가 필요했을까?

아바타가 일단 몸을 갖게 되면, 물리적 세계의 사회 규범이 작용하게 된다. 아바타 몸은 옷을 입어야 하고, 머리 모양을 잘 꾸며야 한다. 대머리와 벌거벗은 동료들과 사업 회의를 하면 집중하기 힘들 것이다. 복장은 추가적인 사회 규범이 있어야 한다. 물리적 세계에서 외모가 중요한 것처럼, 디지털 세계에서도 외모가 중요하다. 다른 사람들이 유행에 맞는 형태의 정장을 입고 있을 때, 특히 그러한 멋진 옷을 단돈 몇 푼에 살 수 있다면 감자 포대나 대충 입고 싶어 하는 사람은 거의 없다. 〈세컨드 라이프〉에서는 유명 브랜드 의류 모조품, 극적인 머리 모양, 그리고 심지어 불가능하게 조각된 근육질의 몸을 판매하는 수백 개의 상점이 생겨났다. 이렇게 물질적인 것의 추구가 쉽게 일어남을 고려할 때, 가상 세계는 우리가 가상 신체를 세심하게 살펴보고 강박적인 매력을 갖게 만들도록 부추길 수 있다.

〈세컨드 라이프〉의 창업자인 필립 로즈데일Philip Rosedale은 "우리의 모든 꿈의 총합"에 대해 성찰하며 다음과 같이 말했다.

이곳이야말로 그들이 원하던 세상이고 모든 사람의 열망이 담긴 세상입니다. 욕실을 소중하게 생각한다면 욕실이 있는 세상입니다. 페라리와 롤렉스도 있는 세상입니다.… 우리가 모두 원하는 것은 로스앤젤레스의 절벽 위에 있는 프랭크 로이드 라이트Frank-Lloyd-Wright가 설계한 캔틸레버 구조[1]를 가진 주택 같은 것입니다. 야자수 나무도 있고, 집 아래에는 작은 동력 보트가 있는 선착장이 있습니다. 그리고 우리는 그 선착장에서 일몰을 봅니다. 이것은 어떤 의미에서 우리의 꿈의 통계적인 평균입니다. 저는 이것이 정말 흥미롭다고 생각합니다. 우리가 더 많은 플라스틱을 〈세컨드 라이프〉에서 만들수록, 그것은 우리가 원하는 것과 더 많이 닮아갑니다.

---

[1] 옮긴이 주: 한쪽 끝은 고정되고 다른 쪽 끝은 받쳐지지 않은 상태로 된 건축 구조.

물론 가상 세계에서 물질적인 것의 추구만이 〈세컨드 라이프〉의 유일한 용도는 아니다. 예를 들어 캘리포니아 주립대학 데이비스 캠퍼스의 임상 정신의학 교수인 피터 옐로리스Peter Yellowlees는 〈세컨드 라이프〉 사용자들이 조현병을 겪는 것이 어떤 느낌인지를 경험할 수 있는 시뮬레이션을 만들었다. 그러나 로즈데일의 묘사는 〈세컨드 라이프〉의 가장 거슬리는 측면을 정확하게 포착하고 있다. 사람들이 되기 원하는 것은 무엇이든 만들 수 있는 세상에서, 이들의 압도적인 욕구는 그저 엄청나게 큰 가상 세계의 말리부를 만드는 것이다. 그리고 가상 세계에서 나타나는 이러한 물질적 욕구에 대한 집착은 아마도 발로우의 "무無 속에 존재하기"와는 가장 멀리 떨어진 존재 방식일 것이다.5

우리가 미신에 관한 장에서 보았듯이, 우리는 물리적 세계에서 배우는 규칙을 따르기 때문에 사이버 공간에서도 개인적인 공간이 중요하다. 앞에서 설명한 〈세컨드 라이프〉에서의 우리의 팀 회의에서처럼, 우리의 가상 신체가 지치지 않는다고 하더라도 공식적인 회의에서 모두 서 있는 것을 우리는 심리적으로 어색하게 느낀다. 우리의 현실의 몸은 오래 서 있으면 지치기 때문에 가상 세계에서도 의자를 만든다. 그리고 일단 우리가 가상의 가구를 갖게 되면, 우리는 이 가구들을 모두 넣을 가상의 방과 집이 필요하다. 물리적 현실에서 탈출하는 것이 아니라, 가상 세계는 우리가 물리적 현실을 복제하는 방법이 되어 버렸다.

최근 몇 년 동안 가상 세계, 특히 온라인 게임의 상업적 성공과 주류라는 인식은 이러한 가상 세계의 특징을 기업 업무에 적용하는 데 광범위한 관심을 불러일으켰다. 그런데 일반인들은 사람과 장소를 3차원으로 표현하는 것에 마치 마법 같은 능력이 있다고 오해하는 것을 자주 보게 된다. 가상 회의실, 가상 교실 또는 가상 건강 박람회라는 장소 자체가 본질적으로 몰입감을 주고 흥미를 불러일으킨다는 생각이다. 즉 온라인 게임을 처음 접하면서 사업에 적용하려는 사람들에게 3차원 그래픽만이 가장 즉각적인 매력 요소로 작용한다. 하지만 3차원 그래픽은 그저 사람을 헷갈리게 하는 요소일 뿐이다. 즉, 가상 세계 속의 의자나 책상이 실제 일을 더 효율적이거나 몰입할 수 있도록 만들지 않는다. 우리가 본 것처럼, 우리가 물리적인 현실 세계에서는 당연히 쉽게 되는 일들도 가상 세계에서는 훨씬 더 불편하고 시간을 많이 써야 할 수도 있다. 가상 세계의 첫 번째 근본적인 진실은 이렇다. 현실 세계에서 따분한 사람들은 3차원 가상 세계에 있을 때도 여전히 따분하다.

온라인 게임에서 3차원 아바타는 비게이머들에게 잘 알려지지 않은 숨겨진 기능이 있는데, 실제로 비효율적으로 설계되었다. 골프에서는 공을 집어서 마음대로 홀까지 걸어갈 수 없는 이유가 있다. 명백한 규칙을 통해 공을 들고 마음대로 이동하는 능력을 제한하지 않는다면 골프라는 게임은 성립될 수 없을 것이다. 골프든, 팩맨이든, 체스든, 방해물이 게임을 만드는 것이다. 〈월드 오브 워크래프트〉에서도 플레이어는 일정 레벨에 도달해야 하며, 60% 더 빠르게 움직일 수 있는 탈것을 구매하기 위해서는 적당한 양의 금을 모아야 한다. 그 탈것이 진정한 보상이 되기 위해서는 보통 캐릭터들은 직접 해당 장소까지 걸어가야 한다. 플레이어가 마지막 전투를 벌일 보스 몬스터가 있는 공간으로 순간이동 할 수 있도록 하는 대신 던전을 걸어서 통과하도록 하는 것이 위협과 위험을 초래한다. 이러한 비효율성이 바로 게임이다. 업무적 상호작용을 위해 설계된 가상 세계에서 이러한 게임의 특성은 사용자가 원하는 것과는 정반대이다. 작업자가 가상의 장소로 걸어서 이동하거나 가상 폴더를 가상 파일 캐비닛에 넣는 데 시간을 낭비하는 것을 원하는 사람은 없을 것이다. 가상 세계에는 우리가 어떻게 살고 일하는지에 영향을 미치는 규칙이 있다. 그리고 우리가 이 규칙들을 명시적으로 의심하지 않을 때, 의도하지 않은 결과들이 우리를 노예로 만든다.

가상 신체를 갖는 것이 해방 대신 책임으로 이어진다는 사실은 초기 온라인 텍스트 세계에서도 분명했다. 1980년대에 머드MUD[2]의 인기에 영감을 얻어서 제록스 팔로알토 연구센터의 연구원인 파벨 커티스Pavel Curtis는 이러한 텍스트 세계를 업무 지향적인 맥락에 사용하는 실험을 했다. 처음부터 지리를 익히고 규칙을 완벽하게 정의하는 대신, 커티스의 실험에서는 참가자들이 자신만의 콘텐츠를 만들고 기본적인 프로그래밍 언어를 사용하여 지리를 수정할 수 있게 해주었다. 중요한 게임 규칙이나 목표가 없는 대신에 참가자들은 마치 샌드박스[3]처럼 기본적인 필수 규칙만 지키면 게임을 자유롭게 확장할 수 있었다. 커티스는 이러한 가상 세계를 무MOO, MUD Object Oriented라고 불렀고, 최초의 무인 람다무LambdaMOO가 1990년대 초에 만들어졌다. 람다무는 전적으로 텍스트로 이루어진 게임이었다. 사용자는 자신의 캐릭터에 대한 설명을 만들었으며, 다른 사용자는 보기look 명령을 사용하여 이러한 설명을 읽을 수 있었다. 각 방과 방안의 모든 사물도 글로 된 설명이 되어 있었고, 역시 보기look 명령으로 이 설명을 볼 수 있었다. 다른 텍스트 명령을 통해 사용자는 람다무를 이동하며 다른 사용자 및 사물과 상호작용할 수 있었다.[6]

람다무의 이러한 샌드박스적인 확장 가능성 때문에 정직하지 못한 사용자가 기본 규칙을 뒤집는 스크립트를 만들 수 있었다. 부두 인형은 그러한

---

[2]   옮긴이 주: 텍스트 기반의 온라인 게임.
[3]   옮긴이 주: 말 그대로 모래 놀이터처럼 게임 사용자의 자유로운 욕구 발현을 중요하게 생각하는 일부 시뮬레이션 게임 장르를 지칭하는 용어이다.

예 중의 하나이다. 이를 통해 사용자는 마치 자신이 직접 해당 작업을 입력한 것처럼 다른 사용자가 오해하도록 만들 수 있었다. 람다무가 완전히 텍스트 기반의 게임이라는 점을 생각하면, 부두 인형은 사실상 가해자가 다른 사용자의 캐릭터를 통제하는 것이 가능했다. 1993년 줄리안 디벨Julian Dibbell의 〈빌리지 보이스〉에 실린 기사 "사이버 공간의 강간"은 부두 인형을 정말 소름 끼치게 사용한 예를 잘 포착하여 분석한 것으로 유명하다. 미스터_벙글 Mr._Bungle 이라는 이름을 가진 한 캐릭터는 거실에 섞여 있는 군중들에 합류하여 그 집단의 여러 사람에게 부두 인형을 사용하기 시작했다. "그녀의 의지에 반해서 그는 그녀의 둔부를 스테이크용 칼로 찌르며 미치도록 좋아한다. 멀리서 미스터 벙글이 사악하게 웃는 소리가 들린다." 피해자와 주변 사람 모두가 속수무책으로 지켜보는 가운데 이러한 폭력적이고 성적인 행위는 몇 시간 동안 계속되었다. 가상 신체에 대한 이러한 침해로 인해 람다무의 관리자들은 민주적 자치를 가능하게 하는 사용자 투표와 청원 시스템을 도입하였다. 람다무는 시작된 지 20년 이상이 지난 지금도 사용자들이 이용하고 있는 상황에서 가상 신체에 대한 이러한 악의적인 행위가 가상 세계에서 가장 잘 알려진 이야기로 남아 있음은 주목할 만하다. 우리의 가상 신체는 우리가 창조하고 지배하는 방식에 강력한 영향을 미친다.[7]

규칙 깨뜨리기

『디지털 휴머니즘You Are Not a Gadget』에서 제론 레이니어Jaron Lanier는 기술적 결정이 어떻게 고착화되는 양상으로 가는지, 그리고 광범위한 상호의존성 때문에 수정이 불가능한지를 보여준다. 대표적인 예가 1980년대 초에 디지털 음악을 표현하기 위해 만들어진 포맷인 미디MIDI이다. 미디는 우리가 우리 주변에서 듣는 거의 모든 음악, 즉 대중음악의 합성 비트와 코드, 휴대전화 벨 소리, 알람 등을 만드는 데 사용되며, 이후 수십 년 동안 그것을 바꿔보려는 여러 시도가 실패하는 것을 보임으로써 그 견고함이 입증되었다. 레이니어는 이 과정을 "록인Lock-in"이라는 용어로 규정했다. "이 록인은 프로그래밍하기 가장 쉬운 것, 정치적으로 실현 가능한 것, 유행하는 것, 또는 우연히 만들어진 것에 기반하여 다른 디자인 옵션을 제거한다."[8]

록인은 우리가 세상을 보는 방식에 인공적인 블라인드를 친다. 현대의 가상 세계와 온라인 게임의 광범위한 유사성, 즉 사용자가 현실의 물리적 공간을 복제한 가상의 지리적 공간에서 하나의 아바타를 제어한다는 특징 때문에 우리가 훨씬 더 큰 가능성의 공간의 한 부분에 갇혀 있다는 사실을 깨닫지 못하게 한다. 가상 회의실에 대한 과대광고는 중요한 측면을 놓치게 만든다. 우리는 비디오를 사용한 원격 회의의 대안으로서 가상 세계에서 현실의 의자와 책상을 단순히 복제만 하고 있는 것은 아닌가? 그리고 비록 원거리 의사소통이 가치 있는 목표이긴 하지만, 우리는 이 목표가 가상 세계의 다른 모든 가능성을 잠식하도록 허용해서는 안 된다. 우리가 현실의 몸과 가구를 최대한 똑같이 복제해야 한다고 주장할 때, 새로운 형태의 일, 협업, 그리고 놀이를 놓치고 있지는 않은가?

물론 디지털 신체를 갖는 것에는 아무런 문제가 없다. 사실 이러한 신체화에 의존하는 한 가지 좋은 이유는 그것이 사회적 상호작용, 즉 개인적 공간, 시선, 몸짓 등을 위한 친숙하고 잘 이해되는 단서를 많이 제공하기 때문이다. 그리고 가상 의자나 책상과 같은 친숙한 사물은 사회적 상호작용을 위해 이해하기 쉬운 환경을 만들어낸다. 따라서 책상의 맨 앞에 있는 의자는 정교한 설명이 필요 없는 사회적 의미를 가지고 있다. 그리고 이러한 익숙해 보이는 체화된 물건에서 벗어나는 것은 혼란을 초래할 수 있다.

그러나 예술, 문해력 그리고 과학의 출현은 대안적인 표현 도구의 발견에 의존해왔다는 점을 상기할 필요가 있다. 예를 들어 우리는 음악을 통해서 우리의 감정, 기억 그리고 경험을 새로운 방식으로 표현할 수 있었으며, 알파벳과 같은 쓰기 체계는 인간의 몸을 기반으로 만들어지지 않았지만, 이를 바탕으로 우리는 생각하고 창조하고 공유하며 상호작용하는 새로운 방식을 만들어냈다. 더욱이 우리에게 익숙한 은유가 구조와 의미를 쉽게 드러낸다는 전제를 받아들였다고 해도, 여전히 인간의 몸과는 상관없이 우리에게 친숙한 다른 많은 은유들이 있다. 브레인스토밍을 위한 회의는 분지, 가지, 성숙, 배양 및 교차 수분이라는 친숙한 개념을 가진 식물과 관련된 표현을 사용하여 보다 자연스럽게 구성될 수 있지 않을까? 얼핏 보아도, 이것은 가상의 사람들이 가상 화이트보드에 가상 포스트잇 노트를 붙여 놓는 것보다 더 효율적인 것 같다. 가상 은유는 맥락과 과제에 따라 달라져야 한다.

가상 세계는 또한 여러 개의 형상을 가질 가능성 역시 제공할 수 있다. 이러한 시나리오에서 사용자는 어떤 기본 형상이라는 것 없이, 그 세계의 어떤 사물이라도 될 수 있고 소유할 수 있으며, 이는 사용자에게 고유한 능력을 부여한다. 사람을 관찰하는 것을 좋아하는 사람은 나무를 소유하여 환경 속에 잘 섞여서 사람을 잘 관찰하기 위한 시각 및 청각적 거리를 확보할 수 있다. 이러한 형상들 사이에서 사용자는 유령의 형태가 되는 것이다. 그리고 이러한 가상 세계에서의 형상화에 관하여 우리가 일대일 관계를 유지해야 할 어떤 이유도 존재하지 않는다. 두 명 이상의 사용자가 동일한 사물을 동시에 소유할 수 있으며, 서로 협업할 수 있는지에 따라 추가적인 기제가 작동하게 된다. 2004년 블리자드는 만우절 장난으로 머리가 2개인 오거ogre를 새로운 종족으로 발표했다. 이 종족의 특이한 생김새는 게임을 하기에는 실용적이지 않았지만, 2인 또는 여러 명의 선수들로 구성된 운송 수단 제어 기계 장치는 새롭고 흥미로운 형태의 놀이로 이어질 수 있었다.

온라인 게임에서 동일한 게임 공식을 반복적으로 사용하는 것은 다른 가능성을 보는 것을 점점 더 어렵게 만들었다. 우리가 온라인 게임의 역사적 개요에서 살펴보았듯이, 래프 코스터는 온라인 게임에서 구현된 특징들이 시간이 지남에 따라 성장하기보다는 실제로 축소되었다고 말했다. 이와 같은 주장을 한 블로그 포스트에서, 코스터는 "사람들이 '공공 구역에서의 빅보스 몬스터와의 전투'나 '정말 풍부한 배지 프로필과 플레이어 통계 추적'과 같은 것들을 온라인 게임을 차별화하는 진정한 특징으로 내세운다는 사실은 대중들의 마음속에 온라인 게임이라는 분야가 얼마나 협소하게 자리 잡고 있는지를 말해 줍니다. 이것은 어쿠스틱 기타를 가리비 모양 상판으로 만들었는지 여부가 모든 음악의 결정적인 특징인지 아닌지에 대해 논쟁하는 것과 같습니다."라고 말했다. 따라서 비록 블리자드가 장난 삼아 머리가 2개인 오거를 출시하였지만, 이는 우리가 갇혀 있던 핵심적인 형상화의 규칙을 명백하게 깼다는 측면에서 더 깊이 생각해봐야 할 문제이다.[9]

사실, 레이니어가 1980년대에 가상 현실에서 사람들에게 팔 8개를 주는 실험을 했다는 것을 고려할 때, 2개의 머리를 상상하는 것은 사실 그렇게 극단적이지 않다. 사람들을 가상 현실로 끌어들이기 위한 이러한 초기의 탐색에서 그래픽 및 코드 결함은 불가피했다. 때로는 디지털 신체가 뒤틀리거나 왜곡되기도 했다. 하지만 레이니어는 "사람들은 뭔가 이상하고 달라 보이는 신체를 가지고 행동하는 것을 빠르게 배울 수 있고, 가상 세계와 여전히 상호작용할 수 있다는 것이 밝혀졌습니다. 저는 다리를 늘려도 보고 배치를 조금 이상하게 해가며 다양한 실험을 해 보았는데. 가장 흥미로운 실험은 가상의 갯가재와 관련된 것이었습니다."라고 말하며 놀라워했다. 사이버 공간에 대한 발로우의 초기 반응과 마찬가지로, 레이니어는 가상 현실을 사용하여 물리적 신체가 세상을 경험하는 방식의 한계를 초월하는 데 관심이 있다. 이와는 대조적으로, 우리가 이 장을 통해 보았듯이, 대부분의 가상 세계는 현실의 신체, 옷, 집, 가구를 복제하는 수준에만 머물러 있게 되었다.[10]

기술의 숨겨진 논리는 가능성의 스펙트럼을 낮고 편안한 범위로 좁힌다는 것이다. 우리는 현상 유지가 많은 가능한 결과 중 하나일 뿐이며 종종 역사적 사고의 자의적인 결과일 뿐이라는 것을 잊고 있다. 우리는 가상 신체가 제공하는 무한한 기회에 초점을 맞추지만, 가상 신체가 빼앗아 가는 기회를 놓쳐서는 안 된다.

현재의 가상 세계는 각 사용자가 하나의 아바타를 인간의 몸 형태로 가지고 있으며 이러한 가상 신체는 벽을 통과해서 지나갈 수 없고, 두 발로 서서 걸어야만 하는 등 현실 세계에 적용되는 물리적 법칙을 비슷하게 따른다고 주장한다. 내가 이 장에서 살짝 언급했던 것처럼, 이 암묵적인 법칙에 도전하는 여러 가지 방법이 있다. 사용자가 여러 아바타를 동시에 제어할 수 있는 가상 세계를 만들 수 있으며, 이 아바타들 사이의 전환이 필요할 때 아바타가 자동으로 공회전 되도록 설정할 수도 있다. 나는 플레이어가 가상의 인간이 되는 대신, 인간의 몸 안에 있는 다른 종류의 세포가 되는 가상 세계를 상상해 보곤 한다. 그러면 몬스터는 이 몸을 침입하는 박테리아나 바이러스쯤 될 것이다. 또는 가상 세계는 열대 우림 생태계이고 플레이어는 모든 것을 균형 있게 유지하려고 노력하면서 다른 동식물의 역할을 맡을 수도 있다. 혹은 사용자들이 오래된 아바타에서 시작해서 시간이 지남에 따라 젊어지는 벤저민 버튼Benjamin Button의 세계를 상상해 볼 수도 있다. 그런 세상에서 가정을 꾸리고 사회를 이루어간다는 것은 무슨 의미일까? 나는 가상 세계가 불가능을 상상할 수 있는 기회를 제공한다고 생각한다. 우리는 모두 인간의 몸을 입고 있는 것이 너무 편한 것은 아닐까?

물론 타협점이 있다. 우리는 인간의 몸을 집이나 가구가 있는 가상 세계에 머물러야 하지만, 현실의 법칙은 바꿀 수 있다. 참가자들 사이의 의견 교환을 촉진시키는 브레인스토밍 방의 채팅을 상상해 보자. 아마도 말을 너무 많이 하는 사람들에게 점점 더 어두운 그림자를 덧씌우거나, 이들이 말을 할수록 키가 더 커져서 다른 사람들은 난쟁이처럼 보이게 만들거나, 아니면 조용한 사람들은 점점 사라지도록 하는 것이다. 권위나 성별에 따른 동의 편향을 피하기 위해 각 참가자에 대해 무작위로 다른 아바타의 모습을 갖게 할 수도 있다. 우리가 가상 회의실에 갇혀 있다면 집단 의사 결정에 내재된 편향을 완화할 수 있는 도구라도 활용해야 한다. 나는 이 모든 가능성이 결실을 맺을 것이라고 생각하는 것은 아니다. 하지만 우리가 할 수 있는 기회가 있고, 뭔가라도 바꾸길 원한다면, 우리 스스로 시도라도 해야 한다고 생각한다.

12

가상 세계에 대한 단상
그리고 미래

12 가상 세계에 대한 단상
그리고 미래

이 책에서 나는 온라인 게임이 자유와 탈출의 약속을 얼마나 자주 뒤집는지에 초점을 맞췄다. 이것은 온라인 게임의 플레이어들이 변혁적인 경험을 결코 성취하지 못한다는 말은 아니다. 다이달로스 프로젝트의 설문조사에서는 두 가지 범주의 참가자들이 긍정적인 방식으로 탈출과 자유를 찾는 것에 대해 설명했다. 첫 번째 집단은 신체장애가 있는 사람들이었다.

몇 년 전, 저는 지역 병원에서 야간 교대 간호사로 일하고 있었습니다. 환자의 위치를 바꾸다가 허리(4-5번 디스크)를 크게 다쳤습니다. 저는 그때부터 장애를 얻게 되었고 일을 할 수 없었습니다. 이때 저는 다중접속역할수행게임을 통해 사람들과 소통할 수 있었고, 더 온전해지고, 뭔가를 할 수 있다는 가능성을 느낄 수 있었습니다. "현실 생활"에서 고립되고 상당히 쇠약해져 있는 동안에도 온라인 게임을 통해 사람들을 만나고 사회생활을 할 수 있었습니다.

〈스타워즈 갤럭시〉 사용자, 46세 여성.

두 번째 집단은 성적인 문제와 씨름하고 있는 사람들로 구성되어 있다. 친구들과 가족들에게 자신의 문제를 밝히는 것에 대한 두려움과 불확실성 때문에 일부 플레이어들은 그들의 성적인 면을 탐색하고 토론할 수 있는 안전한 환경인 온라인을 찾는 것이다.

> 우리 가족 길드에는 주로 남자들에게 치근덕거리는 여자 캐릭터가 하나 있었는데 이 플레이어가 가끔 여자들에게도 치근덕거렸습니다. 어느 날, 제가 한 동성애자 모임과 실제 교류를 하는 것에 대해 언급한 후, 이 플레이어는 저에게 자신이 정말로 남성일뿐만 아니라 젊은 남성 동성애자라고 털어놓았습니다. 그는 자신이 추파를 던지고 싶어 하는 남성에게 치근덕거릴 수 있도록 여자 캐릭터로 게임을 했던 것이죠. 하지만 사람들이 동성애를 혐오한다는 것을 알기 때문에, 그는 모든 관계를 엄격하게 온라인에서 유지하고 농담을 하는 것도 신중했습니다. 저는 그에게 다른 서버의 성소수자 길드가 있다는 것을 말해 주었고 그는 조심스럽게 그곳에서 여자 캐릭터를 만들었습니다. 그는 이 성소수자 길드가 자신을 지지한다고 느끼자 즉시 여성 캐릭터를 삭제하고 해당 서버에서 공개적으로 게이 남성 캐릭터로 게임을 하였습니다. 그가 엉뚱한 사람에게 엉뚱한 말을 할까봐 겁내지 않으면서 남자 캐릭터로 게임을 하는 것은 처음이라고 말했던 것을 기억합니다.
>
> 〈영웅들의 도시〉 사용자, 40세 여성.

그러나 대체적으로 다이달로스 프로젝트 연구에서 온라인 게임에 대한 이러한 긍정적인 반응이 흔한 것은 아니다. 우리는 이 책에서 가상 커뮤니티에 광범위한 영향을 미치는 사회적, 심리적 현상들을 살펴보았다. 예를 들어 미신적인 행동을 유발하는 조작적 조건화 현상을 통해 어떻게 현실과 가상 세계가 심리적으로 연결되어 있는지, 온라인 게임에서의 골드파밍이 어떻게 게임 환경에 상당한 영향을 주었는지 등이다. 일부 플레이어들이 온라인 게임에서 유익하고 변화를 느끼는 자유를 경험했다는 것은 의심의 여지가 없지만, 나는 그들이 예외라고 주장하고 싶다.

가상 세계가 취할 수 있는 상호 배타적이지 않은 3가지 궤적이 있다. 현실을 복제하거나, 현실에 영향을 미치거나, 현실을 재해석하는 것이다. 이 세 가지 다른 궤적의 가능성에 대해 살펴보자.

현실 복제하기

판타지 세계가 온갖 종류의 드래곤과 마법이 난무함에도 불구하고, 이 세계는 실제로 현실과 크게 다르지 않다. 가상 세계의 궤적 중 하나는 그들이 지속적으로 현실 사회의 규범을 영구화하고 강화하며 생산한다는 것이다. TV 쇼, 영화, 그리고 잡지와 함께, 가상 세계는 소년과 소녀들이 남성과 여성이 되어야 한다는 것을 배우는 또 다른 장소가 된다. 가상 세계는 매력적이지만 그저 상상일 뿐인 유토피아를 만들어 민족성과 세계 불평등이 더 이상 중요하지 않다고 생각하게 만든다. 현 상태를 유지하면서 우리를 변화시킬 것을 약속한다.

이상하게도, 가상 세계에서의 현실 사회 규범의 보존은 희망적인 측면이 있다. 이를 통해 가상 세계가 현실의 인간 행동을 모사하고 이해할 수 있도록 한다. 〈월드 오브 워크래프트〉에서 의도치 않게 게임 내 전염병이 퍼지면서 의학 연구자들은 가상 세계가 전염병을 모델링하고 연구하는 데 사용될 수 있는지 궁금하게 되었다. 에드워드 카스트로노바는 "가상 세계는 어쩌면 사회과학자들에게 현대적인 초대형 입자가속기에 비견될 수 있습니다. 가상 세계는 수많은 실험을 실시하는 동안 참여자나 다른 사람들에게 해를 끼치지 않고, 사회적 관점의 연구와 장기적이고 패널 형태의 연구를 가능하게 합니다."라고 말했다. 실제로, 전 세계 수백만 명의 사람들로부터 상세한 행동 데이터를 종단적으로 수집할 수 있다는 특징은 그 과학적 잠재력이 상당하다고 말할 수 있다.[1]

현실에 영향 미치기

주어진 아바타든, 당신의 도플갱어든, 게임의 규칙이든, 가상 세계는 우리가 생각하고 행동하는 방식을 변화시키는 데 있어서 비할 바 없는 도구들을 우리에게 제공한다. 현실로부터의 탈출구를 제공하는 대신, 가상 세계는 사람들이 현실 세계에서 행동하는 방식에 영향을 준다. 이 아이러니한 궤적에서 가상 세계는 현실을 통제한다. 우리가 어떻게 영향을 받느냐는 설계자들의 의도에 따라 달라진다. 가상 세계는 소매업자들이 우리에게서 돈을 벌 수 있는 좋은 도구가 될 수도 있다. 오락물을 소비하는 우리의 행동 지표는 우리의 물질적 욕구를 드러내며, 광고주들이 우리를 더 정확하게 겨냥할 수 있게 한다. 그리고 처음에 그러한 물질적인 욕구를 가지고 있지 않은 사람들에게, 도플갱어는 결국 무언가를 살 필요가 있다고 그들을 설득할지도 모른다.

미묘한 조작의 힘을 과소평가하기는 쉽다. 왜냐하면 이것은 매우 널리 퍼져있고 탐지하기 어렵기 때문이다. 그러나 대통령 선거 투표용지에 적힌 이름들의 순서만 간단히 변경해도 투표 결과가 바뀐다는 것을 생각해보자. 캘리포니아의 80개 선거구에서는 투표용지에 적힌 후보들의 순서가 무작위로 할당된다. 1994년, 빌 클린턴Bill Clinton은 자신의 이름이 투표용지 맨 위에 적힌 선거구에서 그렇지 않은 선거구보다 4% 더 많은 표를 얻었다. 2000년, 조지 W. 부시George W. Bush 역시 자신의 이름이 투표용지 맨 위에 있을 때 9% 더 많은 표를 받았다. 투표소에 도착하기 전 유권자들이 자신이 선호하는 후보를 이미 결정했을 것으로 보이는 대통령 선거와 같은 중요한 선거에서도 투표용지에 적힌 후보 이름의 순서는 중요하다.[2]

이 영향력은 좋게도 나쁘게도 적용될 수 있다. 우리가 본 것처럼, 아바타는 사람들이 그들의 노후를 계획하는 것을 도울 수 있다. 조지아 공대의 게임 디자이너이자 미디어 철학자인 이안 보고스트Ian Bogost는 사회 현상에 대한 비판을 위해 비디오 게임을 일부러 이용하기도 했다. 예를 들어 공항 보안 절차를 풍자하는 한 게임에서, 플레이어들은 보안 검색대에서 시시각각 너무 자주 변하는 규칙에 빠르게 반응해야 한다. 게임 디자이너이자 연구자인 제인 맥고니걸Jane McGonigal은 화석 연료에 대한 의존과 같은 절박한 세계적 이슈에 사람들이 관심을 갖도록 돕는 게임을 만들기도 하였다. 불행하게도, 주요 콘텐츠 제작자들은 사회 현상에 대해 높은 수준의 식견을 보여주는 프로그램을 만들어내는 것보다 많은 관객을 끌어들이는 데 더 신경을 써야 하는 것이 우리 시대의 현실이다. 역사 채널, 학습 채널, 디스커버리 채널에서 제작되는 방송 콘텐츠는 외계인, 19명의 자녀를 둔 가족, 어린이들의 뽐내기 대회 등에 대한 선정적인 보도의 비중이 커지고 있는데, 이는 더 넓은 시장 점유율을 얻으려는 시도이다. 그리고 나는 광고주들이 자신의 수익보다 사회적 복지에 더 신경을 쓸 것이라는 점을 믿기 어렵다.

현실 재창조하기

가상 세계는 무한한 가능성을 가지고 있지만, 지금까지 우리는 그러한 잠재력의 극히 일부만을 사용해왔다. 하지만 우리는 가상 세계가 현실을 잘 복제하고 표면적으로 변형하는 것을 너무 자주 보아왔기 때문에 그동안 현실의 많은 부분을 잘 반영했다는 것을 스스로에게 쉽게 납득시킬 수 있었다. 하지만 현실을 복제하는 대신에, 가상 세계는 우리가 새로운 것을 상상하도록 할 수도 있다. 초기의 텍스트 기반 가상 세계는 사용자가 자신의 성별을 창조할 수 있게 해주었지만, 현대의 가상 세계는 종종 2가지 선택지만 제공한다. 현실의 신체를 남겨둔 채 새로운 형태의 형상을 창조하는 것이 우리가 새로운 형태의 일, 놀이, 그리고 상호작용을 만들어내도록 도울 수 있지 않을까? 이 문제는 특히 가상 세계를 사업에 적용할 때 관련이 있다. 아바타는 본질적으로 일을 더 효율적이거나 더 재미있게 만들지는 않지만, 확실히 사람들을 자신의 가상 헤어스타일과 옷 때문에 더 산만하게 만든다. 확실히, 우리가 앞 장에서 살펴본 대안들 중 일부는 비현실적으로 보일 수 있지만, 나는 가상 세계의 목표가 꼭 실용적일 필요가 있다고 생각하지는 않는다.

안타깝게도, 우리에게 잠재력을 펼칠 자유가 주어졌다고 해도 우리가 이 자유를 받아들일지는 확실하지 않다. 우리는 익숙한 것에 끌린다. 우리가 외국에서 먹을 것을 찾을 때 맥도날드를 발견했을 때 기대하는 것처럼 가상 세계에서도 우리의 신체에 대해 익숙하게 기대하는 것이 있을 수 있다. 이러한 익숙함은 불확실성의 바다에 내릴 필수적인 심리적 닻이다. 그리고 아마도 우리는 일, 고정관념 그리고 갈등과 같은 현실 생활의 어두운 부분들을 가상 세계에서 복제한다. 왜냐하면 이러한 복제가 위로가 되고 우리가 알고 있는 유일한 현실로 우리를 묶는 데 도움이 되기 때문이다. 초기 텍스트 기반 가상 세계의 연구는 변화에 대한 이러한 저항을 잘 보여준다. 이 세계에서 사용자들은 그래픽 표현의 제약을 받지 않았다. 아바타는 글로 된 설명만으로 만들어졌다. 그럼에도 불구하고 사용자들은 종종 인종 차별과 고정관념을 활용해서 아바타를 만들기도 하였다. 디지털 미디어 연구자인 리사 나카무라Lisa Nakamura가 지적한 바대로, 람다무에서 활동하는 아시아계로 보이는 많은 아바타들은 그 모습을 무술이나 사무라이 영화에서 가져왔다. 아마도 〈세컨드 라이프〉의 초물질주의는 아바타의 존재에 의해 생겨나지는 않는 것 같다. 그것은 그저 인간의 본성이다.[3]

그러면 우리는 어떻게 할 것인가?

앞에서 이야기한 이 3가지 궤적은 모두 양날의 검과 같은 측면이 다소 존재한다. 우리가 현실을 재창조하기 위해 가상 세계를 이용하는 데 더 많은 노력을 기울여야 한다는 것이 분명하더라도 게이머나 일반인들이 이러한 변화에 많은 영향을 미칠 수 있을지는 확신할 수 없다. 이는 주로 가상 세계를 만들고 유지하는 데 드는 상당한 비용 때문이다. 〈월드 오브 워크래프트〉는 제작하는 데만 600만 달러가 넘게 들었고, 지속적인 운영비용까지 고려하면 엄청난 돈이 더 든다. 오직 대기업과 게임 개발자들만이 가상 세계를 만들 수 있는 자본을 가지고 있다. 이것은 일반인과 심지어 학술 연구자들의 가상 세계를 창조하는 능력을 제한할 뿐만 아니라, 위험을 회피하려는 경향 때문에 만들어질 수 있는 온라인 게임의 종류도 제한한다(실제 막대한 진입 비용을 고려하면 이런 상황이 이해할 만하다).

물론, 국가 연구 기관으로부터 가상 세계 연구를 위한 연구 지원금을 받을 수도 있지만, 이 경우에도 더욱더 높은 충실도로 현실을 복제하는 가상 세계를 창조하려는 경향이 강하다. 11장에서 우리는 창의 기술 연구소가 개발한 문화 간 군사 훈련 시뮬레이션 장치를 소개했다. 그 노력은 미 육군으로부터 4천 5백만 달러의 연구 지원비를 수주함으로써 결실을 맺을 수 있었다. 이 연구소는 개발된 신기술이 비디오 게임과 영화에 자유롭게 사용될 수 있다는 조건으로 영화 스튜디오 및 비디오 게임 디자이너들과 협력하기도 한다. 다른 영역에서의 훈련과 군인들이 외상 후 스트레스 장애를 극복하는 것을 돕기 위한 유사한 가상 시뮬레이션도 있다. 훈련 상황과 실제 상황이 일치해야 하기 때문에 가상 세계가 현실을 얼마나 잘 복제하느냐는 군대에서 가장 관심을 가지고 있는 핵심 목표이며, 이는 상용화가 가능한 기술과 그래픽 자산이라는 측면에서 낙수 효과도 있다.4

그리고 바로 이것이 문제이다. 가상 세계에서의 실험은 비용이 많이 들고 3D 그래픽, 서버 최적화, 게임 디자인, 스토리텔링, 커뮤니티 관리 등에 대한 매우 전문적인 기술이 요구되는 자원 집약적 특징이 있다. 게이머나 기술에 정통한 사람들조차 하나의 게임 모형을 만들어내는 것은 어렵다. 그러나 우리는 기술의 민주화가 다른 분야에서도 일어나는 것을 보았다. 블로그를 제작할 수 있는 소프트웨어를 통해 모든 사람들이 HTML 태그를 배울 필요 없이 자신만의 웹사이트를 만들 수 있게 되었다. 또한 피카사Picasa는 모든 사람이 복잡한 사진 편집 소프트웨어를 활용하는 방법을 배우거나 화이트 밸런스와 같은 전문적인 사진 개념을 이해하지 않고도 디지털 사진을 관리, 편집 및 공유하는 것을 가능하도록 했다. 〈울티마 온라인〉과 〈스타워즈 갤럭시〉의 수석 게임 개발 디자이너인 래프 코스터는 메타플레이스Metaplace라는 소프트웨어 플랫폼을 개발하기 시작했는데, 이를 통해 진입 장벽을 현격하게 낮추어 사람들이 누구나 자신만의 가상 세계를 창조할 수 있게 될 것이다. 만약 당신이 솜털 같은 구름 동물의 왕국을 원한다면, 그것을 지을 수 있었다. 만약 당신이 〈다운타운 에비〉[1]를 배경으로 스토리텔링 게임을 하고 싶다면, 그것도 만들 수 있었다. 안타깝게도, 메타플레이스 플랫폼은 2010년에 서비스를 종료했지만, 나는 이와 같은 플랫폼이 가상 세계에 대한 실험을 진행하기 위해 반드시 필요하다고 생각한다. 〈월드 오브 워크래프트〉와 〈세컨드 라이프〉의 전성기 이후, 가상 세계의 측면에서 이상하리만큼 정체된 소강상태가 지속되고 있다. 게이머들과 학자들은 온라인 게임이나 소셜 가상 세계 다음으로 무엇이 나올지 계속 궁금해했지만, 기존의 2개의 세계에서 관심을 돌릴 만한 것은 아직까지 나타나지 않고 있다. 그러나 블로그 소프트웨어가 모든 사람이 디지털 공간에 정보를 올리고 공유하는 것에 익숙해지도록 한 것과 같은 방식으로 (그리고 이것은 소셜 네트워킹 사이트의 길을 닦는 데 도움을 줌), 가상 세계를 만드는 데 필요한 진입 비용을 낮춰야만 가상 세계의 잠재력을 완전히 이해할 수 있다. 가상 세계를 방문하는 것에 만족하는 대신, 우리에게 기회가 주어진다면 어떤 새로운 세상을 만들 것인지 스스로에게 물어볼 필요가 있다.

---

[1] 옮긴이 주: 영국의 역사드라마 TV시리즈

미주

서론

1   Homer *Odyssey* 4.446-448, Richmond Lauimore 번역 (New York: Harper Perennial, 2007), 77.

2   게임 용어를 너무 세분화해서 사용하는 것의 혼란을 피하기 위해 이 책에서는 이러한 장르의 게임을 통칭하여 간단히 "온라인 게임"으로 명명한다. 블리자드 측에서 발표한 "1천2백만 명"이라는 수치를 확인하기 위해서는 다음을 보기 바란다. http://us.blizzard.com/en-us/company/press/pressreleases.html?id=2847881. 온라인 게임을 적극적으로 하는 구독자 수와 동시 사용자의 정점에 대한 추정치는 다음을 보기 바란다. MMO-Data.net, v. 3.8, retrieved on January 10, 2012. 중국에서의 온라인 게임 통계에 관한 예측치에 대해서는 다음을 보기 바란다. John Gaudiosi, "Booming Chinese MMO Games Market Forecast to Generate $6.1 Billion in 2012," *Forbes*, June 6, 2012. 클럽 펭귄에 대한 통계자료는 다음을 보기 바란다. Brooks Barnes, "Disney Acquires Web Site for Children," *New York Times*, August 2, 2007. 정확한 구독자 수가 종종 게임 회사에 의해 철저히 보호되고, 구독 기반 게임과는 달리, 무료 게임에는 사용자 수를 추산하기 위해 다른 측정치가 사용되고, 마케팅 회사는 다양한 종류의 게임을 "온라인 게임"이라는 범주에 넣어 계산하기 때문에 전 세계 다중접속역할수행게임의 사용자 수에 대한 정확한 추정치를 얻기가 어렵다. 예를 들어 일부 보고서에는 <월드 오브 탱크(World of Tanks)>나 <리그 오브 레전드(League of Legends)>와 같은 단발성 게임도 다중접속역할수행게임 범주에 포함시킨다. 캐주얼 게임 및 스마트폰 게임과 같은 네트워크 기반 게임의 인기는 정확한 추정치를 얻는 것을 더욱 어렵게 만든다.

3   Olga Kazan, "Lost in an Online Fantasy World," *Washington Post*, August 18, 2006; Vicki Haddock, "Online Danger Zone," *San Francisco Chronicle*, February 12, 2006; Edward Castronova, *Synthetic Worlds: The Business and Culture of Online Games* (Chicago: University of Chicago Press, 2005), 76.

4   Sherry Turkle, *Life on the Screen* (New York: Touchstone, 1997), 263-264; Bonnie A. Nardi, *My Life as a Night Elf Priest: An Anthropological Account of World of Warcraft* (Ann Arbor: University of Michigan Press, 2010), 7.

5   다이달로스 프로젝트 연구의 상세한 방법에 대한 설명은 다음을 보기 바란다. Nick Yee, "The Demographics. Motivations and Derived Experiences of Users of Massively-Multiuser Online Graphical Environments," *Presence 15* (2006): 309-329.

제1장

1 크리그스피엘에 대한 설명은 다음을 보기 바란다. Tim Lenoir and Henry Lowood, "Theatres of War: The Military-Entertainment Complex," in *Kunstkammer, Laboratorium, Bühne-Schauplätze des Wissens im 17. Jahrhundert*, ed. Jan Lazardig, Helmar Schramm, and Ludger Scharte (Berlin: Walter de Gruyter, 2003). 웰스가 쓴 리틀 워즈의 규칙 전문은 구텐 베르크 프로젝트의 다음 웹페이지에서 볼 수 있다. http://www.gutenberg.org/ebooks/3691.

2 Scott Lynch, "Industry Insights: The RPGNet Interviews: Interview with Gary Gygax," *RPGNet* (2001). 다음 웹페이지에서 볼 수 있다. http://www.rpg.net/news+reviews/columns/lynch01may01.html.

3 TheOneRing.net과의 인터뷰. 다음 웹페이지에서 볼 수 있다. http://archives.theonering.net/features/interviews/gary_gygax.html. 2004년 Game Spy와 진행했던 Gygax의 인터뷰는 다음 웹페이지에서 볼 수 있다. http://pc.gamespy.com/articles/538/538817p3. html.

4 플라토 시스템의 역사에 대해서는 다음을 보기 바란다. Stanley G. Smith and Bruce Arne Sherwood, "Educational Uses of the PLATO Computer System," *Science 23* (1976): 344-352. <미로 전쟁>의 역사에 대해서는 다음을 보기 바란다. Anthony Steed and Manuel Fradinho Oliveira, *Networked Graphics: Building Networked Games and Virtual Environments* (Burlington, MA: Morgan Kaufmann, 2010), 23.

5 Dennis G. Jerz, "Somewhere Nearby Is Colossal Cave: Examining Will Crowther's Original 'Adventure' in Code and Kentucky," *Digital Humanities Quarterly 1*, no. 2 (2007). 다음 웹페이지에서 볼 수 있다. http://www.digitalhumanities.org/dhq/vol/001/2/000009/000009.html.

6 Richard Bartle, "Early MUD History," 다음 웹페이지에서 볼 수 있다. http://www.mud.co.uk/richard/mudhist.htm. 다음 자료도 보기 바란다. Richard Bartle, *Designing Virtual Worlds* (Indianapolis, IN: New Riders, 2004), 4-7. ARPANet과 <머드>에 관하여는 다음을 보기 바란다. Koster's timeline of virtual worlds in Jessica Mulligan and Bridgette Patrovsky, *Developing Online Games: An Insider's Guide* (Lndianapolis, IN: New Riders, 2003). 다음 웹페이지에서도 볼 수 있다. http://www.raphkoster.com/gaming/mudtimeline.shtml.

7 Koster's timeline을 보기 바란다.

8 Damion Schubert's postmortem of Meridian 59 in Mulligan and Patrovsky, *Developing Online Games*를 보기 바란다.

9 <에버퀘스트>와 <울티마 온라인>의 구독자 추정치는, 특히 15만에서 1백만 구독자로 가는 역사적인 그래프는 MMOData.net에서 추산하였다. 이 두 게임이 이 분야를 어떻게 변화시켰는가는 Bartle, *Designing Virtual Worlds*, 20-29를 보기 바란다.

10 <월드 오브 워크래프트>의 구독자 추정치는 MMOData.net에서 추산하였다. 원래 블리자드는 유럽에서 1백만 구독자를 달성했다고 2006년 1월 19일에 언론에 발표하였다. 하지만 지금은 블리자드 웹사이트에서 확인할 수 없다. 이 발표 자료의 복사본은 다음 웹페이지에서 볼 수 있다. http://www.mmorpg.com/gamelist.cfm/setView/news/gameID/15/showArticle/4427.

11 바틀의 설명에 따르면 원래 "mobile"이라는 단어는 움직임 그 자체를 나타내기보다는 움직이는 조각들을 지칭했다. "왜냐하면 잘 통제되고 있으나 예측하지 못하는 방식으로 움직이는 생명체가 마치 천장에 매달려 있는 일종의 모빌과 비슷하다고 생각했기 때문이었다." (Designing Virtual Worlds, 102).

12 바로 위의 책, 5. 한스-헨리크 스타펠트(Hans-Henrik Starfeldt)가 1990년 alt.mud에서 개발자를 구하기 위해 올린 글에서는 "요즘 게임들은 던전 앤 드래곤의 정신을 모든 측면에서 잃어버렸다고 생각한다."고 썼다. 온라인 게임에 대한 <머드>의 영향에 대한 블로그 글은 다음을 보기 바란다. http://www.raphkoster.com/2008/06/27/mud-influence/. 바틀의 다음 글도 보기 바란다. "grew in a particular way": Metanomics interview in *Second Life*: http://www.metanomics.net/show/archivco31008/.

13 도시 건설 장르에 제한된 다중 사용자 모드를 처음 시도한 게임은 2002년 출시된 <시에라의 황제: 중세 왕국의 부상(Sierra's Emperor: Rise of the Middle Kingdom)>이었다. 게임회사 몬테크리스토의 <시티즈 XL(Cities XL)>은 2009년 출시 당시 대규모 다중 사용자 모드가 있었다. 그러나 몬테크리스토는 이 옵션을 5개월 만에 중지했다. 나는 페이스북이나 모바일 장치에서 돌아가는 도시 건설 장르 게임의 얄팍하고 비동기화된 다중 사용자 옵션은 완전히 다른 것이라고 생각한다.

제2장

1 게임에 대한 역사적 관점에 관해서는 다음을 보기 바란다. Dmitri Williams, "A Brief Social History of Video Games," in *Playing Computer Games: Motives, Responses, and Consequences*, ed. Peter Vorderer and Jennings Bryant (Mahwah, NJ: Lawrence Erlbaum, 2006), 229-247. 윌리엄스의 뉴스 미디어 분석에 관해서는 다음을 보기 바란다. Dmitri Williams, "The Video Game Lightning Rod: Constructions of a New Media Technology," *Information, Communication and Society* 6 (2003): 523-550.

2 도덕적 공포가 되풀이되는 현상에 관해서는 다음을 보기 바란다. Ellen Wartella and Byron Reeves, "Historical Trends in Research on Children and the Media: 1900-1960," *Journal of Communication* 35 (2006): 118-133. 만화책에 나타난 도덕적 공포에 관한 역사적 개관은 다음을 보기 바란다. James Gilbert, *A Cycle of Outrage: America's Reaction to the Juvenile*

Delinquent in the 1950s (New York: Oxford University Press, 1988). Angela McRobbie, "The Moral Panic in the Age of the Postmodern Mass Media," in *Postmodernism and Popular Culture* (London: Routledge, 1994), 192–213.

3 지미 키멜(Jimmy Kimmel)과 밀라 쿠니스(Mila Kunis)의 인터뷰, *Jimmy Kimmel Live!* October 17, 2008.

4 지난 10년 동안의 온라인 게이머에 대한 인구통계학적 자료를 제공하는 연구에 관해서는 다음을 보기 바란다. Mark D. Griffiths, Mark N. O. Davies, and Darren Chappell, "Breaking the Stereotype: The Case of Online Gaming," *CyberPsychology and Behavior* 6 (2003): 81–91; Nick Yee, "The Demographics, Motivations, and Derived Experiences of Users of Massively Multi-User Online Graphical Environments," *Presence: Teleoperators and Virtual Environments* 15 (2006): 309–329; Dmitri Williams, Nick Yee, and Scott E. Caplan, "Who Plays, How Much, and Why? Debunking the Stereotypical Gamer Profile," *Journal of Computer-Mediated Communication* 13 (2008): 993–1018; and Nick Yee, Nicolas Ducheneaut, Mike Yao, and Les Nelson, "Do Men Heal More When in Drag? Conflicting Identity Cues between User and Avatar," *Proceedings of CHI 2011* (2011): 773–776. 10대의 온라인 게이머 수에 대한 추정치에 관해서 Griffiths, Davies, and Chappel, "Breaking the Stereotype,"에서는 40%라고 보고했고, Yee, "Demographics, Motivations, and Derived Experiences,"에서는 25%라고 보고했으며, Williams, Yee, and Caplan, "Who Plays,"에서는 대략 10%라고 보고했다. 이 수치들의 평균은 25%이다.

5 여성 게이머의 비율에 관해서 Williams, Yee, and Caplan, "Who Plays,"에서는 19.2%라고 보고했고, Yee, "Demographics, Motivations, and Derived Experiences,"에서는 15%라고 보고했다. 2005년 다이달로스 프로젝트에 참여했던 1,109명의 <월드 오브 워크래프트> 사용자들 중에서는 16%가 여성이었다. 그러나 2011년 발표된 <월드 오브 워크래프트>에 관한 더 최신 연구인 Nick Yee, Nicolas Ducheneaut, Les Nelson, and Peter Likarish, "Introverted Elves and Conscientious Gnomes: The Expression of Personality in World of Warcraft," *Proceedings of CHI 2011* (2011): 753–762에서 나와 동료들은 그 비율이 26%라는 것을 발견했다. 본문에서 제시한 20%란 수치는 이러한 수치들의 대략적인 평균이라 할 수 있다. 더 젊은 플레이어들은 온라인 게임에서 리더의 역할을 하는 것을 좀 더 좋아하는 것 같다. 이들은 길드를 새롭게 시작하지만 나이 든 플레이어들은 시간이 조금 더 지나서 리더의 역할을 맡으려는 경향이 있는 것 같다. 이와 관련해서는 다음을 보기 바란다. Nick Yee, "Being a Leader," The Daedalus Project (2005): http://www.nickyee.com/daedalus/archives/001467.php; Nick Yee, "The Origin of Guild Leaders," *The Daedalus Project* (2006): http://www.nickyee.com/daedalus/archives/001517.php.

6 문화 간 비교 자료의 일부는 게임 행태의 다른 측면에 초점이 있는 몇몇 논문에 실려 있다. 예를 들어 다음의 논문을 보기 바란다. Nick Yee, Nicolas Ducheneaut, and Les

Nelson, "Online Gaming Motivations Scale: Development and Validation," *Proceedings of CHI 2012* (2012): 2803-2806. 그러나 이러한 문화 간 비교가 전체 연구의 중심인 경우는 이 책이 출판될 때까지는 없었다. 새로운 통계 자료가 있는데, 미국 게이머의 평균 연령은 34.2세(표준편차: 10.7, 사례 수: 876), 유럽 게이머의 평균 연령은 32.6세(표준편차: 8.6, 사례 수: 279), 중국 게이머의 평균 연령은 22.3세(표준편차: 3.6, 사례 수: 640)였다. 연방 수준의 연구에서는 생명윤리심의위원회의 제한 때문에 어린이나 청소년에 대한 자료를 얻을 수는 없었다. 따라서 이 수치도 사실은 진짜 연령에 비해 약간 높은 쪽으로 치우쳐 있을 것이다.

7 매주 평균 게임 시간에 관해서 Yee, "Demographics, Motivations, and Derived Experiences,"에서는 평균은 22.7시간, 중앙값은 20시간으로 보고하였다. Williams, Yee, and Caplan, "Who Plays,"에서는 평균 25.7시간이었다. Yee의 연구에서는 연령과 게임 시간 간의 상관관계를 발견하지 못했지만, Wlliams, Yee, and Caplan의 연구에서는 유의미한 정적 상관관계를 찾아냈다. 미국인의 평균 TV 시청 시간에 관해서는 다음을 보기 바란다. Nielsen, "Report: How Americans Are Spending Their Media Time ... and Money," *www.nielsenwire.com*, February 9, 2012. 다음 웹페이지에서도 볼 수 있다. http://blog.nielsen.com/nielsenwire/onlineemobile/report-how-americansare-spending-their-media-time-and-money/.

8 현실의 사람들과 함께 게임을 하는 빈도는 여러 논문에 보고되었지만 종종 다른 방식으로 그룹화된다. Yee, "Demographics, Motivations, and Derived Experiences,"에서는 남성의 16%와 여성의 60%가 자신의 연인과 규칙적으로 게임을 한다. 또한 남성의 26%와 여성의 40%는 자신의 가족 구성원과 정기적으로 게임을 한다고 보고한다. Helena Cole and Mark D. Griffiths, "Social Interactions in Massively Multiplayer Online Role-Playing Games," *CyberPsychology and Behavior* 10 (2007): 575-583에서는 게이머들의 26%가 자신의 가족이나 친구들과 게임을 한다. 본문에 제시된 자료는 다음을 보기 바란다. Nick Yee, "Playing with Someone," *The Daedalus Project* (2005). 다음 웹페이지에서 볼 수 있다. http://www.nickyee.com/daedalus/archives/001468.php. 이 자료를 보면 연령대별로 비율이 어떤지 볼 수 있으며 이를 합친 결과도 보여준다.

9 긍정 및 부정 경험 자료와 온라인과 실제 세계의 우정의 비교에 대한 결과는 다음의 자료에서 가져왔다. Yee, "Demographics, Motivations, and Derived Experiences," Cole and Griffiths, "Social Interactions in Massively Multiplayer Online Role-Playing Games,"에서도 온라인에서의 우정이 실제 세계의 우정과 비슷하거나 더 낫다고 느끼는 비율이 46%로 본문에서 제시한 수치와 비슷했다.

10 바틀의 플레이어 유형 분석에 관해서는 다음을 보기 바란다. Richard Bartle, "Hearts, Clubs, Diamonds, Spades: Players Who Suit MUDS" (1996). 다음 웹페이지에서도 볼 수 있다. http://www.mud.co.uk/richard/hcds.htm. 이와 같은 동기 개념을 추출하기 위해서는

요인 분석이라는 통계 기법이 사용된다. 자세한 내용은 다음을 보기 바란다. Nick Yee, "Motivations for Play in Online Games," *CyberPsychology and Behavior* 9 (2006): 772–775. 그리고 이 척도의 타당화에 관한 연구는 다음을 보기 바란다. Nick Yee, Nicolas Ducheneaut, and Les Nelson, "Online Gaming Motivations Scale: Development and Validation," *Proceedings of CHI 2012* (2012): 2803–2806.

11 문제적 인터넷 사용에 대한 연구는 문제적 게임 행태에 대한 연구와 유사한 경향이 있으며, 우울증과 사회적 불안이 모두 이들의 중요한 원인이라는 것을 시사한다. 이와 관련하여 다음의 연구들을 보기 바란다. Marcantonio M. Spada, Benjamin Langston, Ana V. Nikčević, and Giovanni B. Moneta, "The Role of Metacognitions in Problematic Internet Usage," *Computers in Human Behavior* 24 (2008): 2325–2335; Robert LaRose, Carolyn A. Lin, and Matthew S. Eastin, "Unregulated Internet Usage: Addiction, Habit, or Deficient Self-Regulation?" *Media Psychology* 5 (2003): 225–253; Scott E. Caplan, Dmitri Williams, and Nick Yee, "Problematic Internet Use and Psychosocial Well-Being among MMO Players," *Computers in Human Behavior* 25 (2009): 1312–1319. 가족 구성원들과 함께 게임을 하는 것에 관한 연구는 다음을 보기 바란다. Cuihua Shen and Dmitri Williams, "Unpacking Time Online: Connecting Internet and MMO Use with Psychosocial Well-Being," *Communication Research* 38 (2011): 123–149.

12 Andrew J. Grundstein et al., "A Retrospective Analysis of American Football Hyperthermia Deaths in the United States," *International Journal of Biometeorology* 56 (2010): 11.

제3장

1 B. F. Skinner, *The Behavior of Organisms* (New York: Appleton-Century-Crofts, 1938).

2 B. F. Skinner, "'Superstition' in the Pigeon," *Journal of Experimental Psychology* 38 (1948): 168–172.

3 Alfred Bruner and Samuel H. Revusky, "Collateral Behavior in Humans," *Journal of the Experimental Analysis of Behavior* 4 (1961): 349–350.

4 헤더 싱클레어(Heather Sinclair)는 테라 노바(Terra Nova)에 관한 블로그 글에 대한 논평에서 이러한 미신들에 관해 논한다. http://terranova.blogs.com/terra_nova/2006/10/superstition.html#c25369047.

5 Byron Reeves and Clifford Nass, *The Media Equation: How People Treat Computers, Televisions, and New Media Like Real People and Places* (New York: Cambridge University Press, 1996).

6 Michael Argyle and Janet Dean, "Eye-Contact, Distance and Affiliation," *Sociometry* 28 (1965): 289–304; Nick Yee et al., "The Unbearable Likeness of Being Digital: The Persistence of

프로테우스의 역설: 가상 세계와 온라인 게임의 심리학

Nonverbal Social Norms in Online Virtual Environments," *Journal of CyberPsychology and Behavior* 10 (2007): 115–121.

7   이러한 정신적 지름길에 관한 여러 예시들이 많이 있는데, 이에 관해서는 다음을 보기 바란다. Amos Tversky and Daniel Kahneman, "Judgment under Uncertainty: Heuristics and Biases," *Science* 185 (1974): 1124–1131.

8   <파이널 판타지 XI>의 달의 위상에 관한 효과의 잘 알려진 예는 다음 위키 페이지를 보기 바란다. http://wiki.ffxiclopedia.org/wiki/MoonePhase. 달의 위상에 관한 증명되지 않은 효과가 어떻게 명시적으로 표시되는지 주목하기 바란다.

9   Wi라는 캐릭터를 가지고 게임을 했던 이 플레이어는 다음의 길드 게시물에서 자신의 고통을 묘사했다. http://www.gamerdna.com/GuildHome.php?guildid=5849&page=2. 이러한 버그에 대한 터번의 일차적 부인과 이후 버그의 발견에 대한 기사는 처음에 다음 페이지에 게시되었다. http://www.zone.com/asheronscall/news/ASHEletter0702.asp. 이 링크는 지금은 살아 있지 않지만, 복사본은 다음 링크에서 볼 수 있다. http://asheron. wikia.com/wiki/Wi_Flag.

제4장

1   게임 연구에서 놀이와 놀이가 아닌 것을 철학적으로 구분하는 것은 "매직 써클"이라는 개념을 중심으로 논의가 진행되어 왔다. 이것은 현실과 구분되며 게임에 의해 창조된 특별한 공간으로, 『호모 루덴스: 놀이하는 인간(*Homo Ludens: A Study of Play Element in Culture* (Boston: Beacon, 1938))』라는 책에서 요한 하위징아(Johan Huizinga)가 처음 창안한 용어이다. 이는 사실 매우 추상적이고 이론적인 논의이기 때문에 이 논의에 관심이 있는 독자들은 다음의 문헌들을 보기 바란다. Jaakko Stenros, "In Defence of a Magic Circle: The Social and Mental Boundaries of Play," *Proceedings of 2012 DiGRA Nordic* (2012), http://www.digra.org/dl/db/12168.43543.pdf. 다음의 논문도 보기 바란다. Bonnie A. Nardi, "Work, Play, and the Magic Circle," in *My Life as a Night Elf Priest: An Anthropological Account of World of Warcraft* (Ann Arbor: University of Michigan Press, 2010), 94–122.

2   "SWG Profession Guide—Doctor"에 나온 많은 공식들 중 하나이며, 다음에서 볼 수 있다. http://forum.galaxiesreborn.com/star-wars-galaxies-profession-guides/swg-profession-guide-doctor-t3208.html.

3   2005년에 www.hadean.org에서 발췌하였다.

4   http://eve-search.com/thread/622081/page/1에서 발췌하였다.

5   인터뷰 전문은 다음에서 볼 수 있다. http://www.nickyee.com/daedalus/archives/001334.php.

6 여기서 "클래시즘"이란 게임 밸런스의 변화 때문에 게임 내 특정 클래스에 대한 선호와 비선호도가 주기적으로 바뀌는 것을 가리킨다. 최적화 상태가 아니라고 인식되는 클래스는 레이드와 던전 그룹을 형성할 때 다른 플레이어들이 피할 수 있다.

7 John C. Beck and Mitchell Wade, *Got Game: How the Gamer Generation Is Reshaping Business Forever* (Boston: Harvard Business School, 2004).

8 Jane McGonigal, *Reality Is Broken: Why Games Make Us Better and How They Can Change the World* (New York: Penguin, 2011); Byron Reeves and J. Leighton Read, *Total Engagement: Using Games and Virtual Worlds to Change the Way People Work and Businesses Compete* (Boston: Harvard Business School, 2009).

9 "가트너에 따르면 2014년까지 현재 게임 원리를 적용한 애플리케이션의 80%는 사업 목적을 충족시키는 데 실패할 것인데, 이는 빈약한 설계 때문이다." *Gartner Newsroom*, November 27, 2012, www.gartner.com/newsroom/id/2251015.

10 Tiziana Terranova, "Free Labor: Producing Culture for the Digital Economy," *Social Text* 63 (2000): 33–58. 무임 노동에 대한 더 많은 정보는 다음을 보기 바란다. Trebor Scholz, ed., *Internet as Playground and Factory* (New York: Routledge, 2012). 단백질 접힘 관련 게임에 대한 뉴스는 다음을 보기 바란다. Michael J. Coren and Fast Company, "Foldit Gamers Solve Riddle of HIV Enzyme within 3 Weeks," *Scientific American*, September 20, 2011. 게이미피케이션이 어떻게 착취적이 될 수 있는가에 대해 더 알고 싶다면 다음을 보기 바란다. Ian Bogost, "Persuasive Games: Exploitationware," *Gamasutra*, May 3, 2011, 다음 웹페이지에서 볼 수 있다. http://www.gamasutra.com/view/feature/6366/persuasive_games_exploitation ware.php.

제5장

1 이러한 플레이어들이 만든 비디오는 다음에서 처음 보고하였다. Constance Steinkuehler, "The Mangle of Play," *Games and Culture* 1 (2006): 199–213.

2 Nicolas Ducheneaut, Nick Yee, Eric Nickell, and Robert J. Moore, "Building an MMO with Mass Appeal: A Look at Gameplay in World of Warcraft," *Games and Culture* 1 (2006): 281–317.

3 Julian Dibbell, "The Life of a Chinese Gold Farmer," *New York Times*, June 17, 2007.

4 Richard Heeks, "Current Analysis and Future Research Agenda on 'Gold Farming': Real-World Production in Developing Countries for Virtual Economies of Online Games," *Development Informatics Working Paper Series* (2008). 다음 웹페이지에서 볼 수 있다. http://www.sed.manchester.ac.uk/idpm/research/publications/wp/di/diewp32.htm.

5 Danny Vincent, "China Used Prisoners in Lucrative Internet Gaming Work," *Guardian*, May 25, 2011.

6   <월드 오브 워크래프트>와 같은 게임에서 대부분 서버의 플레이어 대 플레이어(PvP) 모드는 상호 동의하에 이루어진다. 플레이어는 PvP 상태를 전환할 수 있다. PvP를 중지하면 다른 플레이어가 자신을 공격하지 못한다. 다시 이 모드를 활성화시키면 PvP 모드가 활성화된 플레이어들끼리 서로 공격할 수 있다. 만약 PvP 모드 상태가 아닌 플레이어 A가 PvP 모드 상태인 플레이어 B를 공격하면 플레이어 A는 PvP 모드로 자동 변환된다. 골드 파머들은 보통 다른 플레이어를 속이기 위해 먼저 PvP 모드를 활성화시켜 놓고 플레이어가 공격하고 있는 몬스터 쪽에 발을 들여놓는다. 이 경우, 다른 플레이어가 몬스터 대신 이 골드파머를 클릭하면 자동으로 PvP 모드가 활성화되고, 이런 일이 발생할 경우, 골드파머는 이 플레이어를 공격하고 죽이려고 시도할 수 있다. 자원이 풍부한 지역에는 종종 여러 명의 골드 파머가 있다. 따라서 일반 플레이어가 PvP 모드를 이용한 이러한 술책에 속으면 여러 골드파머에 의해 공격당할 수 있다.

7   Heeks, "Current Analysis and Future Research Agenda," 11–12.

8   지금은 이 글 타래가 없어졌지만, 원래는 다음에서 볼 수 있었다. http://forums.worldofwarcraft.com/thread.aspx?FN=wow-mage&T=283346.

9   지금은 이 글 타래가 없어졌지만, 원래는 다음에서 볼 수 있었다. http://forums.worldofwarcraft.com/thread.aspx?FN=wow-general&T=4007590.

10   Lisa Nakamura, "Don't Hate the Player, Hate the Game: The Racialization of Labor in World of Warcraft," *Critical Studies in Media Communication* 26 (2009): 128–144.

11   Dean Chan, "Being Played: Games Culture and Asian American Dis/Identifications," *Refractory* 16 (2009): 1.

12   다음 웹페이지를 보기 바란다. http://web.archive.org/web/20060708212246/http://www.hellomonster.net/2006/04/18/blizzards-patriot-act/.

13   원래 이산관은 세탁이나 세탁소를 지칭하는 것은 아니었고, 옷감이나 옷을 재단하고 판매하는 상점을 의미하는 완곡한 표현이었다. Iris Chang, *The Chinese in America: A Narrative History* (New York: Penguin Books, 2003), 48–49, 169.

14   바로 위의 책, 119, 132.

15   Edward Castronova, "Is Inflation Fun?" *Terra Nova,* http://terranova.blogs.com/terra_nova/2005/08/is_inflation_fu.html.

16   Heeks, "Current Analysis and Future Research Agenda," 23.

17   Nate Combs, "Why Are In-Game Economies so Hard to Get Right?" *TerraNova,* http://terranova.blogs.com/terra_nova/2004/02/why_are_ingame_.html.

18 이러한 소수에 대한 폭력에 관한 발견을 처음 보고한 연구는 다음을 보기 바란다. C. Hovland and R. Sears, "Minor Studies of Aggression: Correlation of Lynchings with Economic Indices," *Journal of Psychology: Interdisciplinary and Applied* 9 (1940): 301–310. 이 연구를 재분석한 결과, 통계적인 결점이 있다는 것이 밝혀졌지만, 수정된 분석에서도 역시 정도만 약간 약화된 채 같은 상관관계가 관찰되었다. 이 결과에 대해서는 다음을 보기 바란다. Alexander Mintz, "A Re-Examination of Correlations between Lynchings and Economic Indices," *Journal of Abnormal Social Psychology* 41 (1946): 154–160. 시계열 분석을 이용한 정확한 재분석에 따르면 이 상관관계는 실재하는 것이며 잘못된 통계 분석에 따른 가짜 효과가 아니다. 이와 관련하여 다음의 논문을 참조하기 바란다. E. M. Beck and Stewart E. Tolnay, "The Killing Fields of the Deep South: The Market for Cotton and the Lynchings of Blacks," *American Sociological Review* 55 (1990): 526–539. 유럽 연합에서 나타나는 민족 고정관념에 관한 연구는 다음을 보기 바란다. Edwin Poppe, "Effects of Changes in GNP and Perceived Group Characteristics on National and Ethnic Stereotypes in Central and Eastern Europe," *Journal of Applied Social Psychology* 31 (2006): 1689–1708.

제6장

1 Edward Castronova, *Synthetic Worlds: The Business and Culture of Online Games* (Chicago: University of Chicago Press, 2005). 모든 비디오 게임 사용자의 성비 통계는 다음을 보기 바란다. Entertainment Software Association, "2012 Essential Facts about the Computer and Video Game Industry," http://www.theesa.com/facts/pdfs/ESAeEFe2012.pdf. <월드 오브 워크래프트> 플레이어들을 대상으로 한 다음의 연구에서는 여성 게이머의 비율이 26% 였다. Nick Yee, Nicolas Ducheneaut, Han-Tai Shiao, and Les Nelson, "Through the Azerothian Looking Glass: Mapping In-Game Preferences to Real World Demographics," *Proceedings of CHI 2012* 1 (2012): 2811–2814. <에버퀘스트 II> 사용자를 대상으로 한 다음의 연구에서는 여성 플레이어의 비율은 19.7%였다. Dmitri Williams, Mia Consalvo, Scott Caplan, and Nick Yee, "Looking for Gender: Gender Roles and Behaviors among Online Gamers," *Journal of Communication* 59 (2009): 700–725. 마지막으로 앞의 연구들보다 조금 더 먼저 수행된 다음의 연구에서는 다양한 온라인 게임 사용자들 중 여성의 비율이 15%였다. Nick Yee, "The Demographics, Motivations, and Derived Experiences of Users of Massively Multi-User Online Graphical Environments," *Presence* 15 (2006): 309–329.

2 Torben Grodal, "Video Games and the Pleasure of Control," in *Media Entertainment: The Psychology of Its Appeal*, ed. Dolf Zillman and Peter Vorderer (Mahwah, NJ: Lawrence Erlbaum, 2000), 197–213; Kristen Lucas and John L. Sherry, "Sex Differences in Video Game Play: A Communication-Based Explanation," *Communication Research* 31 (2004): 499–523; Chris

Crawford, "Women in Games," *Escapist* 17 (2005): 3–9.

3   T. L. Taylor, *Play between Worlds: Exploring Online Game Culture* (Cambridge, MA: MIT Press, 2006), 113.

4   Holin Lin, "Body, Space, and Gendered Gaming Experiences: A Cultural Geography of Homes, Cybercafes and Dormitories," *Beyond Barbie and Mortal Kombat: New Perspectives on Gender and Computer Games*, ed. Yasmin B. Kafai et al. (Cambridge, MA: MIT Press, 2008), 54–67.

5   오락실 출입을 하는 청소년에 대해 부모가 자녀의 성별에 따라 다르게 대하는 연구는 다음에서 볼 수 있다. "Video Arcades, Youth, and Trouble," *Youth and Society* 16 (1984): 47–65. 게임을 하는 여성에 대한 윌리엄스의 연구들에 관해서는 다음을 보기 바란다. Dmitri Williams, Nicole Martins, Mia Consalvo, and James D. Ivory, "The Virtual Census: Representations of Gender, Race and Age in Video Games," *New Media and Society* 11 (2009): 815–834; Dmitri Williams, "A Brief Social History of Video Games," in *Playing Computer Games: Motives, Responses, and Consequences*, ed. Peter Vorderer and Jennings Bryant (Mahwah, NJ: Lawrence Erlbaum, 2006), 229–247.

6   David Alan Grier, *When Computers Were Human* (Princeton, NJ: Princeton University Press, 2005); T. Camp, "Women in Computer Studies: Reversing the Trend," *Syllabus* 24 (2001): 24–26; Computing Research Association, "Computing Degree and Enrollment Trends," http://www.cra.org/uploads/documents/resources/taulbee/CS_Degree_and_Enrollment_Tren ds_2010–11.pdf.

7   Yee, "Demographics, Motivations and Derived Experiences."

8   Jennifer Jenson and Suzanne de Castell, "Her Own Boss: Gender and the Pursuit of Incompetent Play" (Paper presented at DiGRA 2005).

9   이 이야기와 관련하여 더 자세한 정보를 공개하자면, 나는 현재 유비소프트에 고용되어 있다. 그러나 여기에 고용되기 훨씬 전에 이미 로민(Romine)과 함께 이 이야기를 다른 책의 어떤 장에서 소개한 적이 있기 때문에 지금 다시 이 이야기를 소개해도 어떤 편향 없이도 받아들여질 수 있다고 생각했다.

10   http://www.nickyee.com/daedalus/archives/001557.php.

11   Sheri Graner Ray, *Gender Inclusive Game Design: Expanding the Market* (Hingham, MA: Charles River Media, 2004), 104.

12   http://us.battle.net/d3/en/forum/topic/5968887243.

13   게임에서의 성차와 관련된 매우 일관된 결과를 보고하는 세 편의 연구는 다음과 같다. T. Hartmann and C. Klimmt, "Gender and Computer Games: Exploring Females' Dislikes,"

Journal of Computer-Mediated Communication 11 (2006): 910–931; Lucas and Sherry, "Sex Differences in Video Game Play"; Williams, Consalvo, Caplan, and Yee, "Looking for Gender." 마지막 논문에 추가하여 나는 다른 데이터에서도 이러한 결과를 보고하였는데, 이는 다음과 같다. Nick Yee, "Motivations for Play in Online Games," *Journal of CyberPsychology and Behavior* 9 (2006): 772–775.

14 Nick Yee, "WoW Alliance vs. Horde," *The Daedalus Project*. 다음 웹페이지에서 볼 수 있다. http://www.nickyee.com/daedalus/archives/001366.php.

15 본문에서 제시한 두 표본 사이의 중복비율(U)은 효과크기(d)를 통해 계산할 수 있는데, 그 방법은 다음 자료에서 볼 수 있다. J. Cohen, *Statistical Power Analysis for the Behavioral Sciences* (Mahwah, NH: Lawrence Erlbaum, 1988). 여기서 제시한 결과를 조금 자세히 설명하겠다. 이 결과는 Yee, "Motivations for Play in Online Games."에서 나왔는데, 역학 동기에 대한 효과크기 값 r은 .24였고, 10개 모든 동기의 평균 효과크기 값 r은 .12였다. 이 값들을 효과크기 d로 변환하면 그 값은 각각 .49와 .25가 된다. 이 효과크기 수치에 기반하여 두 분포의 중첩비율을 추정할 수 있었다. 윌리엄스가 보고한 결과는 다음 논문으로부터 구했다. Consalvo, Caplan, and Yee, "Looking for Gender." 이 연구의 표 1에서 보고한 평균과 표준편차에 기반해서 효과크기 d를 계산할 수 있는데, 그 값은 .44였다. 하이드의 주장은 다음 논문에서 볼 수 있다. Janet Shibley Hyde, "The Gender Similarities Hypothesis," *American Psychologist* 60 (2005): 581–592.

16 Yee, "Demographics, Motivations and Derived Experiences."에서 보고된 자료를 통해 이 분석을 실시하였다. 설명된 변량은 효과크기 계수인 r을 제곱해서 추산할 수 있는데, 성취 동기에 대한 성별의 효과크기는 .26이었던 반면에, 연령의 효과크기는 .33이었다. 이를 바탕으로 구한 설명된 변량의 크기는 성별이 .07, 연령이 .11이었다.

17 이 현상은 시대나 게임 종류에 관계없이 엄청나게 일관적으로 나타난다. <에버퀘스트> 사용자들로부터 얻은 초기 자료는 다음 웹페이지에서 볼 수 있다. http://nickyee. com/eqt/genderbend.html. <월드 오브 워크래프트> 사용자들로부터 얻은 좀 더 최신의 자료는 다음 논문을 보기 바란다. Nick Yee, Nicolas Ducheneaut, Mike Yao, and Les Nelson, "Do Men Heal More When in Drag? Conflicting Identity Cues between User and Avatar," *Proceedings of CHI 2012* 1 (2012): 773–776. 이 현상은 또한 초기 텍스트 기반 가상 세계에서도 나타나는데, 이에 대한 설명은 다음을 보기 바란다. Amy S. Bruckman, "Gender Swapping on the Internet," *Proceedings of INET* (Reston, VA: Internet Society, 1993). 이 주제에 대한 다이달로스 프로젝트의 글은 다음 웹페이지를 보기 바란다. http://www. nickyee.com/daedalus/archives/001369.php. 성별 변환의 젠더 불균형 문제가 제기될 때, 종종 남성의 관점에서 바라보게 된다. 남자들은 왜 이렇게 성별 변환을 많이 하는가? 이 관점은 진실성이라는 규범이 존재하며, 남성들이 어떻게든 이 규범을 어기고 있다고 가정한다. 이것은 두 가지 선택 중 덜 생산적일 수 있다는 것을 지적할 수 있다. 페미

니스트의 관점에서 보면, 표면적으로는 여성이 성별 변환을 해야 하는, 즉 여성의 신체에 대한 대상화를 거부할 수 있는 충분한 이유가 있는 것으로 보인다. 반면에, 사회적 공간에서 편안함을 느끼기 위해 자신의 생물학적 성을 거부할 필요성이 있다는 것은 여성들에 대해 가지고 있는 온라인 게임의 핵심 문제를 강조한다. 어느 경우든 우리가 물어야 할 질문은 다음과 같다. 왜 온라인 게임에서 여성들의 성별 변환이 그렇게 드물게 나타날까?

18 Nick Yee, Nicolas Ducheneaut, Les Nelson, and Peter Likarish, "Introverted Elves and Conscientious Gnomes: The Expression of Personality in World of Warcraft," *Proceedings of CHI 2011* (2011): 753–762.

19 Jesse Fox and Jeremy N. Bailenson, "Virtual Virgins and Vamps: The Effects of Exposure to Female Characters' Sexualized Appearance and Gaze in an Immersive Virtual Environment," *Sex Roles* 61 (2009): 147–157.

20 Langdon Winner, *The Whale and the Reactor: A Search for Limits in an Age of High Technology* (Chicago: University of Chicago Press, 1998), 21–22.

21 Marybeth J. Mattingly and Suzanne M. Bianchi, "Gender Differences in Quantity and Quality of Free Time: The U.S. Experience," *Social Forces* 81 (2003): 999–1030; Lyn Craig and Killian Mullan, "Parental Leisure Time: A Gender Comparison in Five Countries," *Social Politics* (2013), doi: 10.1093/sp/jxt002. 여성을 대상으로 한 광고에 죄책감이 어떻게 사용되는지에 대한 예시는 다음을 보기 바란다. Katherine J. Parkin, *Food Is Love: Advertising and Gender Roles in Modern America* (Philadelphia: University of Pennsylvania Press, 2006).

22 디퍼런스 엔진 이니셔티브에서의 일화는 다음 논문에 보고하였다. Stephanie Fisher and Alison Harvey, "Intervention for Inclusivity: Gender Politics and Indie Game Development," *Loading ... Journal of the Canadian Game Studies Association* 7 (2013): 25–40. Gabrielle Toledano, "Women and Video Gaming's Dirty Little Secrets," *Forbes*, January 18, 2013, http://www.forbes.com/sites/forbeswomanfiles/2013/01/18/women-and-video-gamings-dirty-little-secrets/

제7장

1 Lindsy Van Gelder, "Strange Case of the Electronic Lover," *Ms.* 14 (1985): 94, 99, 101–104, 117, 123, 124.

2 T. L. Taylor, *Play between Worlds: Exploring Online Game Culture* (Cambridge, MA: MIT Press, 2006), 52. 퓨 인터넷 조사 결과는 다음에서 볼 수 있다. M. Madden and A. Lenhart,

"Online Dating," *Pew Internet and American Life Project* (2006). 다음 웹페이지에서도 볼 수 있다. http://www.pewinternet.org/Reports/2006/Online-Dating.aspx. 온라인 관계 형성에 관한 통계자료는 다음 논문에서 볼 수 있다. M. Rosenfeld, "Searching for a Mate: The Rise of the Internet as a Social Intermediary," *American Sociological Review* 77 (2012): 523–547.

3   온라인 관계에 대해 다음의 자료들을 보기 바란다. Nick Yee, "The Demographics, Motivations and Derived Experiences of Users of Massively-Multiuser Online Graphical Environments," *Presence* 15 (2006): 309–329; Nick Yee, "Love Is in the Air," *The Daedalus Project* (2006): http://www.nickyee.com/daedalus/archives/001528.php;
Helena Cole and Mark D. Griffiths, "Social Interactions in Massively Multiplayer Online Role-Playing Games," *CyberPsychology and Behavior* 10 (2007): 575–583.

4   일부 길드는 여러 온라인 게임에 걸쳐 있으므로 길드 구성원은 다른 게임을 하는 경우에도 동일한 길드에 남아 있을 수 있다.

5   Todd Krieger, "Love and Money," *Wired*, March 9, 1995.

6   See Russ V. Reynolds, J. Regis McNamara, Richard J. Marion, and David L. Tobin, "Computerized Service Delivery in Clinical Psychology," *Professional Psychology: Research and Practice* 16 (1985): 339–353; Malcolm R. Parks and Kory Floyd, "Making Friends in Cyberspace," *Journal of Communication* 46 (1996): 80–97; Yee, "Demographics, Motivations and Derived Experiences"; Joseph B. Walther, "Computer-Mediated Communication: Impersonal, Interpersonal, and Hyperpersonal Interaction," *Communication Research* 23 (1996): 3–43.

7   Susan M. Wildermuth and Sally Vogl-Bauer, "We Met on the Net: Exploring the Perceptions of Online Romantic Relationships Participants," *Southern Communication Journal* 72 (2007): 211–227.

8   Katelyn Y. A. McKenna and John A. Bargh, "Plan 9 from Cyberspace: The Implications of the Internet for Personality and Social Psychology," *Personality and Social Psychology Review* 4 (2000): 57–75.

9   Mark Seal, *The Man in the Rockefeller Suit: The Astonishing Rise and Spectacular Fall of a Serial Impostor* (New York: Viking Adult, 2011).

10   Bruno Bettelheim, *The Uses of Enchantment: The Meaning and Importance of Fairy Tales* (New York: Alfred A. Knopf, 1975), 69.

11   Eli J. Finkel et al., "Online Dating: A Critical Analysis from the Perspective of Psychological Science," *Psychological Science in the Public Interest* 13 (2012): 3–66.

제8장

1   Linden Labs, "Factsheet: The Technology behind the Second Life Platform," http://lindenlab.com/pressroom/general/factsheets/technology.

2   Charles A. Nelson, "The Development and Neural Bases of Face Recognition," *Infant and Child Development* 10 (2001): 3–18. 다음 논문도 보기 바란다. Carolyn C. Goren, Merrill Sarty, and Paul Y. K. Wu, "Visual Following and Pattern Discrimination of Face-Like Stimuli by Newborn Infants," *Pediatrics* 56 (1975): 544–549.

3   Ellen Berscheid and Elaine Hatfield Walster, *Interpersonal Attraction* (Menlo Park, CA: Addison-Wesley, 1979). 다음 논문도 보기 바란다. James Shanteau and Geraldine F. Nagy, "Probability of Acceptance in Dating Choice," *Journal of Personality and Social Psychology* 37 (1979): 522–533.

4   Jerry M. Burger et al., "What a Coincidence! The Effects of Incidental Similarity on Compliance," *Personality and Social Psychology Bulletin* 30 (2004): 35–43.

5   다음 논문의 두 번째 실험을 보기 바란다. Jeremy N. Bailenson, Shanto Iyengar, Nick Yee, and Nathan A. Collins, "Facial Similarity between Voters and Candidates Causes Influence," *Public Opinion Quarterly* 72 (2008): 935–961.

6   대학생 연구 대상자가 참여했으며 잘 알려지지 않은 정치 후보자를 사용한 우리의 첫 번째 연구는 다음 논문을 보기 바란다. Jeremy N. Bailenson, Philip Garland, Shanto Iyengar, and Nick Yee, "Transformed Facial Similarity as a Political Cue: A Preliminary Investigation," *Political Science* 27 (2006): 373–386. 앞의 연구 후에 우리는 세 가지 연구를 추가적으로 수행했는데, 이때는 미국 전역에서 투표권이 있는 성인들이 연구 대상자로 참여했다. 이 추후 연구에 관해서는 다음을 보기 바란다. Bailenson, Iyengar, Yee, and Collins, "Facial Similarity between Voters and Candidates."

7   Jeremy N. Bailenson et al., "The Use of Immersive Virtual Reality in the Learning Science: Digital Transformations of Teachers, Students, and Social Context," *Journal of the Learning Science* 17 (2008): 102–141.

8   발린스의 가짜 심장 박동 연구는 다음에서 볼 수 있다. Stuart Valins, "Cognitive Effects of False Heart-Rate Feedback," *Journal of Personality and Social Psychology* 4 (1966): 400–408. 처음 자기 지각 이론의 형성과 관련해서는 다음을 보기 바란다. Daryl J. Bem, "Self-Perception Theory," in *Advances in Experimental Social Psychology*, vol. 6, ed. Leonard Berkowitz (New York: Academic Press, 1972), 1–62.

9   Donald G. Dutton and Arthur P. Aron, "Some Evidence for Heightened Sexual Attraction under Conditions of High Anxiety," *Journal of Personality and Social Psychology* 30 (1974): 510–517.

10 Mark G. Frank and Thomas Gilovich, "The Dark Side of Self and Social Perception: Black Uniforms and Aggression in Professional Sports," *Journal of Personality and Social Psychology* 54 (1988): 74-85.

11 매력과 긍정적 지각의 연합에 관한 영향력이 큰 논문은 다음을 보기 바란다. Karen Dion, Ellen Berscheid, and Elaine Walster, "What Is Beautiful Is Good," *Journal of Personality and Social Psychology* 24 (1972): 285-290. 매력에 관한 수백 편의 논문을 가지고 대규모 메타분석을 실시한 결과는 다음 논문에서 볼 수 있다. Judith H. Langlois et al., "Maxims or Myths of Beauty? A Meta-Analytic and Theoretical Review," *Psychological Bulletin* 126 (2000): 390-423. 배심원 평결의 예는 다음 논문을 보기 바란다. Harold Sigall and Nancy Ostrove, "Beautiful but Dangerous: Effects of Offender Attractiveness and Nature of the Crime on Juridic Judgment," *Journal of Personality and Social Psychology* 31 (1975): 410-414.

12 Nick Yee and Jeremy N. Bailenson, "The Proteus Effect: The Effect of Transformed Self-Representation on Behavior," *Human Communication Research* 33 (2007): 271-290. 의 첫 번째 연구를 보기 바란다.

13 신장과 지각된 유능감의 연결에 관한 연구의 예는 다음을 보기 바란다. Thomas J. Young and Laurence A. French, "Height and Perceived Competence of U.S. Presidents," *Perceptual and Motor Skills* 82 (1996): 1002. 수입에 미치는 신장의 효과에 대한 대규모 표본 사용 회귀 분석 결과는 다음 논문에서 볼 수 있다. Timothy A. Judge and Daniel M. Cable, "The Effect of Physical Height on Workplace Success and Income: Preliminary Test of a Theoretical Model," *Journal of Applied Psychology* 89 (2004): 428-441. 참고로 정확한 추정치는 다음과 같다. 키가 1인치(약 2.5cm) 클 때마다 연봉은 789달러 증가한다(435쪽).

14 Yee and Bailenson, "Proteus Effect."의 두 번째 연구를 보기 바란다.

15 Nick Yee, Jeremy N. Bailenson, and Nicolas Ducheneaut, "The Proteus Effect: Implications of Transformed Digital Self-Representation on Online and Online Behavior," *Communication Research* 36 (2009): 285-312.

16 For retirement savings estimates, see Diana Ferrell et al., *Talkin' 'bout My Generation: The Economic Impact of Aging US Baby Boomers* (McKinsey Global Institute, 2008); and Ruth Helman et al., *The 2012 Retirement Confidence Survey: Job Insecurity, Debt Weigh on Retirement Confidence, Savings* (Employee Benefit Research Institute, 2012).

17 Hal E. Hershfield et al., "Increasing Saving Behavior through Age-Progressed Renderings of the Future Self," *Journal of Marketing Research* 48 (2011): S23-S37.

18 Jesse Fox and Jeremy N. Bailenson, "Virtual Self-Modeling: The Effects of Vicarious Reinforcement and Identification on Exercise Behaviors," *Media Psychology* 12 (2009): 1-25.

제9장

1   초기 플레이온 데이터를 기반으로 나온 논문 네 개는 다음과 같다. Nicolas Ducheneaut, Nick Yee, Eric Nickell, and Robert Moore, "Alone Together? Exploring the Social Dynamics of Massively Multiplayer Games," *Proceedings of CHI 2006* (2006): 407–416; Nicolas Ducheneaut, Nick Yee, Eric Nickell, and Robert Moore, "Building an MMO with Mass Appeal: A Look at Gameplay in World of Warcraft," *Games and Culture* 1 (2006): 281–317; Dmitri Williams et al., "From Tree House to Barracks: The Social Life of Guilds in World of Warcraft," *Games and Culture* 1 (2006): 338–361; Nicolas Ducheneaut, Nick Yee, Eric Nickell, and Robert Moore, "The Life and Death of Online Gaming Communities: A Look at Guilds in World of Warcraft," *Proceedings of CHI* 2007 (2007): 839–848.

2   John P. Robinson, Phillip R. Shaver, and Lawrence S. Wrightsman, *Measures of Personality and Social Psychological Attitudes*, vol. 1: *Measures of Social Psychological Attitudes* (New York: Academic Press, 1991); and Oliver P. John and Sanjay Srivastava, "The Big Five Trait Taxonomy: History, Measurement, and Theoretical Perspectives," *Handbook of Personality: Theory and Research*, ed. Lawrence A. Pervin and Oliver P. John (New York: Guilford, 1999), 102–138. Lewis R. Goldberg, "A Historical Survey of Personality Scales and Inventories," in *Advances in Psychological Assessment*, vol. 1, ed. Paul McReynolds (Palo Alto, CA: Science and Behavior Books, 1975), 293–336.

3   성격 5요인 모형 개발에 대한 역사적 및 개념적 개관을 훌륭하게 해낸 논문으로는 다음을 보기 바란다. John and Srivastava, "Big Five Trait Taxonomy," 성격 5요인 모형이 성격 연구 분야를 통합하고 발전시킨 것은 분명하지만 여전히 약점이 있다는 것을 인정하는 것이 중요하다. 이와 관련해서는 다음 논문을 보기 바란다. Jack Block, "The Five-Factor Framing of Personality and Beyond: Some Ruminations," *Psychological Inquiry* 21 (2010): 2–25. 특히 정직함, 남성성-여성성, 유머나 재치, 관능성과 같은 개념은 영어에서는 잘 포착되는 특징임에도 불구하고 성격 5요인 모형에는 들어 있지 않다.

4   낯선 사람들에 의한 성격 평가에 관한 초기 연구들은 다음과 같다. David C. Funder and Carl D. Sneed, "Behavioral Manifestations of Personality: An Ecological Approach to Judgmental Accuracy," *Journal of Personality and Social Psychology* 64 (1993): 479–490; David A. Kenny, Caryl Horner, Deborah A. Kashy, and Ling-chuan Chu, "Consensus at Zero Acquaintance: Replication, Behavioral Cues, and Stability," *Journal of Personality and Social Psychology* 62 (1992): 88–97. 침실과 사무실에서 성격이 어떻게 표현되는가에 관한 연구는 다음 논문을 보기 바란다. Samuel D. Gosling, SeiJin Ko, Thomas Mannarelli, and Margaret E. Morris, "A Room with a Cue: Judgments of Personality Based on Offices and Bedrooms," *Journal of Personality and Social Psychology* 82 (2002): 379–398.

5   개인 웹사이트에 표현된 성격에 관한 연구는 다음 논문을 보기 바란다. Simine Vazire and Samuel D. Gosling, "e-Perceptions: Personality Impressions Based on Personal Websites," *Journal of Personality and Social Psychology* 87 (2004): 123–132. 페이스북 프로필에 표현된 성격에 관한 연구는 다음 논문을 보기 바란다. Mitja D. Back et al., "Facebook Profiles Reflect Actual Personality, not Self-Idealization," *Psychological Science* 21 (2010): 372–374. 이메일 내용에 표현된 성격에 관한 연구는 다음 논문을 보기 바란다. Alastair J. Gill, Jon Oberlander, and Elizabeth Austin, "Rating E-Mail Personality at Zero Acquaintance," *Personality and Individual Differences* 40 (2006): 497–507. 이메일 주소에 표현된 성격에 관한 연구는 다음 논문을 보기 바란다. Mitja D. Back, Stefan C. Schmukle, and Boris Egloff, "How Extraverted Is honey.bunny77@ hotmail.de? Inferring Personality from E-Mail Addresses," *Journal of Research in Personality* 42 (2008): 1116–1122.

6   Dmitry Nozhnin, "Predicting Churn: Data-Mining Your Game," *Gama Sutra*, May 17, 2012, http://www.gamasutra.com/view/feature /170472/predictinge churnedataminingeyoure.php.

7   Nick Yee, Nicolas Ducheneaut, Les Nelson, and Peter Likarish, "Introverted Elves and Conscientious Gnomes: The Expression of Personality in World of Warcraft," *Proceedings of CHI 2011* (2011): 753–762.

8   Charles Duhigg, "How Companies Learn Your Secrets," *New York Times*, February 16, 2012.

9   이 데이터 세트를 가지고 기계 학습 분석을 실시한 결과는 다음 논문을 보기 바란다. Peter Likarish et al., "Demographic Profiling from MMOG Gameplay" (Paper presented at the Privacy Enhancing Technologies Symposium, 2011). 이 절에서 소개한 게임 내 행동을 통해 인구통계학적 특성을 예측하는 특정 규칙 자체가 앞의 논문에 제시되지는 않았다. 이 규칙은 핫스팟(HotSpot)이라는 웨카 툴킷(Weka Toolkit)의 연관 규칙 마이닝 알고리즘을 사용하여 도출되었다. 피터 스타이너(Peter Steiner)의 이 잘 알려진 만평은 1993년 7월 5일 *New Yorker*지에 실렸다. 실내 정원 일화는 다음 기사에 실렸다. Heather Hollingsworth, "Kansas Couple: Indoor Gardening Prompted Pot Raid," *Associated Press*, March 29, 2013.

10 "디지털 인클로져"에 관한 더 많은 정보는 다음 논문을 보기 바란다. Mark Andrejevic, "Surveillance in the Digital Enclosure," *Communication Review* 10 (2007): 295–317. 노움 종족 전사의 누드 시위 장면 및 계정 중단 공지는 다음 웹페이지에서 볼 수 있다. http://www.cesspit.net/drupal/node/491.

제10장

제명: Lawrence Lessig, *Code* (New York: Basic Books, 1999), 58-59.

1   지갑을 떨어뜨리는 실험은 다음을 보기 바란다. Mark D. West, "Losers: Recovering Lost Property in Japan and the United States," Michigan Law and Economics Research Paper No. 02-005 (2002). 다음 웹페이지에서도 볼 수 있다. http://ssrn.com/abstract=316119. 쓰나미로부터 회복된 통계자료는 다음을 보기 바란다. Tom Miyagawa Coulton and John M. Glionna, "Japanese Return Cash Recovered after Tsunami," *Los Angeles Times*, September 22, 2011.

2   Walter Mischel, *Personality and Assessment* (New York: Wiley, 1968). 상호작용주의적 접근에 관해서는 다음을 보기 바란다. Allan R. Buss, "The Trait-Situation Controversy and the Concept of Interaction," *Personality and Social Psychology Bulletin* 3 (1977): 196-201.

3   Nick Yee, "Time Spent in the Meta-Game," *The Daedalus Project* (2006).

4   Nicolas Ducheneaut, Nick Yee, Eric Nickell, and Robert J. Moore, "'Alone Together?' Exploring the Social Dynamics of Massively Multiplayer Games," *Proceedings of CHI* 1 (2006): 407-416.

5   Sherry Turkle, *Alone Together: Why We Expect More from Technology and Less from Each Other* (New York: Basic Books, 2011), 19.

제11장

1   가상 현실의 역사적 배경과 현재 연구에 대한 개관으로는 다음을 보기 바란다. Jim Blascovich and Jeremy Bailenson, *Infinite Reality: The Hidden Blueprint of Our Virtual Lives* (New York: HarperCollins, 2011).

2   자신의 가상 현실 경험에 대한 묘사는 다음에서 볼 수 있다. John Perry Barlow, *Being in Nothingness: Virtual Reality and the Pioneers of Cyberspace* (n.d.). 다음 웹페이지에서도 볼 수 있다. http://w2.eff.org/Misc/Publications/JohnePerryeBarlow/HTML/beingeinenothingness. html. 기술에 대한 반문화의 매력에 관한 기록은 다음에서 볼 수 있다. Tom Wolfe, *The Electric Kool-Aid Acid Test* (New York: Farrar, Straus and Giroux, 1973). 반문화적 경향이 어떻게 개인용 컴퓨팅을 탄생시켰는지에 대한 흥미로운 설명은 다음에서 볼 수 있다. Fred Turner, *From Counterculture to Cyberculture: Stewart Brand, the Whole Earth Network, and the Rise of Digital Utopianism* (Chicago: University of Chicago Press, 2006).

3   William Swartout et al., "Simulation Meets Hollywood: Integrating Graphics, Sound, Story and Character for Immersive Simulation," *Multimodal Intelligent Information Presentation Series:*

Text, Speech and Language Technology 27 (2005): 297–303.

4   Byron Reeves and J. Leighton Read, *Total Engagement: Using Games and Virtual Worlds to Change the Way People Work and Businesses Compete* (Boston: Harvard Business School, 2009).

5   Philip Rosedale, "Second Life: What Do We Learn If We Digitize Everything?" (Paper presented at the Long Now Foundation, San Francisco, November 30, 2006, 이 발표의 동영상은 다음 웹페이지에서 볼 수 있다. http://longnow.org/seminars/02006/). <세컨드 라이프>에서 조현병을 시뮬레이션한 결과는 다음을 보기 바란다. Jane Elliott, "What's It Like to Have Schizophrenia?" *BBC News*, March 19, 2007. 다음 웹페이지에서도 볼 수 있다. http://news.bbc.co.uk/2/hi/health/6453241.stm.

6   Pavel Curtis and David A. Nichols, "MUDs Grow Up: Social Virtual Reality in the Real World," *Xerox PARC*, January 19, 1993. 다음 웹페이지에서 볼 수 있다. http://w2.eff.org/Neteculture/MOOeMUDeIRC/mudsegroweup.paper.

7   Julian Dibbell, "A Rape in Cyberspace," *Village Voice*, December 23, 1993.

8   Jaron Lanier, *You Are Not a Gadget* (New York: Vintage, 2011), 10.

9   Raph Koster, *MUD Influence*, June 27, 2008, 다음 웹페이지에서 볼 수 있다. http://www.raphkoster.com/2008/06/27/mud-influence/.

10   Jaron Lanier, "Homuncular Flexibility," *Edge*, January 1, 2006. 다음 웹페이지에서 볼 수 있다. http://www.edge.org/q2006/q06eprint.html#lanier.

제12장

1   Eric T. Lofgren and Nina H. Fefferman, "The Untapped Potential of Virtual Game Worlds to Shed Light on Real World Epidemics," *Lancet Infectious Diseases* 7 (2007): 625–629; Edward Castronova, "Virtual Worlds: Petri Dishes, Rat Mazes, and Supercolliders," *Games and Culture* 4 (2009): 396–407.

2   Jon A. Krosnick, Joanne M. Miller, and Michael P. Tichy, "An Unrecognized Need for Ballot Reform: Effects of Candidate Name Order," in *Rethinking the Vote: The Politics and Prospects of American Election Reform*, ed. Ann N. Crigler, Marion R. Just, and Edward J. McCaffery (New York: Oxford University Press, 2004), 51–74.

3   Lisa Nakamura, *Cybertypes: Race, Ethnicity, and Identity on the Internet* (New York: Routledge, 2002).

4   군대와 엔터테인먼트 산업 사이의 연계에 관한 더 많은 정보에 관해서는 다음을 보기

바란다. Tim Lenoir and Henry Lowood, "Theatres of War: The Military-Entertainment Complex," in *Kunstkammer, Laboratorium, Buhne—Schauplatze des Wissens im 17. Jahrhundert,* ed. Jan Lazardig, Helmar Schramm, and Ludger Scharte (Berlin: Walter de Gruyter, 2003).

부록: 온라인 게임 용어 해설

여기서는 이 책에서 다룬 온라인 게임 용어만을 설명한다. 더 포괄적인 온라인 게임 용어에 관한 내용은 다음 링크를 참조하기를 바란다. http://www.nickyee.com/daedalus/archives/001313.php.[1]

경험, 경험치 Experience. 명사. 캐릭터는 레벨을 상승시키기 위해 경험치를 쌓아야 한다. 경험치는 몬스터를 죽이거나 퀘스트를 완수하거나 게임 내 다른 목표를 달성함으로써 얻을 수 있다.

골드파밍Gold Farming. 실제 화폐로 판매하기 위해 게임 내 화폐를 모으는 행위를 가리키며, 이러한 행위를 하는 것으로 의심되거나 확인된 플레이어를 골드파머라 한다. 이러한 명칭은 종종 이런 사람들을 경멸적으로 일컫는 데 사용된다.

길드Guild. 명사. 1명에서 2백 명 이상까지의 규모를 가진 장기적인 플레이어 조직을 가리킨다. 길드를 사용하기 위해 약간의 비용을 내야 하는 경우도 종종 있다. 그런 다음 길드의 이름을 지정하고 다른 플레이어들을 모집할 수 있다. 온라인 게임에서는 길드가 더 큰 던전에서의 레이드를 쉽게 만든다.

---

[1] 옮긴이 주: 원서의 온라인 게임 용어 해설 항목 중, 본문에서 단순히 줄임말로 사용해서 용어 해설 항목에 포함된 경우는 제외하였다. 예를 들어 용어 해설 항목 중 RL의 경우 원서에는 RL이라는 표현이 종종 나오는데, 이는 Real Life의 축약형으로, 문맥에 따라 현실 세계나 현실의 삶 등으로 번역하였다.

길드는 또한 플레이어 집단 사이에서의 지속적인 사회적 상호작용을 가능하게 한다.

너프Nerf. 명사/동사. 동사로 사용될 때는 게임 개발자들이 온라인 게임의 균형을 맞추는 목적으로 캐릭터의 직업이나 종족의 능력을 줄이기 위해 조처를 취하는 것을 가리킨다. 온라인 게임의 복잡한 규칙과 상호작용 때문에 게임 개발자들이 게임 콘텐츠 전반에 걸쳐 각 캐릭터의 직업이 전투에서 동일하게 우수한 성능을 발휘하는지를 확인하기 어렵다. 불균형이 발견되면 개발자들은 특정 능력을 평균에 맞게 조절할 수 있다. 이런 조처로 인해 해당 캐릭터나 종족으로 게임을 하는 거의 모든 플레이어는 크게 화가 나기도 한다. 명사로 사용될 때 너프는 특정 능력을 감소시키는 특별한 규칙의 변화를 가리킨다.[2]

눕Noob. 명사. 신규 게이머 뉴비를 경멸하여 일컫는 단어이다.

뉴비Newbie. 명사. 신규 게이머. 신규 사용자.

닌자Ninja. 동사. 집단의 합의된 규칙을 무시함으로써 의도적으로 몬스터의 전리품을 약탈하는 행위를 말하며, 어떤 의미에서 아이템을 도둑질하는 것이다. 게임에 따라 이러한 행위는 다양한 방식으로 일어날 수 있다. 〈월드 오브 워크래프트〉에서는 한 시점에 게이머가 자신이 사용할 수 없는 아이템에

---

[2] 옮긴이 주: 디버프(debuff)와 혼용해서 사용하기도 한다.

대해 롤에 참여하는 것이 가능한데, 닌자는 승부에서 이기기 위해 이 방법을 이용할 수도 있다. 이렇게 아이템을 약탈하는 플레이어를 닌자라고 한다. 롤Roll에 대한 용어 해설도 참조할 것.

다중접속역할수행게임MMO, MMORPG. Massively Multiplayer Online Role-Playing Game의 약자로, 이 단어는 종종 MMORPG 혹은 MMO로 줄여서 사용된다. 이는 많은 플레이어를 동시에 지원할 수 있는 모든 온라인 게임을 나타내는 포괄적인 범주로 사용될 수도 있다.

던전Dungeon. 명사. 온라인 게임에서 몬스터들과 보스 몬스터가 있는 일련의 통로와 방들을 가리키며, 지하에 있는 경우가 많지만, 꼭 그런 것은 아니다. 인스턴스Instance에 대한 용어 해설도 참조할 것.

드롭Drop. 동사/명사. 몬스터를 죽였을 때 보물로 제공되는 특정 아이템을 말한다. 이 단어가 이런 뜻으로 사용될 때는 몬스터가 죽으면서 남긴 모든 전리품 중 특별한 아이템으로 여겨진다. 동사로 사용될 때는 몬스터가 죽으면서 전리품들을 제공하는 행위를 가리킨다.

레이드Raid. 명사/동사. 명사로 사용될 때 레이드는 보통 혹은 큰 규모 집단의 플레이어들에게 도전적인 던전을 의미한다. 〈월드 오브 워크래프트〉에서 몇몇 레이드는 25명이나 되는 플레이어가 필요하기도 하다. 레이드는 일반적인 던전보다 더 깨기 힘든 몬스터, 보스, 전술 등이 수반되며 레이드를 완수하는 데 많은 시간이 걸릴 수도 있다. 한판으로 끝내지 못하면 일주일

이상 걸릴 수도 있다. 동사로 사용될 때는 높은 수준의 던전을 정복하는 시도를 의미한다.[3]

롤Roll. 명사/동사. 동사로 사용될 때는 게임에 참여하는 캐릭터 중 누가 전리품을 받아야만 하는지를 결정하기 위해 게임 내 난수 생성기를 사용하는 행위를 말한다. 즉, 각 캐릭터는 백 개의 면을 가진 가상 주사위를 굴려서 가장 높은 숫자가 나온 캐릭터가 전리품을 갖게 된다. 명사로 사용될 때는 실제 무작위 성과를 말한다.

루트, 전리품 Loot. 명사/동사. 명사로 사용될 때는 몬스터가 죽었을 때 떨어뜨리는 게임 내 화폐와 아이템들을 수집하는 것을 가리킨다. 동사로 사용될 때는 죽은 몬스터로부터 아이템이나 게임 내 화폐를 수집하는 행위를 가리킨다. 드롭Drop에 대한 용어 해설도 참조할 것.

마나Mana. 명사. 마법 사용자가 주문을 걸기 위해 끌어내는 자원이다. 플레이어는 주문을 걸 때 마나를 사용하는데, 시간이 지남에 따라 마나는 서서히 회복된다.[4]

머드MUD. 명사. Multi-User Dungeon의 줄임말로, 텍스트 기반 다중 사용자 온라인 세상을 뜻하기도 하며 1970년대 후반에 만들어졌다. 온라인 게임

---

[3]   옮긴이 주 : 한국에서는 "레이드 뛴다"라고 표현하기도 한다.
[4]   옮긴이 주 : 게임 종류에 따라 물약을 먹어야만 회복이 되는 일도 있다.

의 선조라 할 수 있다.

모드Mod. 명사/동사. 수정하다modify 혹은 수정modification의 줄임말임. 게임
환경에서 모드는 기존의 게임을 어떤 방식으로든 확장하는 제3자가 제작한
소프트웨어이다. 예를 들어 한 플레이어가 어떤 게임의 3차원 모델에 새로
운 질감을 덧입히기 위해 새로운 소프트웨어를 제작할 수 있다. 이렇게 게임
을 수정하는 것은 결국 게임의 부가적인 기능을 넣는 것이다. 게임마다 이러
한 수정의 허용 여부 및 허용 환경에 관해서는 규칙이 다르다. 대부분의 온
라인 게임은 이러한 수정을 허용하지 않는다.

몹, 몬스터 Mob. 명사. mobile의 줄임 표현으로, 리처드 바틀이 개발한 머드
MUD에서 처음 나온 용어이다. 이는 컴퓨터가 제어하는 몬스터들로 지도 주
위를 스스로 돌아다닌다.

바인드Bind. 동사/명사. 특정 온라인 게임에서 캐릭터들은 죽을 때 지정된 안
전한 장소로 순간이동 된다. 이때 장소를 지정하는 행위를 바인딩이라고 부
른다. 몇몇 게임에서는 캐릭터 스스로가 바인딩을 할 수 있다. 다른 게임에
서는 특정 NPC(플레이어가 조작하지 않고, 컴퓨터에 의해 통제되는 캐릭터)와 상
호작용하거나 특정 클래스의 캐릭터들에게 바인딩해달라고 요청해야 한다.

버프Buff. 명사/동사. 캐릭터의 능력이나 속성을 일시적으로 높여주는 주문
이다. 동사로 사용될 때는 이러한 주문을 거는 행위를 가리킨다.

보스Boss. 보통 보스 몬스터의 줄임말로 사용되며, 던전이나 공격에서 전략적 요충지에 있는 제거하기 힘든 몬스터이다.

봇Bot. 명사/동사. 로봇의 줄임 표현. 마우스나 키보드 명령을 사용해서 캐릭터가 자동으로 정해진 행동 양식대로 게임을 하도록 만드는 자동 스크립트를 말한다. 이러한 행위는 종종 게임에서 명시적으로 금지되며, 발각되면 게임 개발자가 계정을 종료시킬 수 있다.

부계정, 부캐릭터 Alternate. 형용사/명사. 플레이어가 자신의 본 캐릭터와 별도로 가진 대체 캐릭터를 말한다. 보통 부캐alt로 줄여 쓴다. 본 캐릭터와 부캐릭터를 범주화하는 방식은 플레이어마다 다르고 유동적이다. 때때로 본 캐릭터로 게임을 하는 것이 싫증이 날 때 오히려 부캐릭터를 더 많이 사용하기도 한다.

부활Rez. 명사/동사. resurrection이나 resurrect의 줄임말이다. 동사로 사용될 때는 죽은 플레이어를 되살리기 위해 주문이나 능력을 사용하는 행위를 말한다. 명사로 사용되면 실제 이러한 주문이나 능력을 가리킨다.

샤드Shard. 명사. 서버와 동의어이다. 원래 〈울티마 온라인〉 게임의 서버를 가리키기 위해 사용된 단어이다.

서버Server. 명사. 기술적인 이유로 수천 명의 플레이어가 있는 안정된 온라인 세계를 유지하는 것은 종종 어렵다. 따라서 대부분의 온라인 게임은 게임 사용자를 각각의 서버를 가진 평행 우주들로 분산시킨다. 플레이어가 온라인 게임을 시작할 때 이들은 먼저 가입할 서버를 선택하면, 해당 서버에서만 자신의 캐릭터가 살 수 있다.

솔로Solo. 동사. 혼자서 온라인 게임을 하는 행위를 말한다. 좀 더 구체적으로, 이 행위를 통해 상대적으로 쉽고 안전한 방식으로 캐릭터와 유사한 혹은 더 높은 수준의 몬스터를 죽일 수 있다. 온라인 게임에서 특정 직업은 솔로 플레이를 잘 할 수 있도록 설계되어 있지만, 다른 직업들은 집단에 더 의존하기도 한다.

스펙Spec. 명사/동사. specialization의 줄임말이다. 온라인 게임에서 각 캐릭터의 직업의 능력과 기술은 여러 가지 방식으로 구성될 수 있다. 각각의 조합을 가리켜 스페셜라이제이션 혹은 줄여서 스펙이라 부른다. 비록 많은 구성이 있지만, 최적의 구성은 의도한 목표에 따라 만들어질 수 있다. 예를 들어 드루이드는 치유 스펙과 DPS 스펙을 모두 가질 수 있다.

스폰Spawn. 동사. 몬스터가 죽임을 당한 후 다시 생성되는 것을 말한다. 대부분의 온라인 게임에서는 "그는 고블린 족장이 재생성되기를 기다리고 있습니다."와 같은 문구에서처럼, 몬스터들은 죽은 지 일정 시간이 지난 후 부활한다.

시체 수습 Corpse Run. 명사. 플레이어가 죽은 후 시체를 수습하는 행위. 이는 전형적으로 위험한 일인데, 플레이어는 안전한 장소보다는 위험한 장소에서 죽는 경향이 있기 때문이다.

시체Corpse. 명사. 일부 온라인 게임에서는 플레이어가 죽은 곳에 시체가 나타난다. 때때로 그 플레이어의 모든 아이템과 돈이 시체 위에 남겨지고 플레이어는 자신의 바인드 장소로 순간 이동된다. 시체는 일반적으로 해당 캐릭터의 레벨에 비례하여 일정 시간이 지나면 부패한다.

애드Add. 명사. additional의 줄임 표현. 전투 중에 기대치 않게 추가로 등장하여 반드시 처리해야 하는 몬스터를 가리킨다.

어그로Aggro. 동사/명사. aggression의 줄임 표현. 명사로 쓰일 때는 플레이어가 몬스터에게 해를 입힘으로써 보여주는 적대감의 양을 가리킨다.[5] 이에 대한 반응으로 몬스터들은 이러한 어그로가 가장 강한 캐릭터를 공격한다. 동사로 쓰일 때는 의도적으로든 우연히든 몬스터의 주의를 끄는 행동을 사용하여 다른 구성원들이 안전하게 공격을 할 수 있게 한다.[6]

엔피씨NPC. Non-Player Character의 약자로, (플레이어가 아닌) 컴퓨터가 제어하는 캐릭터를 말한다.

와이프Wipe. 명사/동사. 동사로 사용될 때는 집단과 관련하여, 일반적으로

---

[5] 옮긴이 주 : 위협 수준으로 번역하기도 한다.
[6] 옮긴이 주 : MMORPG에서는 주로 탱커가 어그로를 끄는 스킬을 가리킨다.

어려운 던전이나 레이드에서 몬스터나 보스에게 완전히 압도되어 죽는 것을 말한다. 명사로 사용될 때는 이러한 일의 특정한 예시를 말한다.

인스턴스Instance. 명사. 온라인 게임에서 많은 병렬적인 형태의 지역 중 하나로서, 보통 던전이다. 던전에서의 혼잡을 피하려고 던전에 입장한 각 플레이어 집단은 해당 던전의 인스턴스라고 불리는 자체 버전을 받게 된다. 이러한 인스턴스의 사용은 객체 지향 프로그래밍의 원리와도 유사하다. 현대의 온라인 게임에서는 인스턴스와 던전은 종종 동의어로 사용된다.

존Zone. 동사/명사. 명사로 사용될 때는 온라인 게임에서의 경계 지역을 말하고, 동사로 사용되면 지정학적 경계를 넘는 행위를 가리킨다.

종족Race. 명사. 온라인 게임 맥락에서 종족은 판타지적 창조물로서, 엘프, 트롤, 노움 등의 예시가 있다.

초당 피해량DPS. 명사. Damage Per Second의 약자. 전투 통계의 맥락에서 초당 피해량은 초당 캐릭터에 의해 처리되는 피해의 수학적 계산을 의미한다. 즉, 높은 초당 피해량을 가진 캐릭터는 낮은 캐릭터에 비해 시간이 지남에 따라 더 큰 피해를 줄 수 있다. 전투 직업의 맥락에서는 DPS란 높은 초당 피해량을 가진 직업을 말하며, 온라인 게임에서는 힐러나 탱크와 함께 세 가지 전투의 원형 중 하나이다.[7] 힐러Healer나 탱크Tank에 대한 용어 해설도 참

---

[7] 옮긴이 주: 한국에서는 주로 딜러라고 표현한다.

조할 것.

캠프Camp. 동사. 하나 혹은 그 이상의 특정 몬스터를 사냥하기 위해 한 지역에서 죽치고 기다리는 것을 말한다. 이 단어는 지역이나 몬스터를 이기적으로 차지하는 것을 암시하기 위해 부정적으로 사용될 수 있다.

크래프팅Crafting. 형용사/명사. 플레이어가 원재료로부터 실제 사용 가능한 물건이나 장비를 만드는 일반적인 기술의 범주를 가리킨다. 예시로는 옷 만들기, 대장간 일, 요리 등을 포함한다.

크리티컬Critical. 형용사/동사/명사. 주문이나 무기를 가지고 적에게 대미지를 입힐 때 낮은 확률로 특히 강한 타격을 줄 수 있다. 이를 크리티컬 히트라고도 부르고, 줄여서 크리티컬(한국어로는 치명타) 혹은 크리라고 부르기도 한다. 크리는 종종 평소보다 50% 혹은 그 이상의 피해를 줄 수 있다.

클래스Class. 명사. 온라인 게임이나 롤플레잉 게임의 전투와 관련된 직업을 가리킨다. 예시로는 전사, 성직자, 드루이드, 주술사 등이 있다.

탱크Tank. 명사/동사. 명사로 사용될 때 전투의 원형 중 하나의 의미가 있다. 탱크[8]는 전선의 앞에 서서 적을 조롱함으로써 적의 공격으로부터 집단을 보호하는 내구성 강한 캐릭터이다. 동사로 사용될 때는 전투에서 이러한 역할

---

[8] 옮긴이 주: 한국에서는 탱커(Tanker)라는 용어를 주로 사용한다.

을 맡는다는 의미이다.[9]

팜, 파밍 Farm. 동사. 특정 드롭을 축적하거나 얻기 위해 반복적으로 몬스터를 죽이는 것이다. 종종 캠핑과 같은 맥락으로 사용되기도 한다. 캠프Camp에 대한 설명을 참조할 것.

패트롤, 순찰대 Patrol. 명사. 순찰 경로가 설정된 몬스터를 가리키며, 던전에서는 이 몬스터들이 있다는 것과 재생성되는 간격을 아는 것이 중요하다. 줄여서 Pat이라고도 쓴다.

풀, 풀링, 끌어오기 Pull. 동사. 하나 혹은 그 이상의 몬스터를 집단 내로 유인하여 전투를 시작하는 것을 말한다. 대부분의 던전에서 집단은 풀러Puller라고 불리는 한 캐릭터가 몬스터를 집단 안으로 유인하는 동안 안전한 장소에 머무른다.

플레이어 대 플레이어 PvP. 형용사. Player versus Player의 줄임말이다. 다시 말해서 플레이어는 몇몇 안전지대를 제외하고는 어디서나 상대방 플레이어를 자유롭게 죽일 수 있다.

플레이어 대 환경 PvE. 형용사. Player versus Environment의 줄임말이다. 여기서 환경이라는 뜻은 컴퓨터가 몬스터를 제어한다는 의미이다. 달리 말

---

[9] 옮긴이 주: 한국에서는 동사로 사용될 때 탱킹이라는 표현을 사용한다.

프로테우스의 역설: 가상 세계와 온라인 게임의 심리학

하면 이 환경에서는 상대방과 상호 합의된 조건이 아니면 다른 플레이어에 의해 죽임을 당할 수 없다.

힐러Healer. 명사. 전투 중 팀 구성원들의 체력을 회복시키는 데 초점을 맞춘 전투 직업이다. 3가지 전투 원형의 하나이다. DPS나 탱크Tank에 대한 용어 해설도 참조할 것.

옮긴이 생각

사람이 책을 읽는 이유는 저마다 다양할 것입니다. 제가 생각하는 가장 이상적인 독서의 이유는 그 단맛에 푹 빠져 그 기쁨을 만끽하기 위함인데, 안타깝게도 저의 경우는 독서가 일의 일부가 되는 경우도 있습니다. 수업이나 발표를 준비하기 위해 혹은 연구를 수행하기 위해 책을 집어 드는 것이 그런 경우죠. 솔직히 말씀드리자면 (부끄러운 고백이지만) 이 책 역시 일의 일부, 즉 수업 준비를 위해서 읽게 되었습니다.

저는 지금 근무하는 광주과학기술원(GIST)에서 '기술정보사회의 심리학'이라는 수업을 거의 1년에 한 번씩 열고 있습니다. 현대사회에서 급속도로 발전하는 과학기술이 한 개인의 삶에 어떤 영향을 주고 있는가를 학생들에게 소개하고 관련된 주제를 가지고 토론하는 수업입니다. 이 수업의 한 주제인 "(온라인) 게임이 개인의 삶에 미치는 영향"에 대한 내용과 이 책의 원서인 『The Proteus Paradox』가 일부 관련이 있어서, 수업 준비를 위해 이 책 내용의 필요한 부분들을 읽었습니다. 일을 위해 읽게 된 책이었지만 읽으면서 흥미로운 책이라는 생각이 있었습니다. 그런데 직접 번역까지 해야겠다고 결심을 하게 된 계기는 다른 데 있었습니다. 바로 제가 수행하고 있는 연구 과제입니다. 저는 온라인 플랫폼에서의 인간의 인지정보처리에 관한 연구를 수행 중인데, 이를 확장하기 위해 이런저런 생각을 하면서 온라인 세계 혹은 사이버 공간에서의 인간의 행동에 관한 연구에 관심을 갖게 되었고, 이 책을 다시 꼼꼼하게 읽게 되었습니다. 책을 읽으면서 인지심리학자로서 매우 흥미로운 이야깃거리들을 발견하게 되었고, 이 책을 번역하여 국내에 소개하는 것이 의미 있는 작업이 될 수 있겠다는 생각에 이르렀습니다. 하지만 막상 번역을 하려고 생각하니 두 가지 정도 걸림돌이 있었습니다. 첫째는 이 책에서 주로 분석하고 있는 〈에버퀘스트〉나 〈월드 오브 워크래프트〉와 같은 온라인 게임들이 꽤 오래전인 2000년대 초 중반에 전 세계적으로 유행했었고, 지금은 국내에서 이러한 게임을 즐기는 사람들이 거의 없다는 것이었습니다. 둘째는 가상 세계나 온라인 게임은 사실 새로운 개념이 아니고 이미 20여 년 전부터 존재해왔기에, 소위 핫한 주제는 아니었던 것이죠. 요약하자면 이 책이 과연 2020년대를 살아가는 우리가 꼭 읽어야 하는 책일까라는 의문이 제 마음속에 있었던 것입니다.

이런 와중에 최근 메타버스라는 기술이 전 세계적으로 매우 큰 관심을 받기 시작했습니다. 이 개념은 원래 1992년 닐 스티븐슨Neal Stephenson의 소설 『스노 크래시』에 처음 등장했는데, 간단히 말하면 3차원 가상 세계를 의미합니다. 가상 세계 혹은 가상 현실을 적용한 온라인 커뮤니티나 플랫폼은 사실 우리나라에서도 상당히 오래전에 유행했었습니다. 최근에 다시 이 개념이 주목받는 이유는 여러 가지가 있겠지만, 그중에서도 예상치 못한 장기간의 코로나 팬데믹으로 인한 면대면 만남의 광범위한 제한과 정보통신기술의 발달로 인하여 기존 3차원 가상 세계를 구축하는 데 따른 기술적 한계가 많이 극복되었기 때문일 것입니다. 그런데 이러한 메타버스에 대한 관심은 단순히 기술의 문제를 넘어서 새로운 경제 체제, 새로운 플랫폼의 시대라는 거대한 담론으로까지 논의가 확장되는 형국이 되었습니다. 앞으로 우리의 시대가 정말 메타버스로의 전환이 일어날 것인가는 조금 더 지켜봐야 하겠지만 이 물결이 금방 사라질 것 같지는 않습니다.

저는 더 이상 이 책의 번역을 주저할 이유가 없었습니다. 오히려 이 책을 꼭 번역해서 국내에 소개해야겠다는 생각이 더욱 강해졌습니다. 왜냐하면 이 책은 가상 세계와 온라인 게임이 인간에게 약속한 자유와 탈출이 정말 실현되고 있는가를 비판적으로 검토하고 있기 때문입니다. 그리고 이 비판적 검토가 방대한 경험적 자료에 기반하여 이루어지고 있다는 점이 특히 매력적입니다. 지금 불고 있는 메타버스의 열풍은 과연 어떤 방향으로 나아갈 것인가에 대해 궁금한 시점에서, 약 20여 년 전부터 유행한 온라인 게임 및 가상 세계가 인간에게 미친 영향에 대해 숙고하는 것은 그 가치가 충분히 있고, 이러한 측면에서 이 책을 소개할 충분한 이유가 된다고 생각합니다.

이 책의 저자인 닉 이Nick Yee박사는 스탠퍼드 대학교에서 심리학 박사학위를 받았고, 가상 세계와 온라인 게임이 인간의 사고와 행동에 미치는 영향에 대한 아주 흥미로운 연구를 수행하고 있는 연구자입니다. 이 책의 가장 큰 장점은 저자가 직접 수행한 실험실 연구, 대규모의 빅데이터 분석 연구, 그리고 다양한 게이머들의 설문조사 연구를 종합하여 논의를 전개한다는 점입니다. 특히 저자 본인이 〈월드 오브 워크래프트〉와 같은 다중접속역할수행게임을 직접 해 본 경험이 책에 잘 녹아 있어서 게임을 연구하는 학자가 쓴 책임에도 불구하고 마치 게이머의 경험담을 읽는 것과 같은 몰입감을 주기도 합니다. 다양한 연구 방법을 이용한 분석 결과와 함께 저자의 경험이 잘 살아 있기 때문에, 책에서 다루는 주제가 무척 깊이가 있음에도 불구하고 저도 독자의 한 사람으로서 책을 읽으면서 내용이 지루하거나 어렵게 느껴지지 않았습니다.

저자는 온라인 게임이나 사회과학에 관심이 있는 사람을 염두에 두고 이 책을 썼다고 이 책의 서두에서 밝히고 있습니다. 저 역시도 이 책을 번역하면서 다중접속역할수행게임이나 네트워크 게임을 즐겨하는 사람들이라면 이 책을 꼭 읽어보면 좋겠다는 생각을 했습니다. 아마도 이러한 게임 경험을 한 사람이라면 이러한 게임 속에 녹아든 심리학적 원리를 몸으로 체득하고 있을 것인데, 이 책을 통해서 그 원리를 명료하게 정리할 수 있는 기회가 될 것입니다. 특히 〈에버퀘스트〉나 〈월드 오브 워크래프트〉와 함께 젊은 시절을 보내신 분들이라면, 옛 추억을 떠올리시면서 미소 지으실 수도 있을 것으로 생각합니다. 안타깝게도 저는 온라인 게임에 대한 경험이 일천한 사람이라 이 책을 통해서 얻은 학술적인 분석을 저의 경험과 통합해보는 기회는 얻을 수 없었습니다. 하지만 저와 같이 온라인 게임이나 가상 세계에 대한 경험이 없는 사람이라 하더라도 이 책을 통해 우리 현실의 삶과 가상 세계의 삶이 어떤 관련이 있는지, 왜 관련이 있을 수밖에 없는지, 가상 세계를 더 지혜롭고 건강하게 살아갈 방법은 무엇인지 등에 대해 많은 생각을 하실 수 있을 것입니다. 제가 책을 번역하면서 또 마음에 둔 독자층은 (저자도 언급하였지만) 이 시대의 부모님들입니다. 우리의 많은 자녀들이 온라인 게임을 한다는 것은 자식을 키우는 부모님들은 다 경험하실 것입니다. 이 책의 앞부분에는 우리가 게임에 대해 가지고 있는 부정적 고정관념, 특히 남자 청소년과 게임 사이의 관계에 대한 고정관념이 어떻게 형성, 고착, 강화되는지에 대한 설명이 잘 나와 있습니다. 그리고 이러한 고정관념이 전부 사실에 기초한 것은 아니라는 것을 이야기합니다. 이 책을 읽으시면 청소년기 자녀를 두신 부모님들은 게임을 너무나 좋아하는 자녀들을 이해하시는 데 조금이라도 도움이 되지 않을까 생각합니다. 그리고 게임을 건강하게 활용하는 방법에 대해 아이들과 대화하실 때 이 책이 유용한 배경지식이 될 수도 있을 것 같습니다. 예를 들어 게임에 빠져 사는 자녀들에게 그냥 무작정 게임을 하지 말라고 역정을 내거나 집의 인터넷을 끊는 것으로는 이 문제가 해결되지 않는다는 것을 저를 포함한 우리 부모님들께서 너무도 잘 아시리라 생각합니다. 온라인 게임이 무엇인지 알고, 그것을 향유하는 플레이어가 어떤 행동과 생각을 하는지 알게 된다면 게임을 하는 자녀들의 행동과 생각을 더 잘 이해하고, 혹시 문제가 있다면 그에 대한 해결점을 찾기가 수월해집니다. 바로 이 책이 그러한 측면에서 도움이 될 것입니다.

이 책을 번역하기까지 많은 분들의 도움이 있었습니다. 먼저 책의 출판을 허락해 준 광주과학기술원(GIST) 집행부와 GIST PRESS에 감사를 드립니다. 또한 온라인 플랫폼에서의 인간 인지 정보처리를 함께 연구하며 서로 지적 자극을 주고받는 한국사회과학연구사업 연구팀의 동료 연구진들께도 감사를 드립니다. 아울러 이 사업을 수행할 수 있도록 지원한 한국연구재단 (NRF-2020S1A3A2A02103899)에도 감사를 드립니다. 이 과제를 수행했기 때문에 이 책을 번역할 수 있었습니다. 또한 제가 이 책을 처음 읽을 때 온라인 게임의 낯선 용어들 때문에 많이 힘들었는데, 이를 잘 설명해 주고, 온라인 게임에 대한 다양한 배경지식을 알려 주고, 원고를 읽고 여러 가지 조언을 준 제자 박요한 학생에게 큰 감사를 드립니다. 박요한 학생 덕분에 원문을 더욱 명료하게 이해하고 번역할 수 있었습니다. 마지막으로 이 책이 세상에 나올 수 있도록 여러 가지 측면에서 도움을 주신 GIST PRESS의 김민선 선생님과 도서출판 씨아이알의 박승애 실장님께도 큰 감사를 드립니다.

저자 및 역자 소개

지은이

닉 이(Nick Yee)

닉 이 박사는 홍콩에서 태어났다. 하버포드 칼리지에서 학사학위를 받았고, 스탠퍼드 대학교에서 박사학위를 받았다. 박사과정부터 가상현실에서 인간과 아바타의 상호작용 연구 등 가상 세계에서의 인간의 마음과 행동에 관한 연구를 수행하였다. 특히 팔로알토 연구센터에서 온라인 게이머의 게임 행동 및 동기 연구를 시작한 것을 계기로 2015년에는 Quantic Foundry라는 회사를 닉 두체넛과 공동으로 설립하여 사회과학과 데이터 사이언스를 결합한 흥미로운 프로젝트를 다양하게 수행하고 있다.

옮긴이

최원일

미국 노스캐롤라이나 대학교 채플힐 캠퍼스에서 인지심리학으로 박사학위를 받았다. 현재 GIST 기초교육학부 교수이며 학생들에게 심리학을 가르치고 있다. 인간이 생각하고, 언어를 이해하고 말할 때 눈과 뇌에서 어떤 일이 일어나는지와 관련한 연구를 수행 중이며, 최근 인간과 기계 그리고 사회의 상호작용으로 관심의 분야를 확장하고 있다.

이 책에 대한 찬사

이Yee는 온라인 게임 심리학 연구를 실제적으로 창안했다. 그의 생기발랄한 재치와 철저한 방법론 덕분에 복잡하지만 이해 가능하고, 특이한데 정상적이며, 과학적이지만 재미있는 작품을 다시 한번 더 선보였다.

- 드미트리 윌리엄스(Dmitri Williams),
미국 서던 캘리포니아 대학 교수, 닌자 메트릭스의 CEO

매력이 철철 넘치는 이 책『프로테우스의 역설』을 통해 우리는 미신과 민족적 편견, 갈등 속에 있는 사랑과 우정, 그리고 불평등한 사회 속에서의 자유를 위한 탐험에 대한 진실을 밝힐 뛰어난 실험실이 바로 가상 세계라는 것을 알게 되었다.

- 윌리엄 심즈 베인브리지(William Sims Bainbridge),
『The Warcraft Civilization and eGods』의 저자

명료함과 통찰력, 그리고 철저한 실험 데이터를 가지고 이Yee는 가상 세계가 우리를 감질나게 하는 약속에 관해 꼭 해야 할 말을 하는 것 같다. 사회과학자나 게임 개발자 모두가 꼭 읽어야 할 필독서이다.

- 줄리언 디벨(Julian Dibbell),
『Play Money: Or How I Quit My Day Job
and Made Millions Trading Virtual Loot』의 저자

수천 명의 온라인 게임 플레이어를 대상으로 한 설문조사, 실험, 관찰 연구에 기반하여 이Yee는 이 책에서 디지털 경험이 우리를 만들어간다는 것을,

때로는 우리가 기대하거나 바라는 방식이 아닌 경우도 있지만, 강력한 증거들을 통해 보여준다. 당신이 만약 가상 세계에서 시간을 보내면 어떤 결과가 발생할지가 궁금하다면 이 분야에 대해 시사하는 바가 큰 이 책을 반드시 읽어보기 바란다.

- 미아 콘살보(Mia Consalvo),
『Cheating: Gaining Advantage in Videogames』의 저자

이Yee는 게임 플레이어들이 어떻게 생각하는지, 그리고 왜 그들이 가상 세계에 그렇게 많은 시간을 투자하도록 동기를 부여받는지에 대한 다면적이고 최신의 논의점을 제시한다.

- 안선주(Sun Joo Ahn),
미국 조지아 주립대학 그래디 칼리지 교수

이 책은 게임 사용자들이 쌓아온 풍부하고 제각각의 문화에 관해 수행된 가장 중요하고 도전적이며 접근하기 쉬운 연구서이다. 또한 이 책을 읽는다면 게임을 하지 않는 사람들도 게임을 하는 사람들이 실제로 무엇을 하는지 배울 수 있다.

- 〈Reason Magazine〉

이 책은 탄탄한 연구 결과와 논리 및 추론을 바탕으로 한 훌륭한 읽을거리이며, 성장하고 있는 우리의 디지털 세계와 문화에 관심이 있는 사람이라면 누구나 반드시 읽어야 할 책이다.

- 짐 블라스코비치(Jim Blascovich),
『Infinite Reality: Avatars, Eternal Life, New Worlds,
and Dawn of the Virtual Revolution』의 저자

색인

프로테우스의 역설: 가상 세계와 온라인 게임의 심리학

프로테우스의 역설
가상 세계와 온라인 게임의 심리학

초판 인쇄 2022년 12월 20일
초판 발행 2022년 12월 30일

지 은 이 닉 이(Nick Yee)
옮 긴 이 최원일
발 행 인 김기선
발 행 처 GIST PRESS

등 록 번 호 제2013-000021호
주   소 광주광역시 북구 첨단과기로 123(오룡동)
대 표 전 화 062-715-2960
팩 스 번 호 062-715-2069
홈 페 이 지 https://press.gist.ac.kr/
인쇄및보급처 도서출판 씨아이알(Tel. 02-2275-8603)

I S B N 979-11-90961-16-5 (93330)
정   가 20,000원

ⓒ 이 책의 내용을 저작권자의 허가 없이 무단 전재하거나 복제할 경우 저작권법에 의해 처벌받을 수 있습니다.
본 도서의 내용은 GIST의 의견과 다를 수 있습니다.